KB163381

아시아 영화의
근대성과
지정학적 미학

아시아 영화의
근대성과
지정학적 미학

김소영 · 얼 잭슨 주니어 · 임대근 엮음

현실문화

머리말

2006년에 출간한 《트랜스 : 아시아 영상문화》 이후 그 두 번째 편인 《아시아 영화의 근대성과 지정학적 미학》을 펴낸다.

이 책에서 "1950년대 우리는 혁명화된 국제성을 꿈꾸었으나, 오늘날 우리가 마주하고 있는 바는 자본화된 국제성이다"라고 조용히 탄식하고 있는 이는 중국 상하이 대학의 천시허 교수다. 이 책에 수록된 〈마르크스주의, 모더니티, 민족주의 : 현대 중국영화의 아버지 형상과 문화의 구축〉이라는 글의 말미에서다. 그러면서 그는 〈인터내셔널가〉를 떠올린다. 우리는 1949년 신중국이 수립된 후 〈국가〉, 〈동방홍〉과 함께 중요하고 숭고한 자리를 차지하고 있는 〈인터내셔널가〉가 울려 퍼진 지 수십 년이 지난 현재, 오히려 국가와 민족을 상징하는 용에 대한 토템과 만리장성의 표지 등이 중국의 현실과 미디어를 가득 채우고 있음을 목도한다. 물론 위의 탄식은 이러한 고찰과 분석을 통해 정치적 전화(轉化)의 국면을 요구하고 있다. 천시허의 글이 실린 '1부 트랜스 아시아 영상문화 이론'이 민족, 자본, 국제성, 세계화와 연관된 동아시아 스크린 문화의 복잡한 동학의 한 축을 보여준다고 한다면, '아시아 웨스턴'이라고 명명된 2부의 글들은 동아시아와 동남아시아, 남아시아를 아우르는 제국과 하위 제국, 식민의 역사 속에서 탈식민 문화 생산의 양태를 보여주는 지역별 웨스턴에 대한 논문들이다.

1부에서 젠더의 정치성을 다루고 있는 논문은 얼 잭슨 주니어의 〈젠더-소프트웨어와 정치-하드웨어 : 〈레인〉과 〈공각기동대〉〉와 펑핀치아의 〈여성과 도시 : 차이밍량의 〈청소년 나타〉, 〈애정만세〉, 〈하류〉, 〈구멍〉에 나타난 도시적 여성성과 신체의 정치학〉 두 편이다. 타이완 자오퉁대학 필름 센터의 디렉터로서 페미니즘적 관점에서 동남아시아·디아스포라 문학 등에 접근해온 펑핀치아는 차이밍량의 초기 영화 네 편을 아우르며 타이베이의 여성들이 시각적으로 재현되는 방식과 도시 여성성의 재현을 여성 관객의 입장에서 읽고 있다. 펑핀치아는 차이밍량의 영화들이 특히 미세한 인간 행위, 사물의 가장 작은 움직임을 받아들이는 최종 감각기관으로서의 육체에 기대며 집착을 보이고 있다고 평가하면서, 이런 최종 미세 감각기관으로서의 육체들은 도시에서 물리적 근접성을 가지고 살아가지만, 감정적·심리적 분리는 심원하다며 이것을 도시적 삶의 양태로 묘사하고 있다. 이렇게 육체화된 영화 공간은 후기 자본주의 경제 모델에 부합하는 여성의 이동성과 작인(에이전시)을 그려낼 수 있었다. 그러나 그 안에서 여성들은 강압적 이성애주의로부터 벗어날 수 없으며 거의 항상 그 이성애자들의 욕망에 갇히게 됨으로써, 욕망하는 육체 이외의 다른 무엇이 되기 어렵다고 펑핀치아는 분석한다. 〈레인〉과 〈공각기동대〉를 다룬 〈젠더-소프트 웨어와 정치-하드웨어〉의 지은이 얼 잭슨 주니어는 UC 샌터크루즈(Santa Cruz) 교수로 재직하면서 비교문학, 일본문학과 영화, 기호학과 정신분석학을 가르쳤으며, 지금은 한국예술종합학교 트랜스 아시아 영상문화연구소의 공동 소장 직을 맡고 있다. 〈젠더-소프트웨어와 정치-하드웨어〉에서 얼 잭슨 주니어는 두 편의 아니메(애니메이션)를 세심히 들여다보면서 테크놀로지, 재현, 주체성, 그리고 젠더의 문제를 '테크노시학' 즉, 테크놀로지가 무엇을 수행하는지, 또한 그 테크놀로지가 의미하는 바가 무엇인지를 통해 다루고 있다. 예컨대 아니메는 테크놀로지의 여러 기능을 묘사하고 다른 한편으로는 그 테크놀로지가 활용하는 이미지들과 판타지를 활용하는 것이다. 여기서 그는 애니메이션이라는 재현 매체가 지닌 모호성과 양가성 때문에 그것이 실재와 연결 고리를 갖는 특이성에 주목하면서, 〈레인〉을 주인공 레인이 스스로 디지털적 존재임을 인정하면서도 그동안 자신의 것이라고 믿었던 물리적 실제 삶의 풍요로움을 기억하는 이상주의적 이야기로 읽고 있다. 또한 〈공각기동대〉에서 인형사의 존재 양태 등은 주체, 정체성, 존재의 급진적 사유를 가능하게 하는 반면 그들이 떠나는 구조는 보수적이라고 논한다. 그리고 테크노시학의 성 정치학적 관점으로 보자면 〈레인〉의 오류, 상실, 희생은 여성적 '젠더'의 기능과 정합적인 반면 〈공각기동대〉에서 프로젝트 2501은 개별자에 의해 성별화되지는 않았지만 그것의 자기 창조, 자기 주장, 자기 실현은 남성으로서의 프로젝트 2501을 가능하게 한다고 분석한다.

박병원의 〈중국 '영희'에서 본 영화 존재론 시론〉은 초기 중국 영화론에 관하여 세 가지 물음을 던지고 모색하며 논의를 전개하고 있다. 첫 번째는 중국의 불교적 사유론에 근거한 영화 인식의 '공(空)'적 존재론이 기존의 이원론적 대립에 포섭되지 않는 영화적 글쓰기(에크리튀르)가 될 수 있을까 하는 질문. 두 번째는 1920년대 극작론에 나타난 중국 영화의 '희(戱)'적 본성론을 통해 동아시아의 불가적, 도가적 인생관을 읽음으로써 내부의 유목적 사유를 통해 우언적 독법과 글쓰기의 의미를 부각시킨다. 세 번째는 탈근대적 이념의 토대로서의 선종, 도가 문화적 전통과 영화의 관계다. 이러한 세 가지 물음이 가 닿는 곳은 공적 존재론 속에서 영화가 위치하는 역사적 증명과 환상적 촉발 사이의 경계지대이며, 이념적으로는 유가적 주체의 탈중심화이다.

이 질문과 더불어 진행되어야 할 논의는 당대 중국에서 차지하는 유교의 위상이다. 과연 유교적 주체라는 것이 세계화와 자본주의화를 맞은 중국에서 지배적 자리를 차지하고 있는 것인지? 이념 형세의 급격한 변동 속에서 유가와 불교, 그리고 도가의 존재론은 어떠한 방식으로 재배열되어 영화의 존재론과 조우하는 것인지? 박병원의 신중한 세 가지 질의 끝에 놓이게 되는 또 다른 질문이다.

김무규의 〈트랜스문화와 인터미디어〉는 아시아를 횡단하는 문화적 흐름을 분석적으로 진단하기 위한 선결 과제로 미디어 자체에 관한 이론화, 메타 이론을 검토한다. 여기서 인터미디어 그리고 트랜스 문화성 등이 미디어의 하이브리드 현상과 민족 국가 문화를 넘어서는 문화구성적 시각을 위해 제안된다. 한국의 PC방이라는 호명과 쓰임새, 그리고 얼 잭슨 주니어의 〈올드보이〉일본 망가와 한국 영화 분석 등이 그 예로 제시된다.

싱가포르 난양기술대 교수인 스티븐 티오는 〈아시아적 영화 공간 : 그 연출과 양식화〉에서 아시아적 영화 공간을 창출하는 감독들을 '오즈 야스지로의 아이들'이라 칭하는 한편, 왕자웨이의 360도 공간과 그가 드러내는 공간의 무정향성을 할리우드의 180도 가상 라인을 월경하는 문화 횡단적 공간, 아시아적 영화 공간으로 제시하고 있다.

박병원과 스티븐 티오가 트랜스 아시아, 동아시아로 확장할 수 있는 영화 시원의 인식론과 영화적 공간에 초점을 맞추고 있고 김무규의 논문이 미디어론에서 '트랜스' 하다는 것의 의미를 이론화한다면, 일본에 거주하는 한국 학자 양인실의 〈한류 전야〉는 일본에서 한류 붐이 나타나기 전에 '한국 붐'을 일군 1980년대의 대중문화적 재현의 장을 다루면서 1960년대까지 거슬러 올라가고 있다. 양인실은 그러한 가까운 과거에 대한 성찰 결과 최근의 한류에는 이전의 한국 붐에서 핵심적 정동의 논리를 이룬 '모성'과 같은 정치적이고 젠더적인 측면이 다른 것으로 치환되거나 실종되었다고 지적한다. 여기서 우리는 한류의 전사(前史)이자 트랜스 아시아 문화 흐름에서 누락되었던 역사적 장을 복기하는 귀중한 논문을 읽을 수 있다.

2부 '아시아 웨스턴'에는 2007년 동아시아와 동남아시아, 그리고 인도의 영화 연구자들이 모여 한국, 일본, 필리핀, 방글라데시, 인도에서 만들어진 '웨스턴'에 관한 이야기를 나눈 결과 중의 일부를 실었다. 당시에는 만주 웨스턴을 응용한 김지운 감독의 〈좋은 놈, 나쁜 놈, 이상한 놈〉, 그리고 미이케 다카시의 〈스키야키 웨스턴 장고〉 등이 소문의 지평에 떠오르고 있었다. 트랜스 아시아 영상문화 연구를 지향으로 삼는다 하더라도 비교적 동질적인 동아시아라는 단위를 중심으로 생각하는 경향이 있었고, 또한 동아시아, 동남아시아, 그리고 인도의 영화 연구자들 모두가 대화를 나눌 수 있는 생산적 토픽을 발견하는 것이 어려운 면이 있었다. 그러나 할리우드를 넘어선 웨스턴 장르의 횡단과 번역 작업을 이론화하고 역사화하는 작업은 모두로부터 열정적인 토론을 이끌어내었다. 이는 웨스턴, 스파게티 웨스턴을 '스파게티 이스턴', '이스턴 웨스턴'으로 변형시키는 과정이기도 했다. 인도의 커리 웨스턴이라고 알려진 〈숄레이〉와 이 영화를 인용한 방글라데시의 〈도스트, 더시맨〉, 그리고 한국의 만주 웨스턴에 이르는 이 자유로운 장르를 얼 잭슨 주니어와 나는 '아시아 웨스턴'이라고 명명했다. 닉 데오캄포의 〈아이콘과 사생아 : 웨스턴, 흉내 내기와 고치기〉는 필리핀 같은 곳에서 그 무엇이 웨스턴 장르를 베끼는 '사생아'의 현실을 낳았을까 하고 질문한다. 그리고 폭력적인 식민화, 경제적 독점, 강요된 문화 이식으로 구성된 세계에 나타난 부당한 경제 현실과 불평등, 문화적 헤게모니의 영향 아래서 과연 누가 '사생아'인지 되묻는다. 또한 그는 사생아야말로 적자보다 자기 정체성에 민감하다고 전제하면서, 필리핀의 웨스턴, 타갈로그 웨스턴이 할리우드에서 구축된 장르의 체계화된 기호와 상징을 방언화와 패러디를 통해 오용하고 남용함으로써 외래의 것을 점유해왔다고 설명한다. 그리고 타칼로그 웨스턴은 신자유주의적 유사

'보편적' 관점에서 보면 기술적으로 초라해 보일지도 모르지만 정의와 평화, 가족과 사회의 가치, 그리고 신앙심이라는 필리핀 사람들의 정서를 담고 있다고 결론짓는다.

방글라데시 출신으로 오스트레일리아에서 박사 학위를 받은 후 현재 말레이시아의 모나시대학 교수로 있는 자키르 후세인 라주의 《〈도스트, 더시맨〉 읽기 : 대중영화와 문화적 번역, 방글라데시의 '웨스턴' 리메이크》는 인도의 커리 웨스턴 〈숄레이〉를 리메이크한 방글라데시의 〈도스트, 더시맨〉을 영화 산업적 측면, 국가적 알레고리의 측면, 유토피아적 공간의 측면에서 상세히 분석하고 있다. 〈도스트, 더시맨〉은 트랜스로컬한 프로덕션으로 방글라데시-인도-이탈리아-미국-일본이라는 다중 하이픈 정체성을 지닌 혼종적 영화다. 〈도스트, 더시맨〉은 벵골어를 사용하는 관객을 대상으로 매년 100편 정도가 제작되는 방글라데시영화의 산업적 측면에서 보자면 액션 영화로서 새로운 전기를 제공했다. 이 영화는 개봉 당시에는 외래적, 비민주적, 비현실적이라는 평가를 받았지만 국가적 알레고리라는 정치성으로 읽어 보면 가족을 살해당한 방글라데시의 국부 셰이크 무지브에 대한 논평이라고 볼 수도 있다.

김소영의 논문 〈지정학적 판타지와 상상의 공동체 : 냉전시기 대륙 (만주) 활극 영화〉는 대륙 활극 혹은 만주 웨스턴을 냉전 시대의 지정학적 판타지로 읽으며, 이 영화들이 국민 국가를 넘어서는 상상을 생산한 것으로 간주하고 있다.

먼저 연구소의 활동을 격려해준 영상이론과의 동료 심광현 교수에게 감사의 말을 전한다. 그리고 2007년 컨퍼런스에 참여했던 하리 하리하란, 고이치 이와부치, 임성모, 강태웅 교수에게도 감사드린다. 현실문화연구의 김수기 사장과 편집부에도 감사드린다. 이 책에 게재된 논문들을 번역한 영상이론과 전문사(대학원) 학생들과 아시아 영상문화 연구에 관심을 가지고 있는 예술사 학생들, 그리고 트랜스 아시아 영상문화연구소의 나현, 전민성, 황미요조, 손이레, 2006 · 2007 · 2008 트랜스 아시아 영상문화 컨퍼런스 및 인터아시아 서머캠프를 도왔던 김수연, 송혜원, 조윤주, 강정수에게도 고마움을 전한다.

2009년 8월 한여름, 전나무 우거진 마을 수동에서
공동 편집인을 대표하여 김소영 씀

차례

제2부
아시아 웨스턴

제 1 부 트 랜 스 아 시 아
영 상 문 화 이 론

중국 '영희(影戲)'에서 본 영화 존재론 시론(試論)

박병원 | 한국예술종합학교 영상원 영상이론과 겸임교수

중국의 공적 영화 존재론과 영희론은 동아시아 전통문화가 가진 짙은 불가적, 도가적 사유의 흔적을 보여주고 있다. 영화는 순식간에 사라지고 다시 나타나는 이미지들의 운동이 만들어내는 환영이다. 영화 공간에서 정지되어 있는 것은 없다. 정지되어 있어 보이는 영상조차도 사실은 1초에 24프레임의 이미지가 빠르게 영사기를 스쳐 지나가고 있는 것이다. 영화 이미지들이 명멸하며 만들어내는 운동은 불교의 무상이 시사하는 시간관을 설명하고 있다.

불법(佛法)을 찾아 머나먼 서역과 인도에 간 현장(玄奬)의 길은 서방의 설법(說法)을 얻기 위한 힘든 여정이었다. 그가 구해온 서방의 설법은 중국에서 번역되었고 다시 글쓰기되어 중국화되었다. 영화 〈귀주 이야기(秋菊打官司)〉(The Story Of Qiu Ju, 장이머우[張藝謀] 감독, 1992)에서 농촌 아낙 치우쥐가 나선 길은 자신의 고향에서 얻지 못한 설법을 도시에서 구하려는 험난한 여정이었다. 그런데 그녀가 구하고자 한 사과는 '설(說)'에 있지 '법(法)'에 있지 않았다. 도시문명이 그녀를 위해 보상해준 '법'을 멍하니 바라보는 그녀의 표정은, 근대 이후 동아시아가 서구의 설법 앞에서 느끼는 곤혹의 '우언(寓言)'처럼 보인다.

동아시아 영화는 영화로부터 자신의 설법을 얻어냈을까. 얻어냈다면 어떻게 얻었고, 얻어내지 못했다면 어떻게 얻어낼 수 있을까. '중국영화'가 '영화'를 사유하는 인식 방법은 산업 자본주의하에 구축된 영화적 장치를 벗어나 동아시아 영화를 읽는 데 어떤 의의가 있을까. 이 물음은 중국영화 연구에 있어 우리의 위치, 곧 우리에게 중국영화는 무엇인가 하는 물음으로 돌아온다. 이 글에서 나는 초기 중국영화론에서 다음 세 가지 물음을 찾고, 이에 대한 시론(試論)적 논의를 제기할 것이다.

첫째, 19세기 말 중국의, 불교적 사유에 기초한 영화 인식의 '공(空)'적 존재론(ontology)이 동양 / 서양, 유럽 / 아시아라는 대립의 틀에 갇히지 않고 영상 / 현실, 재현 / 모방의 담론에서 벗어나 영화적 글쓰기(에크리튀르[écriture], writing) 사유가 될 수 있을까.

둘째, 1920년대 중국영화 극작론에서 나타난 중국영화의 '희(戲)'적 본성론을 통해 동아시아 문화 안의 불가적·도가적 인생관을 읽을 수 있다. 이로부터 역사와 환상, 그리고 그 사이의 우언(allegory)적 독법과 글쓰기가 동아시아 영화의 영화담론이 될 수 있을까.

셋째, 탈근대를 꿈꾸는 아시아 문화에서, 지배적 유가 이데올로기에 대한 해체적 사유로서 선종과 도가 문화적 전통이 자기 문화를 반성하고 세우는 새로운 영화의 이념이 될 수 있을까.

이 물음들은 중국영화 연구의 주제를 넘어 중국영화의 담론을 동아시아 문화 안에 위치시키고 있다. 서구적 근대가 동아시아적인 것의 자기 동일성을 주변화하고 왜곡하며 억압해온 것이 동아시아적 근대의 모습이라면, 그것의 복원은 자기 동일성과 그 안의 차이를 함께 보는 일이 될 것이다. 우리가 중국영화를 보고 있는 지점이 바로 이곳이다. 동아시아에서 문화적 동질성의 위기는, 현대 동아시아 사회가 식민지주의 역사 속에서 구축한 릴레이셔널(relational)한 아이덴티티가 붕괴되고 새로운 관계에 기초하여 재구축되는 과정에서 오는 역사적이고 필연적인 현상이다. 따라서 오늘날 동아시아에서 문화적 동질성이 무엇일까를 의심하는 순간은, 근대 이전 동아시아 국가에서 구축해온 지배적 이데올로기와 그 문화적 담론을 자기 문화 내부에서 해체해온 사유를 찾는 작업과 겹쳐진다. 유가에 대한 도가와 불교적 사유가 그러하다. 오랜 글쓰기 전통을 쌓아온 중국문화에서 영화적 체험은 자기 문화의 지배적인 글쓰기 사유와 결합하고, 동시에 침묵하고 있던 이미지적 글쓰기 사유를 상기시키는 것이었다.

이에 영화 도입 초기 중국의 영화 존재론을 구성해보는 것은 중국영화미학의 전통을 이해하는 데 매우 흥미로운 과제가 될 것이다. 또한 중국영화가 영화 존재론을 구축하는 과정에서 중국문화 자체 안의 어떤 요소가 작용하고 있는가, 그리고 이 작용은 동질적인 문화 전통을 지닌 동아시

아 영화 문화를 규정하는 데 어떤 시론(試論)적 의의가 있는가 하는 질문
이 중국영화 연구의 의의를 구성해갈 것이다. 특히 이 글이 '동질적'이라
고 전제하고 있는 것은 지배적 유가 문화와 더불어 지배적 담론을 갖지 않
으면서도 깊은 문화적 뿌리와 전통을 형성해온 불가적·도가적 문화다.

이 글은 먼저 중국에 서구 영화가 소개된 직후인 1897년에 쓰인 영화
에 관한 감상적인 기술(記述)에서 논의를 시작하고, 이것이 1920년대 영희
론(影戱論)에서 어떤 형태로 승계되고 있는가를 살펴볼 것이다. 그리고 영
화 〈아이들의 왕(孩子王)〉(King of the Children, 천카이거〔陳凱歌〕 감독,
1987)이 말〔言〕과 이미지〔象〕에 관한 중국 철학적 담론으로 자신의 글쓰기
문화를 비판하고 있는 바로 그 지점에서, 1897년에 구성된 영화 존재론이
탈근대를 꿈꾸는 동아시아 영화문화에서도 새롭게 구성될 수 있을까 하는
질문을 던질 것이다.

중국영화가 오랜 문화전통과 서구라는 이중적 환경 속에서 어떻게 자
신의 영화 존재론을 구성하느냐의 문제는, 근대 동아시아의 근대 국가 구
축 과정과 반식민주의 역사 속에서 영화가 무엇인가를 묻는 인식과 같은
궤적을 그릴 것이다. 이것이 동아시아에서 중국영화의 위치와 그 담론이
차지하는 의의일 것이다.

'공(空)'적 영화 존재론과 에크리튀르(écriture)로서 '공'

19세기 말 이래 아시아에 밀려든 새로운 서학은 "전통적인 경학(經
學)의 의의를 진리(gospel)를 추구하는 데서 사실(reality)을 추구하는 것으
로"(葛兆光, 2000: 618) 선회시켜 경전의 역사와 텍스트의 고증으로 그 연
구 대상과 방법을 바꾸게 했다. 하지만 전통적인 경전과 경학의 체계는 서

양의 신지식을 이해하는 데 점차 한계를 드러낼 수밖에 없었다. 즉 경(經), 사(史), 자(子), 집(集)의 전통적인 중국 학문 분류에는 물리학, 화학, 생물학, 윤리학 등 서양의 학과를 이해할 수 있는 길이 없었다. 이때 일본으로부터 새로운 서양 학문을 수용하던 사대부들은 본래 서학과 상통하던 불경에 대한 기존의 이해를 바탕으로 서학을 이해하려 했다. 즉, 그들은 불경이 서구와 중국을 잇는 매개가 될 수 있다고 믿었다. 그들은 서양의 논리학을 익히 이해하고 있던 인명(因明)으로, 서양의 심리학을 유식(唯識)으로, 서양의 천문지리와 수리학을 불경 속에 기술된 방대한 상상으로 대신해 이해했다(葛兆光, 653).[1]

오랫동안 쇠퇴의 길을 걷고 있던 불교는 이 시기에 종교적 의미로서가 아니라 문화적 의미의 불학으로서 일시 부흥했다. 이후 모더니즘이 들어온 뒤 불교로 서구를 이해하는 방식이 곧 쇠퇴함으로써 불학은 중서 교류의 무대에서 사라지게 되었다. 하지만 중국 불교가 노장(老莊)사상으로 인도 불교를 이해한 격의(格義) 불교였다는 역사적 경험은, 불교의 교리로 서양 학문의 의의(義)를 이해(格)하는 데 귀한 자산이 되었다.[2] 19세기 말 중국인들이 서양 광학(光學)의 산물인 영화를 이해한 것도 바로 격의의 방법을 통해서였다. 이들은 자신들의 전통 속에 기존하는 그림자극〔影戲〕으로 영화를 이름 짓고, 다시 이 그림자, 곧 영상 이미지에 대한 이해를 불교적 담론에서 이끌어냈다. 이제 영화 공간을 '공(空)'으로 사유한 최초의 기록으로 돌아가보자.

1896년(청 광서제 22년) 8월 처음으로 상하이에 프랑스 영화가 소개된 지 1년 후인 1897년 9월 5일《유희보(遊戲報)》에 실린 〈관미국영희기(觀美國影戲記)〉는[3] 동성파(桐城派) 고문의 사대부 문인이 쓴 것으로 추정된다. 이 글의 필자는 당시 영화에 대한 인상을 상세하고 생동적으로 기록하고 있다.

……보는 사람들이 이에 이르러 정말 사람이 그곳에 들어 있는가 의심하기도 하고, 얼굴마다 희색이 만연하고 상기되어 있었다. 하지만 돌연 등이 꺼지자 온갖 모습들이 온데간데없이 사라졌다. 이외의 것도 훨씬 많지만, 이루 다 자세히 적을 수가 없다. 참으로 기이한 구경거리였다. 다 보고 나서 탄식하며 말하길, 천지 사이에 그 무수한 변화가 마치 환상 속의 도시와 같고, 그림자가 스쳐지나가는 것과 같도다. 이를 전기로부터 만들어내었다니 고금 이래 전에 없던 기이함이고, 세상 물상의 무한한 비밀을 다 드러내놓는다. 그림자극 같은 것이니 수천 리가 지척 앞에 있는 듯하여 축소할 필요도 없고, 그 안에 모든 물상이 그대로 나타나니 이것이 어찌 솥에 새긴 상과 다름이 있으랴. 나타난 듯 숨고, 숨어 있는 듯하면서도 나타나니, 인간사 참으로 꿈이요, 환상이요, 물보라요, 그림자일 뿐이라, 모두 이와 같이 볼지니라.[4]

리따오신(李道新)은 영화비평적 시각에서 위의 기술에 대해 "영화의 특성에 대해 초보적인 이해도 없이 전통적인 문예비평 관념과 비평 방식"[5]을 따른 것이라고 말하고 있다. 즉, 영화를 읽는 관념이 전통적인 희곡과 그 미학 관념의 연장이라는 점을 지적한 것이다. 이에 따라 중국에서 "영화란 무엇인가" 하는 영화 존재론에 관한 의문은 중국 희곡이 맺고 있는 전통문화정신과 연계하고 있음을 시사하고 있다.

"등이 꺼지자 온갖 모습들이 온데간데없이 사라졌다"고 한 구절은 영화 상영을 시작하는 상황을 설명하고 있는 대목인데, 영화의 세계는 현실 세계가 적멸(寂滅)에 들어감을 통해 드러나는 것임을 은유적으로 보여주고 있다. 뒤에 "그 안에 모든 물상이 그대로 나타나니"라 하여 영화 속 세계 역시 현실 세계와 마찬가지로 또 하나의 광대한 세계임을 말하고 있으며, 이는 영화의 환영(幻影)과 현실의 관계를 암시하는 듯하다. "인간사 참으로 꿈이요, 환상이요, 물보라요, 그림자일 뿐(人生眞夢幻泡影耳)"의 비유는 《금강반야바라밀경(金剛般若波羅密經)》의 "일체의 법은 마치 꿈, 환영, 물거품, 그림자와 같고 풀잎에 맺힌 이슬과 같으며 번개와 같으니 마땅히 이와 같이 볼 것이라(一切有爲法, 如夢幻泡影, 如露亦如電, 應作如是觀)"에서 인용한 것으로, 공관(空觀)을 통해 영화 영상을 인식하고 있다. 이 글은 현실과 영상이 재현과 복제, 혹은 원본과 사본의 위계적 질서임을 말하고 있지 않다. 따라서 이러한 인식은 허(虛)／실(實), 무／유, 진(眞)／환(幻), 죽음(鬼)／삶(人)이 이원적으로 분리되어 있지 않고 서로가 서로를 드러내는 상보적 관계(complementary bipolarity)(顏匯增, 1992: 94)를 보여주는 중국적 사유다. 서구의 이원 대립적 사유와 달리 중국인의 본체관은 현상과 실재를 이원적으로 분리하지 않으며, 현상 안에서 실재를 찾아내고자 하기 때문이다.

우리가 유한한 감각으로 인지할 수 있는 세계를 색(色)이라고 할 때, 이 색은 모두 인연으로 인해 생긴다. 색의 본성은 원래 실유(實有)의 것이 아니기 때문에 무형의 공(空)이다. 그리고 공 또한 무형의 빈 세계는 아닌 것으로 또 다른 색의 세계이다. 이로써 영화가 시청각적 색의 세계이며 또한 공하다는 규정은, 물질세계의 제 현상이 고유한 실체를 가지고 움직이는 것이 아니라 모두 연기(緣起)적으로 발생하기에 자성이 없으므로 공하다는 불교적 인식론에서 말한 것이다. 극작이론가 왕띠(王迪)는 《유마힐소설경(維摩詰所說經)》 제6품 〈불사의품(不思議品)〉에서 유마힐 거사가 병문안을 온 수많은 보살과 부처의 제자들이 좁은 방에 앉을 자리가 없자 신통력을 발휘하여 방을 무한으로 확장한 이야기를 들어 영화 공간의 표현력의 가능성을 설명하고 있다. 이러한 설명은 영화 공간을 불교의 공적 인식과 소통하고 있는 사유의 흔적을 보여주고 있다.[6]

1897년 한 중국인이 공간이 무한히 확장되고 시간이 압축되는 영화적 체험을 불교적 공관으로 인식한 사유를 영화의 '공(空)적 존재론

(ontology)'이라고 이름 붙인다.[7] 영화의 공적 존재론을 통해 영화는 현상 세계와 이데아, 현실과 환상 세계가 등급 없이 사유될 수 있는 공간으로서 문화 간 해석학을 마련해주고 있다. 그 예로 할리우드 영화〈매트릭스(The Matrix)〉가 불교적으로도 읽히고 있다는 사실은[8] 영화 해석에 동아시아 영화담론으로서 공적 존재론을 가능하게 하고 있다. 또한 공적 영화관은 영화가 '우언'[9]의 글쓰기임을 말해준다. 역사도 환상도 아닌 우언은《장자(莊子)》에서 비롯한 동아시아적 글쓰기(혹은 독해) 방식의 하나로, 사실이 아닌 이야기에 기탁한 우의로 현실의 모순과 지배 담론을 폭로한다. 따라서 19세기 말 중국 지식인이 영화를 전통적인 경학(經學)의 지식체계 속에서 이해한 것이 아니라 비지배적 사유체계인 불가의 공관을 통해 영화를 이해하고 있었던 데서, 서구 담론에 대한 해체적 독법으로서 '에크리튀르'를 발견할 수 있다.

　〈관미국영희기〉가 불교적 공관에 따른 전통 희극적 비평 관념을 빌려 '서양 영희(西洋影戲)'를 인식하고 있는 점은 영화의 사진적 재현성에 기초한 서구적 영화 존재론과는 다른 것이었다.[10] 그 인식은 동아시아 문화의 전통적 사유를 이루어온 불교 인식론에 기초하고 있다는 점에서 동아시아적 영화 존재론에 관한 논의를 열고 있다. 현실과 영상을 공으로 인식하는 것은 이미 지적한 바와 같이 재현과 피재현의 위계질서의 형이상학을 해체하는 사유다. 그런 점에서 보면 영화 영상은 자크 데리다(J. Derrida)가《그라마톨로지(Of Grammatology)》에서 말한 '에크리튀르'와 같다.[11] 에크리튀르는 모방과 그 모방이 지향하는 현존과 기원보다 앞선다. 영상을 공으로 인식하는 중국 무성영화 초기의 영화 공간관은 영화영상이 탁월한 에크리튀르임을 간파하고 있다. 아니, "인간사 참으로 꿈이요, 환상이요, 물보라요, 그림자일 뿐"이라는 규정은 인생을 유/무, 선/악, 희/로의 에크리튀르로 읽고 있는 것이다.

〈관미국영희기〉의 공적 존재론은 서사를 통한 인식이 아니다. 스쳐 지나가는 그림자의 질료적 성격은 공적 존재론의 성립과 깊은 관계를 맺고 있다. 이것은 플라톤이 동굴의 우언에서 그림자를 복제의 기원에 위치시키고 있는 것을 해체하고 있다. 그림자를 환(幻)으로 보는 불교적 인식론에서 그림자와 빛은 위계를 만들지 않는다. 〈관미국영희기〉의 지은이는 '영희'(影戲, 그림자극) 속 그림자의 운동에서 존재의 무상(無常)과 영원을 느꼈다. 이미지즘 시인인 에이미 로웰(Amy Lowell)이 1917년 11월에 발표한 〈중국영희(Ombre Chinoise, 中國影戲)〉 역시 생동하는 색채와 시각적 순간을 묘사하며 불교철학적 공관을 내비치고 있다(張隆溪, 1982: 187).

붉은빛 디기탈리스가 황색의 담 위에
납빛 그림자 무늬를 현상했다.
붉고 푸른빛 도는 양산을 든 여인.
흉벽 위에 느리게 부딪히는 물결.
이것이 전부.
공(空)하지만 영원한,[12)]
순금의 반지 한가운데처럼 굳게.
Red foxgloves against a yellow wall
streaked with plum-coloured shadows;
A lady with a red and blue sunshade;
The slow dash of waves upon a parapet
That is all.
Non-existent — immortal —
A solid as the centre of a ring of fine gold.

영원과 존재의 공환(空幻)이 이미지들을 통해 이어지고 있다. 순식간에 스쳐 지나가는 이미지들 모두가 영혼의 눈 속에 남아 있을 뿐임을 노래한 이 시는, 이미지들이 서로 의존하지만 끝내 사라지는 것으로 무상을 표현하고 있다. 왕유(王維)의 시 〈신이오(辛夷塢)〉 역시 우주 만물이 취산생멸(聚散生滅)하는 현상을 쓰고 있다.

> 나무 끝에 연꽃, 산 속에 붉게 피었네.
> 개울가 인적 없는 집에 쉼 없이 피고 또 지네.
> 木末芙蓉花 山中發紅萼
> 澗戶寂無人 紛紛開且落.

인간의 시각에 보이고 들리는 현상이란 환상에 지나지 않는다는 무상을 마치 영화에서 화면이 페이드 인/아웃되듯이 꽃이 피고 또 지는(開且落) 운동으로 그려내고 있다. 불교가 말하는 현상세계의 무상은 찰나의 개념을 살펴볼 때 도드라진다. 찰나적 존재는 연속적인 시간을 전과 후로 나누어볼 때, 그 사이에 개입되는 단위로 볼 수 있다. 찰나는 시간적이며 공간적이다. 찰나는 전과 후 사이에서 극소의 시간 단위를 말하고 있지만, 동시에 양적이고 공간적인 개념이기도 하다. 찰나에 의해 전과 후는 공간적 차이를 지니고 동시에 시간적으로 연기되고 있기 때문이다. 그렇다면 찰나는 전과 후가 모두 존재하는 순간이다. 막 지나간 과거의 끝인 동시에 곧 다가올 미래의 처음인 한 점, 즉 공간적으로 인식되는 시간 개념인 것이다. 이는 그러나 실제로는 존재하지 않는 흔적과 같은 존재다.

〈관미국영희기〉에서 명멸하는 영화 이미지는 "스쳐 지나가는 그림자"로서 흔적일 뿐이다. 중국인의 눈에 영화의 스크린은 그림과 글씨를 썼다 지우는 흑판처럼 기표들이 쓰이고 사라지는 흔적의 공간이다. 우리 의식에 새겨지거나 혹은 흔적도 없이 사라지는 기억처럼 영화는 영상들이 흔적의 놀이를 하는 공간이다. 영상을 '공'으로 인식하는 이에게 영화의 숏들이 서로 연기(緣起)관계를 통해 의미를 부여받고 사라지는 흔적이었을 것임은 자명하다. 뒤의 숏은 앞의 숏의 흔적 위에 쓰이고 다음 숏과 흔적을 주고받는다. 그리고 그 자신은 흔적으로만 남는다. 숏과 숏이 바뀌면서 그 사이의 순간적인 어둠과 깜박임은 관객으로 하여금 영화 속 영상의 부재를 환기시킴으로써 스크린에 비친 세계가 환영에 불과한 것임을 일깨운다. 영화 장치는 이 환상의 불신을 관객 스스로 유예하도록 유혹하지만 현실은 완벽하게 영상으로 치환되지는 않으며, 영상 역시 현실로 환원되지 않는다. 〈관미국영희기〉의 지은이는 "나타난 듯 숨고, 숨어 있는 듯하면서도 나타나니"라 하여 현실과 환영이 서로의 차이와 흔적을 통해 끊임없는 왕복 운동을 하고 있음을 읽고 있는 것이다.

앞서 기술한 바와 같이 영화를 서양 영희로 보는 중국문화의 해석은 격의의 방법이다. 중국이 불교를 수용하는 과정에서 격의의 방법은 불경 번역, 강설, 찬술 작업 등에서 일어났다. 이러한 격의는 중국 전통사상으로 불교를 해석하는 것과, 그 반대로 불교의 교의를 통해 중국 전통사상(특히 노장사상)을 해석하는 것 두 가지로 나타났다.

중국 전통사상으로 불교를 해석하는 것은 주로 불교가 중국에 정착하기 위하여 중국 전통사상에 의지하는 것을 말한다(김진무, 2007). 영화가 중국에서 서양 '영희'로 번역되고 다시 공관을 통해 해석되고 있는 것은 영화 역시 이러한 격의의 과정을 밟고 있는 것이라고 볼 수 있을 것이다. 20세기 초 왕국유(王國維) 등의 지식인들은 서구문명을 "제2의 불교"에 비유했다. 그런데 그들의 이와 같은 중국 '화(化)'의 기억은 중화문화 몰락에 대한 위기감을 새로운 문명의 창조라는 자신감으로 전화시키는 기제가 되었다(이보경, 2002). 중국영화 연구가 그러한 번역 과정에서 가장 먼저 보여준 것은 중국화의 기억이었다. 동아시아 문화에서 어떻게 근대/동양의 이분적 모식을 깨고 그 안에서 서구와 전통을 모두 안는 새로운 문화를 사색할 수 있을까. 영화의 공적 존재론이 동아시아 영화에 묻는 첫 번째 물음이다.

진(眞)과 환(幻) – 영화의 우언적 글쓰기

초기 중국영화의 본성이 '희(戱)'에 있다는 영희론[13]의 규정은 영희의 희극적(서사적) 기능, 즉 사회적 교화작용 혹은 이데올로기 작용이 중국의 영화미학을 지배해왔다는 것을 설명해주고 있다. 그런데 영희론은 중국 희극이 역사적으로 보면 극이 아닌 '곡(曲)'이었다는 사실을 간과하고 있다. 이러한 역사적 연원은 희곡(戱曲)으로서의 희극 전통[14]에 빚지고 있는 '영희'가 희극성 짙은 서사 수법과 더불어 짙은 정서적 표출을 그 미학적 특징으로 하고 있는 것을 설명해주고 있다. 그리고 이 정서적 표출은 중국 영화의 서사에 숨겨진 지배적 유가 이데올로기의 억압과 해방을 동시에 보여주는 것이다.

중국 희극은 역사적으로 보아 원대 잡극까지는 희극적 서사보다 노래로 이루어진 연행희로서 원래 시적 가사로 이루어졌다. 특히 원대 잡극은 시(詩), 사(詞), 곡(曲)에서 발전해 나온 것으로, 서정에 치중하고 스토리를 말하지는 않는 장르였다. 많은 학자들이 원잡극을 희곡(戱曲)이라고 하지 희극(戱劇)이라고 부르지는 않는 까닭도 '곡'을 스토리 플롯과 극적 충돌보다 상위에 놓고 그 본위로 삼고 있기 때문이다(鍾濤, 2003: 4). 심지어 원잡극은 희극적 성분이 매우 결핍되어 있다고 지적하고 있는 학자들도 있다. 원잡극 〈오동우(梧桐雨)〉는 〈한궁추(漢宮秋)〉와 더불어 한 편의 시(李修

生, 1990: 214)라고 불릴 만큼 서정성이 가장 풍부한 작품으로 평가된다. 중국 전통 희극에서 스토리는 단지 배경을 이룰 뿐, 관객들이 감상하는 것 대부분은 염(念), 타(打), 작(作), 창(唱)이었다. 지금도 남아 있는 원잡극의 대부분은 노래와 사(詞)로서, 대사가 없고 무대 연기 동작의 지문은 남아 있지도 않다. 설사 완벽하게 전해지는 극본이라 할지라도 그 가운데 대사와 동작 지시 등은 매우 간략하고, 이러한 지시조차도 후대에 가미된 것이라고 한다. 원잡극 가운데 최고의 작품이라고 불리는 〈서상기(西廂記)〉에서 가장 뛰어난 노래 구절인 "푸른 하늘엔 구름 홀로 떠가고 땅에는 누런 낙엽들 흩어지네. 가을바람 소슬한데 북쪽으로 간 기러기 남쪽으로 날아가네. 새벽에 누가 서리 내린 숲을 붉게 물들였나. 모두가 임과 이별하여 흘린 눈물이런가?"[15]도 완전히 독립적인 시가로서 당시, 송사, 원대의 산곡 등과 큰 구별 없이 노래되고 있는 것이 그 좋은 예일 것이다. 그런데 희곡이 서사보다 서정에 치중하고 있다는 것은, 서사의 사실성과 허구성 사이에서 관객의 작용, 곧 문화가 매우 깊이 관여하고 있다는 점을 환기시키고 있다. 봉건적 예교(禮敎) 이데올로기에 대한 반역의 주제는 희곡 속에서 서정성 높은 시가로 바뀌어 노래되었다. 희극의 관념으로 영화를 이해하던 초기 중국영화가 영화의 시각성(혹은 사실 재현성)보다 희극적 서사를 통한 관객의 정서적(감상적) 반응에 치중하고 있는 것은 중국영화 서사의 특질을 잘 설명해주는 대목이다.

　　1926년 허우야오(侯曜)의 《영희극본작법(影戱劇本作法)》은 '영희(影戱)'의 '희(戱)'적 본성이 인생무상의 서사와 직접적으로 연계하고 있음을 잘 보여주고 있다. 《영희극본작법》 서론은 셰익스피어의 4대 비극 〈맥베스(Macbeth)〉의 5막 5장에 나오는 구절로 시작하고 이를 다시 풀고 있다.

　　세상은 텅 빈 무대이고, 인간은 그 무대에서 연기하는 배우일 뿐……[16] 인간은 삶의 슬픔과 기쁨, 이별과 만남, 생로병사, 사라지고 자라고 차고 비우고, 얻고 잃고 흥하고 기우는 현상을 일 막 일 막씩 연출해갈 뿐이다. 희극의 눈으로 인 생을 보면 인생은 분명 희극과 같은 것이다.

허우야오는 영화를 희극의 한 가지로 명확하게 인식했고, 당시 영화 에 관한 보편적인 관념 역시 영화를 희극의 하나로 보고 있었다.[17] 그런데 여기서 허우야오가 희극으로부터 영화의 승계 관계를 서구 연극 〈맥베스〉 의 대사를 통해 잇고 있는 것은 바로 무상한 인생에 관한 규정성이었다. 셰익스피어가 통찰하고 있는 삶의 실체는 기독교적 원죄나 구원이라기보 다는 근원적 무의미성(signifying nothing)으로 오히려 불교적 '무상'의 깨 달음에 가깝다(김용옥, 1998: 171).[18] 영화와 희극이 연출해내는 인생과 세 계는 진(眞)이고 환(幻)이며 그래서 또한 공(空)하다. 이때 진과 환이 서로 를 보충하는 관계 사이에 인간의 '정(情)'이 작용하고 있음을 명말 청초의 원우령(袁于令)은 아래와 같이 새기고 있다.

대저 극장은 하나의 세계이고, 세계는 모두 정인(情人)이 있을 따름이다. 이로 써 극장은 가짜이나 정은 진실하니…… 배우가 진실하지 않다면, 관객의 정신 이 감동될 수 없다. 그런데 작자가 진실하지 않다면, 배우의 정신도 영혼이 없 을 것이다.[19]

작자, 배우, 그리고 관객이 모두 극이 가짜임을 알지만 이 가짜인 극 이 진실한 감'정(情)'을 실현해낼 수 있음을 알기에 극은 성립한다. 진실한 감정은 삼자를 결합시키는 매개체인 셈이다. 따라서 중국예술에서 관객성 의 정을 통해 진과 환은 서로 환원된다. 《홍루몽》 제5회본에도 진/환, 무/ 유가 상보적 관계임을 기술한 부분이 있다. "가짜가 진짜가 될 때 진짜 또

한 가짜요. 없음이 있음이 되는 곳에 있음 또한 없음이로다.(假作眞時眞亦
假, 無爲有處有還無)" 이것은 도가적 혹은 불가적 사유로 볼 수 있다. 세계
가 환영, 곧 진(眞)의 세계가 아님을 보는 것, 혹은 환(幻)을 통해 진을 보는
것은 공(空)의 깨달음을 통해서이다. 중국의 전통 그림자극은 인도에서 기
원하여 전해진 것으로 그 극본(영권(影卷)이라고 함)이 불교의 변문(變文)
과 밀접한 관계를 가지고 있다. 그림자극이 불교의 교의를 전파하는 수단
이었다는 사실은 그 주제가 역사와 인생의 무상감을 담고 있을 것임을 암
시하고 있다. 《영희극본작법》의 서론에서 기술하고 있는 영화 서사의 인
생에 관한 규정성은 영희(그림자극)에 대한 초기 사유인 불교의 공적 인식
론을 잇고 있다고 보아도 좋을 것이다.

영희는 환과 진이 교체하며 진행되는 드라마로서, 무상한 역사와 인
생을 둘러싼 권선징악과 인과응보가 그 주제였다. 허우야오는 "영희는 인
생을 표현하는 것으로 영희의 소재는 인생 현상 속에서 추출한다"고 규정
하면서 서사의 핵심적 요소로서 위기(crisis), 충돌(conflict), 그리고 장애
(obstacle) 세 가지를 들고 있다. 그런데 이 세 가지는 개인과 사회 사이에
서 발생하는 갈등과 그것의 조화를 영희 서사의 주제로 미리 규정하고 있
는 것이다. 그래서 영희의 소재로서 열거한 스물한 가지 가운데 '대동주
의의 사상'과 '인도주의의 사상'이 그 첫째와 둘째를 차지하고 있는 것이
다. 인생에 관한 공관(空觀)적 태도는 중국영화의 존재론을 구성하는 전제
가 된다고 하겠다. 영희는 슬픔과 기쁨, 이별과 만남의 스토리를 축으로
하여 중국 고전 소설과 희곡 등 서사 예술에서 전기(傳奇)적 기법을 대대
적으로 수용하고 있다. 쫑다펑은 그 예로 《자매화(姊妹花)》에서 자매가 서
로 다른 운명으로 헤어져 훗날 주인과 하녀의 신분으로 다시 만나는데 그
기이하고 곡절 많은('奇') 서사와 플롯('巧')은 고전 소설의 "허환 속에서
진실을 발견하는(幻中有眞, 虛中有實)" 방식이라고 설명하고 있다(鍾大豊,

1986).

그런데 중국영화는 1920년대 이래 비역사 속의 환상적인 이야기로부터 많은 영화적 소재를 끌어오고 있다. 현실에서 이화(異化)된 여성과 무협, 그리고 귀(鬼)는 모두 지배적인 유교 문화나 제국주의로부터 이동과 탈주를 꿈꾸는 노마드(nomad)[20]적 문화로서 불가와 도가 문화의 틈입이었다고 할 수 있다. 즉 중국영화가 자신의 역사와 환상 이야기 속에서 서사를 이끌어오고 있다는 것은 영화로서 자신의 글쓰기를 관철시키는 데 있어 자기 문화 내부의 노마돌로지(nomadology)의 지식이 작동하고 있음을 말해준다. 이는 영화가 서구 담론의 지배와 억압으로부터 벗어나기 위한 방편을 반유가적 문화전통에서 찾고 있는 이 지점에서 서구적 근대에 대항하는 중국영화를 다시 읽게 하고 있다.

동아시아 문화에서 유가 이데올로기를 방해하는 서사는 모두 비역사적인 혹은 반역사적인 것으로 간주되었다. 비유가적 코드는 낯설고 초자연적이며 환상적이고 이국적인 범주에 속하는 것이었기에 도가와 불교의 우언은 받아들여지지 않았다. 그럼에도 이런 환상적 스토리가 동아시아 문화에서 끊임없이 읽혀지고 유통되고 중국영화권뿐 아니라 동아시아적 영화 장르로 형성되기에 이른 것은 무엇 때문일까. 이런 물음에 대해 루샤오펑(魯曉鵬)은 중국소설사의 당(唐)대 전기(傳奇)소설을 읽는 독법을 찾아내고 있다(魯曉鵬, 2001: 154~205). 당(唐)대의 허구 저작들을 읽고 해석하는 두 가지 양식, 곧 역사적 양식과 알레고리 양식이 그것이다. 역사적 양식에서 없어서는 안 되는 조건은, 비공식이고 허구적인 전기에 묘사된 사건과 인물들이 독자에게 매우 사실적으로 받아들여질 수 있어야 한다는 것이다.[21] 그리고 이런 조건을 만족시키지 못하는 이야기들은 독자가 텍스트의 의미를 찾기 위하여 알레고리[寓言]적 양식으로 읽게 되었다. 역사적 글쓰기가 아닌 한, '우언'은 동아시아의 유가 전통문화 속에서 반유

가적이고 도가적인 것이었다. 심지어 유가 이데올로기를 방해하는 서사들
은 이국적인 것이나 위험한 것으로 폐기되었다. 바로 위의 두 독법으로도
해석이 불가능한 것이 지배적 이데올로기로부터 폐기된 환상적 독법이었
다. 이제 중국영화와 그 문화연구가 우리에게 묻는 질문이 드러났다. 지그
프리트 크라카우어(Siegfried Kracauer)의 '물질적 현실과 본원적 친화성'
처럼 영상과 현실, 그 재현/모방의 서구의 영화 존재론에서 벗어나, 동아
시아 영화에서 역사와 환상을 읽고 글쓰기하는 데 있어 중국 고대 서사의
담론은 어떤 작용을 하는 것일까.

　사실과 환상의 담론이 꿈과 현실 혹은 귀(鬼)와 인(人)의 관계를 둘러
싸고 벌어지는 이유는, 환상적인 것이 사실적으로 간주되는 세계에 질문
을 던지고 그 세계를 부정하기 때문일 것이다. 사실과 환상 사이에서 사실
성은 그것이 꼭 현실과 일치하는 것은 아니고 관객의 눈에 사실적인 것으
로 나타나는 문화의 신뢰와 연계된다. 중국 희극이 간결하고 형식화된 무
대 장치와 배우의 동작만으로도 리얼리티를 담보한다는 사실은 그 미학적
특징이 허환적인 가설(hyperthesis)에 대한 관객의 믿음에 의존하고 있다
는 점이다. 원대 잡극 〈두아원(竇娥冤)〉에서 두아가 억울한 죽음에 원통함
을 호소해 6월 하늘에 삼 척이나 되는 눈이 내리는 것은 감정의 진실이 현
실 세계에서 볼 수 없는 사건에 진실을 부여한다는 점을 보여주고 있다.
중국 예술의 형신론(形神論)은 바로 이러한 담론을 설명해주고 있다. '형'
이 핍진할수록 '신'의 전달은 더욱 유한한 것이 된다. 이로써 영화 영상의
현실재현적 시각성은 중국 전통예술 정신에 매우 위배되는 관념을 내포하
고 있었다. 그렇게 보면 중국의 영희론이 시각적 형(形)으로서의 '영'보다
는 서사적인 '신(神)'으로서의 '희'를 강조할 것은 자명한 일이었다. 따라
서 작가와 관객 사이의 '신'의 소통을 중시하고 있는 영희론의 '희'적 본성
은 영상의 사진적 재현에 기초한 서구의 영화 존재론과는 전혀 다른 영화

적 글쓰기 사유인 셈이다.

중국 미학에서 진(眞)과 가(假), 진과 환(幻), 실(實)과 허(虛), 즉 사실
성과 허구성의 관계에 관한 인식은 불교의 영향을 깊이 받았고 이는 중국
인의 글쓰기에 지속적인 영향을 주었다. 중국이 불교를 수용한 이후 종교
활동은 환술(幻術)과 주술을 포함한 방술과 연계하여 진행되었다. 인도에
서 환술은 불교 선교의 방식이었고, 인도인이 세계를 인식하는 사유방식
이 되었다. 이것은 시공간의 제약을 뛰어넘게 해 현실과 환상세계를 구별
하기 어렵게 만들었다. 인도에서 이러한 진/환 사유는 역사 인식에 대한
제약으로 작용하여 역사를 신화와 구별하기 어렵게 했다. 따라서 인도의
사유는 "주진(周秦) 이래 청에 이르기까지 (중국 철학은)…… 현실 세계의
실재성을 긍정하고, 현상을 허구로 보지 않으며, 본체와 만물의 구별은 근
본과 비근본의 구별이지, 실재와 가상의 구별이 아니라고 사유"(張岱年,
1988: 161)한 중국 철학과는 전혀 다른 것이었다.

중국에 불교가 전래된 이후 인도의 환상적 이야기가 전파되면서 인과
응보, 몸을 떠난 영혼 등의 이야기가 중국 문학과 예술에 상상력을 불어넣
어주는 문화적 자극이 되었다. 이윽고 명대에 이르러 저명한 희극작가이
며 미학가인 탕현조(湯顯祖)가 "정으로 인해 꿈이 되고, 꿈으로 인해 희가
된다(因情成夢 因夢成戲)"[22]라고 하여 정, 꿈, 희를 환과 동등하게 본 것은
바로 예술에 있어 진/환에 대한 미학적 인식을 보여주는 것이었다.

'가(假)'를 '진(眞)'으로, '진'을 '가'로 보는 '진짜인 듯하나 역시 환영
(似眞而又幻)'이라는 중국 미학관은 오랜 역사 과정 속에서 형성된 것이다.
인도에 그 기원을 둔 관념이 다시 중국에서 전통적 사유와 융화한 후 동아
시아에서 공통적인 사유 관념의 하나를 이루고 있는 것이다. 진/환(가)에
관한 중국 미학 사유는 가(假)에 대한 인식을 통해 진(眞)의 소재를 깊이
사색하는 것으로 발전해 환으로써 진을 새겨 넣는 우언(알레고리)적 글쓰

기가 발전하는 계기가 되었다. 그 예로서 탕현조의 〈남가몽(南柯夢)〉의 스토리가 차용하고 있는 것은 불가적이고 도가적인 '인생여몽(人生如夢)'의 우언 형식이다. 스토리 속에서 꿈은 그저 상징이고 가정일 뿐으로, 꿈의 황당함은 거짓된 현실을 기탁한 것이다. 꿈의 내용을 사실적으로 쓰는 것은 곧 진실되게 현실을 글쓰기하는 것이 되는 것이다.[23] 고대 중국 작가들이 봉건제 사회에서 취한 글쓰기 방식인 이러한 '곡필(曲筆)'은 당시의 사회적 현실을 반영해내려 한 시도였다. 따라서 작자의 현실 사회에 대한 비판 정신과 이상 사회에 대한 추구를 표현해낸 것이라고 할 수 있을 것이다. 작가는, 비록 이미 발생한 일은 아니지만 우언의 형식을 빌려 발생할 수 있는 일, 즉 독자 혹은 관객의 해석을 열어놓는 글쓰기 방식을 발휘한 것이라고 할 수 있을 것이다. 이로써 영화의 공적 존재론으로부터 영희론이 내재하고 있는 진/환의 글쓰기는 문화 비평의 담론을 담고 있다 하겠다.

언(言)과 상(象) – 영화로 동아시아 문화를 철학하기

근대 이전부터 동아시아가 공통적으로 지니고 있었던 사유의 전통은 통치 이데올로기였던 유가적 전통과 그 통치 이데올로기를 해체하여 개체의 자유와 욕망의 해방을 추구하고자 한 도가적, 불가적 전통이었다. 그렇다면 동아시아에서 탈식민/탈근대는 근대 이전 유가적 전통으로의 회귀에서 오는 것일까, 아니면 도가와 불가 전통으로의 회귀에서 오는 것일까.

인도에서 발생한 불교는 중국 대륙과 한반도를 거쳐 일본에 전래되는 과정에서 유가와 도가가 혼재되어 불가의 전통을 형성했다. 그런데 "가라타니 고진이 중국 대륙 – 한반도 – 일본 열도로 이어지는 지리적 영토화와 탈영토화의 탈주선으로 보았던 동아시아 3국의 근대 이전 의식의 영토는 공자와 맹자를 토대로 하는 유가사상의 동양이고, 그러한 의식의 영토로부터 탈영토화하여 '억압되지 않은 의식의 코소오〔古層〕'를 달성하고자 했던 도가나 불가의 지식은 철저하게 배제되어 있는 동양이었다"(장시기, 2005: 60). 동아시아가 전근대에서 탈영토화하여 근대를 확립하는 길이 도가나 불가의 인식론적 전통과 밀접하게 연계할 것임은 분명하다. 이러한 시각에서 보면 서구에서 근대로서 들어온 영화에 대한 불교적 영상 인식론은 동아시아적 영화 존재론 구성에 매우 논쟁적인 주제를 가져오고 있다.

전형준은 1920년대 루쉰의 소설 〈고향〉을 다시 읽고 동아시아 문학의 전통과 근대를 동시에 넘는 길을 사색하고 있다(전형준, 2004: 73). 이 작품이 보여주고자 하는 것은 고향 상실의 근대적 체험이지만, 그 상실은 전(前) 근대에 대한 향수로서, 그때 고향은 지리적·공간적인 것이 아니라 심리적인 것으로 나타나고 있다고 전형준은 지적한다. 그리고 이 심리적 고향의 재조정은 전통으로의 복귀와 근대에의 순응을 모두 넘어서는 또 다른 길이라고 그는 말하고 있다. 그렇다면 동아시아문화에서 지배적인 유가의 전통에서 탈각하는, 그리고 서구 근대로의 길이 아닌 새로운 탈근대의 길에는 불가와 도가의 도(道)에 존재하는 어떤 지형(topography)이 있는 것은 아닐까. 중국문화에게 불교는 타문화였지만, 도가로 번역된 뒤 훗날 가장 중국적인 문화로 전이했다. 새로운 타문화가 기존의 문화를 위협했을 때, 토착적 문화는 외래문화를 새로운 자기 문화로 받아들이는 매개 역할을 했다. 중국영화는 아직도 서구 영화를 번역하는 과정에 있다. 특히 자기 문화의 위기 앞에서 자기 문화로 자신을 돌아보는 사유가 소설과 더불어 영화에서 일어난 것은 영화가 근대성의 문제와 가장 깊이 상관 있는 장르라는 면에서 우리의 주목을 끈다. 1976년 문화대혁명 종식 이후 중국영화계에 등장한 5세대 영화는 거대한 사회 공간에 대한 개인의 공포와 곤혹을 지형적(topography)으로 드러낸 사건이었다. 문화대혁명의 극좌적 성향과 봉건문화적 전제주의는 중국 사회공간을 질식시켜 인간과 사회, 인간과 자연, 인간과 인간의 관계를 이화시키고 왜곡시켰다. 이때 민족문화 속에 축적되어 있던 불가적·도가적인 사유가 심리적 기제로 나타난 것은 필연적인 일이었다. 특히 천카이거의 〈아이들의 왕〉(1987)은 그 두드러진 예였다.

유가 경학(經學)의 성립은 글쓰기를 통해 구축한 말의 구축이었다(楊乃喬, 1999). 따라서 유가 경전 속에 나타난 성인의 말과 글은 중국문화를 이루는 지배적 이데올로기로 작용해왔다. 이에 대한 해체로서 도가와 불가는 불립문자를 내세우고 있다. 중국영화 〈아이들의 왕〉은 자기 문화에 대한 반성으로서 유가의 말의 구축에 대한 해체를 이미지를 통해 보여주고 있다. 이 영화는 개체와 전통문화 간의 대립을 소리/침묵, 소리/이미지의 대립 혹은 말하기/보기(쓰기)의 대립으로 나타내고 있다. 따라서 〈아이들의 왕〉은 말(소리)의 폭력을 영상이 표상하는 사색으로 바꾸어놓고 있다(孟悅, 1990: 34).

중국 고대 학술에서 경학과 정치 이데올로기의 상호작용은 곧 경전과 그 해석을 중심으로 하는 것이었다. 경전에 쓰인 문자에 대한 해석은 곧 권력의 발생과 밀접한 관계를 가지고 있다. 춘추전국시대 제자백가의 텍스트들이 경(經)으로 칭해진 것은 경이 곧 담론 권력의 상징이며, 경전은 곧 담론의 글쓰기임을 말해준다. 육경의 텍스트들은 수많은 성인의 언어들로 가득 차 있다. 육경은 바로 유가 시학이 문학 현상에 대한 독해와 해석에 담론의 권력을 불어넣던 경전이었다. 이에 대해 도가는 경의 문자로서 글쓰기되어 있는 종법적 전통, 예교 문화 등 경전의 형식을 주체의 존재를 속박하는 언어의 감옥으로 보고 이를 철저하게 해체했다. 다음은 《사기(史記)》〈노장신위열전(老庄申韓列傳)〉에 실린 노자와 공자의 대화다.

공자가 주나라에 가서 노자에게 예를 묻자, 노자가 말하였다. "당신이 말한 것(言)은 그것을 내놓은 성인들의 뼈조차 없어진 지가 이미 오래다. 지금 남아 있는 것은 그 말(言)뿐이다."[24] 여기서 노자의 대답 속에 들어 있는 언(言)자에 주의해 보면, 앞의 '언'은 주체가 의미를 나타낼 때, 곧바로 소리 내어 말하는 speech이고, 두 번째 '언'자는 주체를 초월해서 텍스트 형식으로 남아 있는, 즉 언어로서 남아 있는 문자인 경을 뜻한다. 유교 시학은 경의 문자를 형이상학의 등급 서열에서 가장 위에 놓고 있지만, 노장철학은 언어와 문자에 대해 부정적인 태도를 취하고 있다. 《장자(莊子)》〈천도(天道)〉편의 다음 우언은 언어의 의미가 전달될 수 없음을 나타내고 있다.

> 제나라 환공이 대청 위에서 책을 읽고 있을 때, 대청 아래 바닥에서는 윤편(輪扁)이라는 목공이 나무를 깎아 수레바퀴를 만들고 있었다. 그는 망치와 끌을 놓아두고 위로 올라가 환공에게 물었다.
>
> "황공하옵니다만 지금 읽고 계신 것이 무엇이옵니까?"
>
> "성인의 말씀이니라."
>
> "그 성인은 살아 계시옵니까?"
>
> "이미 돌아가셨다."
>
> "그러시면 읽고 계신 것은 옛사람의 찌꺼기군요."[25]

장자가 윤편의 말을 통해 비판하고 있는 것은 경전 텍스트상의 문자이지, 주체가 대화할 때 의미를 위해 사용하는 언어를 가리키는 것은 아니다. 즉 장자는 유가 경전상의 문자와 언어를 해체하고, 의미로서 문자언어를 대체하고 있다. 이러한 도가의 언어관은 도가 시학에 이어져 철저하게 유가의 언어관을 타파하고 있다.[26] 중국의 유가 시학이 입언(立言)과 문자를 중시하는 반면, 이에 대한 해체적 책략으로서 도가 시학은 입의(立意)

와 상(象, 이미지)을 중시하고 있다. 중국 철학사 속의 이러한 논의는 중국 문화가 자기 문화 안에서 진행한 자기 문화 비판이었다. 〈아이들의 왕〉은 정확하게 이 지점에서 시작하고 있다.

주인공 라오간은 학교에 부임하여 학생들을 가르치기 시작한다. 아이들에게는 교과서가 없다. 선생이 칠판에 교과서를 베끼고 학생들이 이를 받아 적는다. 라오간은 이러한 베껴 쓰기를 멈추고 학생들에게 글쓰기를 가르치게 된다. 이것은 전승-답습-중복의 교육문화에 대한 회의와 부정이다.[27] 라오간의 깨달음은 곧 전통에 대한 결연한 반역이며, 이 반역은 문화대혁명의 전제주의가 전통 경학의 문자가 지배한 이데올로기의 연장이라는 것을 암시한다.

영화에서 생명과 문화의 대립은 유성/무성, 소리/이미지, 곧 말하기/보기의 대립으로 나타난다. 생명의 세계는 침묵의 세계다. 그리고 이 생명을 짓누르고 있는 것은 소리(언어)의 문화다. 유가 경전의 입언(立言)처럼 말하기는 전제(專制)적인 담론을 행사하는 것을 의미한다. 그것은 바로 문화대혁명이 강요한 교육의 방식이자 문화의 행위였다. 이로써 영화는 철학사의 언(言)과 상(象)의 대립을 당대(contemporary) 역사의 현실과 문화로 이끌어내었다. 따라서 언과 상의 대립은 당대 중국 역사와 학술의 우물이 되었다. 영화의 시각성(象)이 문화철학의 담론을 이끌어낸 것이다(吳子敏, 1988: 26).

학생들이 베껴 쓰는 문자와 말의 소리는 인식의 가능성을 박탈해버린다. 말하고 듣는 것은 문화대혁명의 역사에서, 아니 수천 년 중국 문명에서 반복되어온 교육 방식이자 문화 행위였다. 이에 대해 시각적 이미지는 행위와 생존의 직접적 산물이다. 그래서 역사를 읽고 진실을 보는 것은, 보고 관찰하는 '봄'의 행위와 연계된다. 여교사의 무표정한 강의 소리는 소리의 전제주의이며, 학생들이 글을 베끼는 소리는 언어의 질식이다. 영화는 시종 자전(사전)을 둘러싸고 전개된다. 자전의 본질은 언어 체계, 곧 문화이다.[28] 천카이거는 자전을 중국 전통의 알레고리로 보았다. 영화에서 주인공 라오간이 학생들에게 자전에 없는 문자를 설명하는 장면이 있다. 위엔 소 우(牛), 아래엔 물 수(水)를 쓴 한자다. 라오간은 새로이 만든 이 문자에 새로운 의미를 부여한다. 문자 아닌 문자, 이 창조된 문자는 언어 체계 바깥에서 새로운 생명과 문화의 발견을 상징적으로 보여준다. 언어 체계에 대한 변혁을 말하고 있는 이 장면은 라오간이 학교를 떠나며 "왕푸, 앞으로 어떤 것도 베끼지 마라, 사전도 베끼지 마라"고 말하는 기존의 언어 체계 곧 전통문화에 관한 통렬한 비판으로 이어진다. 그는 또한 학생들에게 내일 일어날 일을 미리 글쓰기하지 말라고 가르친다. 이 말은 혁명의 아버지인 마르크스와 레닌이 죽은 뒤 일어난 그에 관한 평가와 관계가 있다. 그것이 오늘 현실의 문제를 대신해서 해결할 수는 없음을 말하고 있다(王志敏, 1996: 385~395). 즉 문화대혁명 비판을 전통문화의 글쓰기 전통과 연계하고 있는 것이다. 이것은 장자의 우언적 글쓰기 방식이다.

라오간이 학생들이 쓴 '등교[上學]'라는 문장을 읽어준다. "뛰어온 것이 아니고, 날아온 것도 아닙니다. 남에게 업혀 온 것도 아닙니다. 스스로 걸어온 것입니다." 이때 카메라가 소리를 따라 교실의 나무 기둥에 낙서되어 있는 발자국 그림을 아래에서 위로 패닝한다. 이 짧은 숏의 화면은 불가의 〈심우도(尋牛圖)〉를 연상하게 한다. 글쓰기된 소리는 어느새 이미지로 바뀌고, 이미지는 소리를 밀쳐내고 소를 찾는 깨달음의 길로 인도한다. 노을구름으로 가득한 하늘을 배경으로 빈 소매의 허수아비 같은 자세를 취하는 라오간의 동작은 형(形)은 있으나 정신(神)이 없는 춤과 같은 것으로 노자(老子)의 '대지약우(大智若愚)'의 모습이다. 라오간이 거울에 자신을 비추는 숏에서, 깨진 거울에 비친 두 명의 라오간의 이미지가 나타난다. 그는 자아분열의 거울 속 이미지에 침을 뱉는다. 이것은 자성 없는 공의 이미지로서 자신에 대한 조롱이며 자아 부정이다.

레이 초우가 〈남성 나르시시즘과 국민문화〉에서 "〈아이들의 왕〉이 문어(文語)에 제기한 근본적인 도전은 중국사의 문화적 기원에 대한 도전"[29]이라고 규정한 것은 전통적인 글쓰기와 베껴 쓰기가 어떻게 서로 관계 짓고 있는가를 상기시키고 있다. 특히 그녀는 근대 국민문화와 여성, 아이 등 약자에 관한 글쓰기와의 관계에 주목한다. 영화 〈아이들의 왕〉이 국민문화의 생산에 있어서 여성의 역할에 유보적인 태도를 취하고 있는 것은 근대 이후 중국 지식인을 괴롭혀온 국민문화에 관련한 문제가 영화적 글쓰기를 통해서도—국민문화가 가장 기본적인 테크놀로지인 글쓰기로부터 건설되어야 한다는 점에서—지속적으로 탐구되고 있음을 보여주는 것이라고 그녀는 지적하고 있다(레이 초우, 2004: 202~213). 레이 초우는 이 영화에서 라이디의 '여성성'의 삭제를 20세기 국민문학적 글쓰기의 승계라고 본 것이다. 그녀는 그 예로 광대 같고 여성의 속성을 갖지 않은 라이디의 사랑이, 때로는 위협적인 것으로 제시되는 대신 이상화된 존재인 아이들로 대체되고 있는 것은 나르시시즘을 통한 남성 주체를 명백하게 보여주고 있다고 지적한다(레이 초우, 209~211). 그녀의 이러한 분석은 억압을 수반하는 나르시시즘적 욕망 달성은 자아 이상을 통해 이루어진다는 프로이트의 텍스트에서 끌어온 것이다. 그러나 제5세대 이전의 중국영화사에서 국가 재현의 영화적 글쓰기가 거꾸로 여성성과 감상적인 것을 과장되게 드러내고 보여주었다는 것에 대한 반역으로서, 〈아이들의 왕〉에서 라이디의 여성성은 삭제되었다기보다는 괄호 쳐졌다고 봐야 한다. 아니 원작 소설의 문자를 영화 속의 이미지가 괄호 치고 있다고 보아야 한다. 유가 경전 텍스트에 대한 해체 전략으로서 영화가 인용하고 있는 것은 유가의 남성 중심주의, 그 언어(로고스) 중심주의를 상(象)으로써 해체하는 도가와 불립문자의 선종 불가였다. 유가의 가부장적 가족 체계는 개체를 지배-피지배 관계로 치환하여 남성들의 서열 관계로 이루어진 지배체제를 구축하기 위한 수단이다. 그리고 그것은 경의 문자와 이의 습득을 위한 교육을 통해 계승되고 반복되었다. 라이디가 작곡을 할 수 있다고 했을 때, 이는 새로운 소리에 대한 숭배였고, 라오헤이가 여기에 불신을 드러낸 것은 빈곤한 지식에 대한 우울이었다. 그리고 그것에 대한 책임은 당대 문혁의 역사가 잇고 있는 유가 문화에 있었다. 따라서 라이디에게서 드러나지 않는 여성성은 암컷과 수컷으로 구성되어 있는 모든 개개의 몸을 남성-여성의 단일한 지배와 피지배 관계로 치환하는 유가 문화 해체에 있어서의 우울 때문은 아닐까. 공자의 君君, 臣臣, 父父, 子子의 중복된 문자에서 그 기표는 같지만 기의가 다른 것은 공자가 시도하는 이데올로기가 언어의 수사, 곧 기표를 조직하는 문제라는 것을 보여주는 것이므로 라이디는 라이디, 라오간은 라오간으로, 유가의 영토로부터 탈영토화하여 '억압되지 않은 의식의 코소오'를 꿈꾼 것으로 읽어도 되지 않을까. 라이디가 작곡하고 라오간이 작사한 노래를 교실 밖 운동장에서 아이들이 노래하고 있다. 하늘을 배경으로 울려 퍼지는 노랫소리는 개체 해방을 꿈꾼 장자의 천뢰(天籟, 제물론)의 소리 같다.

불가의 '강을 건너고 뗏목을 버린다(舍筏登岸)', 장자의 '물고기를 잡고는 통발은 버린다(得魚忘筌)', 왕필의 '뜻을 얻고는 상은 버린다(得意忘象)'와 같이 불립문자의 탈언어적 사유를 통해 깨달음에 도달하는 경계는 영화의 공적 존재론으로 얻는 시적 경계다. 영화가 자기 역사와 문화 비판의 담론을 동아시아의 불가와 도가의 사유적 전통으로부터 이끌어내고 있는 점에서 1987년 중국의 〈아이들의 왕〉은 우리의 논의에 매우 유용하다. 그렇다면 이 한 편의 중국영화에서 영화영상의 존재론으로 작동하고 있는 불가와 도가의 인식론적 전통을 다시 재고해도 좋을 것인가.

나오며

서구적 근대로서 영화, 그 기술화된 시각성이 가져온 것은 '봄'과 '보임'의 욕망이었다.[30] 또한 그것은 근대 서구와 중국을 위치 짓는 은유이기도 했다. 영화의 시각성이 갖는 이 양가적 양태는 중국에서도 역사적 상황과 오랜 문화 전통과 결합하여 중국영화의 특질을 규정하였다. 보는 주체에게 보여주는 객체의 행위는 자기 전통문화의 정체성과 도덕적 자아이니 초기 중국영화가 보여주는 도덕적 서사는 스스로의 전통문화와 밀접하게 관계하고 있었다. 그리고 여기에 전통적인 글쓰기를 대체해가는 시각적 영상의 힘을 발견한 국가 이데올로기의 작용은 중국영화사를 기술하는 담론으로 작용해왔다. 따라서 서구/전통문화/국가이데올로기, 이 삼자는 중국영화 연구에 있어 근대성/민족성의 담론을 구성하고 이를 이해하는 관건으로 작용하였다. 그렇다면 오랜 글쓰기 전통을 지닌 중국의 영화사는 서구, 전통 그리고 국가(민족), 이 세 가지 요소의 작동을 매우 복합적으로 보여주는 문화사를 펼쳐내고 있는 것이다.

중국의 공적 영화 존재론과 영희론은 동아시아 전통문화에 짙게 스민 불가적·도가적 사유의 흔적을 보여주고 있다. 영화는 순식간에 사라지고 다시 나타나는 이미지들의 운동이 만들어내는 환영이다. 영화 공간에서 정지되어 있는 것은 없다. 정지되어 있어 보이는 영상조차도 사실은 1초에 24프레임의 이미지가 빠르게 영사기를 스쳐 지나가고 있는 것이다. 영화 이미지들이 명멸하며 만들어내는 운동은 불교의 무상이 시사하는 시간관을 설명하고 있다. 영화가 드러내는 시간은 영화예술이 변화, 곧 무상을 가장 잘 표현하는 매체임을 보여준다. 지각 측면에서 볼 때, 영화는 사실적 재현의 리얼리티에 대한 믿음과 시각적 착각이라는 회의 사이에 존재한다. 사실적 기록성이 어느 예술과도 구별되는 영화예술의 특성이라면,

현실에 대한 관객의 회의가 영화의 리얼리티를 구성한다.

이데올로기와 문화적 관습에 지배되는 역사 담론에 친숙한 세계가 세계의 본 모습일까. 아니면 이 세계의 이데올로기와 문화적 관습의 통일성을 깨뜨리면서 초자연적이고 비일상적이며 상상적인 것을 가로질러 가는 세계가 진실한 세계일까. 불교적으로 보면 세계는 공하지만, 그렇다고 픽션은 아니다. 사실은 회의되고 영화는 역사와 환상 사이에서 배회할 것이다. 영화는 가능한 모든 새로운 경험을 상상한다. 이제 환상적인 것은 새로운 존재 지평을 향하여 열려 있으며 관습적으로 알려진 것을 넘어 가능한 것 모두를 창조할 것이다. 그리고 이것은 궁극적으로 동질적이고 자율적인 유가적 주체의 탈중심에 기여할 것이다. 중국영화의 공적 영화 존재론이 던져놓은 사실적인 것과 환상적인 것 사이의 담론은 역사 담론 속에서 사실적인 것으로 간주되는 세계에 질문을 던지고 그 세계를 부정할 것이다. 이제 중국영화는 진/환의 담론 속에서 자기 문화의 정당화와 자신의 이야기의 진실성에 대한 자격 부여 사이에서 망설일 것이다. 이것이 오늘 중국영화가 자리한 위치이다. 그래서 앙드레 바쟁의 '영화란 무엇인가(What is Cinema)'를 묻기 전에 중국영화는 무엇인가, 동아시아 영화란 무엇인가를 묻는 것이다. 다시 영화의 공적 존재론을 묻는다.

젠더-소프트웨어와 정치-하드웨어

- 〈레인〉과 〈공각기동대〉

얼 잭슨 주니어 | 한국예술종합학교 영상원 영상이론과 초빙교수

레인의 비극이 그녀가 가지고 있지 않은 신체에 있는 반면, 또한 레인의 본질에 대한 철학적이고 비판적인 가치는 그녀가 가지고 있지 않은 영혼에 존재한다. 레인은 영혼을 가지고 있지도 않으며, 영혼도 아니다. 그녀는 정신적인 그 무엇도, 심리학적인 존재도 아니다. 그러나 레인은 정보 단위를 문맥에 의존하지 않고 처리하는 인공두뇌학 마이크로시스템이기에 다양한 커뮤니케이션 프로토콜이 접근할 수 있도록 늘 변화한다.

하와이 마노아의 이스트 웨스트 센터에 감사를 전하고 싶다. 나는 그곳에서 리서치 펠로우 자격으로 초반부 연구를 진행하여 이 논문을 완성할 수 있었다.

이 논문에서 나는 〈레인(Serial Experiments: Lain)〉(1997)과 〈고카쿠 기도타이(攻殻機動隊)〉 또는 〈공각기동대(Ghost in the Shell)〉(오시이 마모루 감독, 1995)라는 전형적인 두 작품을 면밀히 검토함으로써 현대 일본 아니메의 문화적 의미를 탐구하고자 한다. 그러나 여기서 이 정전들에 대해 전반적으로 개괄하지는 않을 것이다. 이 아니메들에 등장하는 주인공들은 저마다 세계의 실재성과 '자신'의 진짜 속성에 대해 뿌리 깊은 의심을 지우지 못한다. 게다가 각각의 위기들은 고도의 테크놀로지로 인해 발생한다. 〈레인〉에 등장하는 테크놀로지는 디지털 커뮤니케이션 네트워크이며, 〈공각기동대〉에서는 사이보그 과학을 통한 인간과 기계의 결합을 볼 수 있다. 이 아니메에 대한 나의 독해는 정치적인 것뿐 아니라 테크놀로지, 재현, 그리고 주체성—그리고 경우에 따라 성 정치학—사이의 관계에 집중할 것이다. 그리고 이는 각 관계들에 대해 설명하는 동시에 경계를 긋는 작업이 될 것이다.

　그 관계에 주목하여 꾸준히 연구해온 나는 이에 대해 자문하는 과정에서 "테크노시학(technopoetics)"이라는 개념을 착안, 적용해왔다. 이 개념은 전술한 관계들을 분석하고자 하는 나의 연구 목적과 분석 방법 모두를 특징짓는다. 다시 말해 나는 재현의 성격을 띠는 테크놀로지를 최소 두 가지 층위에서 고찰해보고자 한다. 우선 테크놀로지가 무엇을 수행하는지를 물을 수 있겠다. 다음으로 그 테크놀로지가 의미하는 바가 과연 무엇인지 물을 수 있을 것이다. 후자의 경우, '의미'란 적어도 다음의 두 가지를 내포한다. (1) 개념 형성 체계 내에서의 변화, (2) 새로운 은유적 용어.

나는 각 아니메가 자체적으로 성취한 것을 테크노시학적으로 해석하고 이를 길잡이 삼아 아니메 역시 테크노시학적으로 읽어나갈 것이다. 기본적으로 아니메는 테크놀로지의 여러 기능을 묘사하는 한편 그 테크놀로지를 끌어내고 지지하는 이미저리와 판타지를 활용한다. 〈레인〉과 〈공각기동대〉는 또한 테크노시학적인 표현의 또 다른 층위를 분명히 드러내기도 한다. 애니메이션 매체 자체가 지닌 특유의 테크니컬한 면과 한계, 심지어 때때로 관객에게 구체적인 예를 들기 위해 허구 속에 극화한 것들과 유사한 위기, 즉 사이버스페이스와 같은 테크니컬한 혁명들이 조장하는 위기를 영화가 적극 이용하고 있기 때문이다.

와이어드에 신이 있다-〈레인〉

1990년대 후반, 프로듀서 우에다 야스유키는 플레이스테이션 게임에 관한 자신의 아이디어를 〈레인〉으로 함께 발전시킬 팀을 모았다. 캐릭터 디자인 총책임자는 아베 요시토시였고, 시나리오는 코나카 치아키, 캐릭터 디자인은 키시아 타카히로, 그리고 CGI(Common Gateway Interface) 프로그래밍은 나카하라 주지가 맡았다. 프로젝트가 거의 완성될 기미가 보이자, 그들은 우선 〈레인〉의 멀티 에피소드 버전을 만들기로 결정했다. 이에 나카무라 류타로가 감독 겸 콘티 매니저로 합류했다. 아이러니컬한 것은 이 프로젝트의 원작이 플레이스테이션 게임이었음에도 불구하고, 아니메 시리즈가 1998년 7월에서 9월 28일까지 도쿄TV 〈먼데이모닝〉에서 1시 15분에 방송된 반면, 플레이스테이션 게임은 같은 해 11월까지 공개되지 않았다는 것이다.

이 시리즈는 지금껏 제작된 사이버테크놀로지적 상상에 관한 가장 대담하고 암시적인 탐구 중 하나다. 앞으로 내가 제시할 이 영화의 줄거리는 선별된 것이라는 점을 밝힌다. 이 글에서 영화의 전체 서사나 여러 서브플롯, 테마 전부를 감당할 수는 없기 때문에 논의를 적절히 이끌어가기 위해 필요에 따라 가장 알맞은 요소들을 선택할 것이다.

〈레인〉은 도쿄의 한 중학교에 다니는 숫기 없는 학생 이와쿠라 레인의 이야기다. 얼핏 보기에 레인은 그동안 인터넷에 관심을 두지 않았다. 일주일 전에 자살한 학생 요모다 치사(아마도 학급 친구)에게서 이메일을 받기 전까지 말이다. 곧 레인은 자신의 컴퓨터를 뒤져 이메일을 확인한다. 요모다 치사가 보낸 이메일은, 자신이 실제로 자살했지만 '와이어드(the Wired)'에서 여전히 살아 있다는 내용이었다. 또한 이메일의 발신인은, 그녀의 자살이 '네트워크의 고등 질서에 진입하기 위한 신체의 포기일 뿐'이라고 전했다. 레인은 편지를 읽으며 소리 내어 묻는다. "왜 자살했니?" 이메일로 온 대답. "와이어드에는 신이 있어."('와이어드'는 인터넷〔적어도 첫머리에서는〕의 네트워크화된 세계로부터 출발한다.)

레인은 '친구를 찾기' 위해 아버지에게 더 성능이 강력한 컴퓨터를 요청한다. 최신식 나비(Navi) 컴퓨터가 도착한 지 얼마 지나지 않아, 레인은 자신에게 온 익명의 소포를 학교 신발장에서 발견한다. 소포에는 프시케(Psyche)라는 프로세서가 들어 있었다. 프시케를 설치하면서부터 테크놀로지와 테크놀로지의 능력에 대한 레인의 태도는 완전히 변하게 된다. 모니터 앞에 앉아 있던 레인은 무심코 아버지에게 "프시케를 업그레이드한 덕분에 나는 곧 완전한 사람으로 와이어드에 들어갈 수 있을 것"이라고 말한다. 지적이고 윤리적인 바탕 위에서 사고하던 레인의 아버지는 레인의 말을 단호히 부인하지만, 레인은 이상하리만치 아버지의 말에 개의치 않는다. 물론 레인이 실제로 와이어드에 직접 들어감으로써 그녀의 믿음은 정당화되지만, 이처럼 레인의 능력과 원인 그리고 그 결과는 그녀가 상상할 수 있는 범위를 넘어선다.

진짜 세계(real world), '리얼 월드' 와이어드.

　〈레인〉의 초반부 에피소드들은 와이어드를 관객의 '리얼 월드'인 인터넷의 확장으로 자리매김한다. 〈레인〉의 스토리는 사이버네틱스와 디지털 미디어의 실제적 역사의 각 순간에 주목하는데, 이는 중간에 삽입되는 논픽션 정보의 단편들을 통해 강조된다. 배너바 부시(Vannavar Bush), 존 C. 릴리(John C. Lilly), 테드 넬슨(Ted Nelson)의 과학적 업적과 메멕스(Memex), 재너두(Xanadu)처럼 중요하고도 선구적인 개념에 대한 설명이

〈레인〉의 스토리는 사이버네틱스와 디지털 미디어의 실제적 역사의 각 순간에 주목하는데, 이는 논픽션 정보의 단편들을 통해 강조된다.

그것이다.[1]

이 시퀀스들은 일상적인 온라인 경험과 레인이 겪는 최후의 모험 사이에서 관람자의 동일시를 유발한다. 이 작은(mini) 역사들은 www(World Wide Web)나 CD롬에서 누구든 쉽게 발견할 수 있는 것들과 유사한 포맷 및 양식들로 구성되고 표현된다. 또한 이는 중심 서사로부터 독립되어 드러나는데, 비록 그 속에 포함된 정보가 레인의 상황에 들어맞는 것이더라도, 레인은 결코 이를 보지 못한다. 그리고 레인 역시 이러한 물질적 특징을 보여주는데, 이는 또 다른 종류의 동일시를 부추긴다. 여러 단편과 레인이 각자 전하는 정보들과 관객이 맺는 관계 내에서의 동일시 말이다. 이야기 속에 이러한 논픽션을 삽입하는 것은 진짜 세계와 레인의 세계 모두에 공통된 역사를 제공한다. 제공되는 정보의 형식 또한 진짜 세계에서 디지털 미디어가 구현하는 양식을 모방한다. 그러나 그 내용이 레인이 수집하는 데이터와 동등하게 간주될 수 있는 반면, 그것의 형식은 관객의 세계에서 인터페이스로 매개된 온라인 커뮤니케이션과, 와이어드에 완전히 빠져 있는 레인의 항해 사이의 근본적인 차이를 강조한다.

〈8편-루머들〉에서, 특정한 사건들을 겪은 레인은 다치바나 연구소라는 회사에 대해 호기심을 품게 된다. 궁금증을 참을 수 없었던 레인은 자신의 나비를 부팅하지만, 로그인하는 순간 인터페이스는 사라진다. 가지각색으로 번쩍이는 공간에 접근한 레인은 거구의 여성 스트리퍼와 대화를 시도한다. 무지갯빛 망사 스타킹을 신은 채 갖가지 익살스런 포즈를 취하는 그 연기자는 굵고 남성적인 목소리로 레인의 여러 질문에 답한다.

이국적 변주이기는 하지만, 이 스트리퍼는 겉으로 보기에 렉서스(Lexus)/넥서스(Nexus), 또는 구글(Google)처럼 우리가 일상적으로 찾게 되는 온라인의 기능과 유사한 일종의 검색 엔진/데이터베이스다. 이 기능은 무척이나 명징하게 제시된다. 스트리퍼의 이미지는 감춰졌던 것을 드러내는 대리인을 암시한다. (실제와 허구적 세계 모두의 가부장적 문화에서) 남성적 목소리의 음색은 정보의 진실성에 대한 확신이 순전히 그와 그의 권위에 달려 있음을 알려준다.

스트리퍼의 이미지는 감춰졌던 것을 드러내는 대리인을 암시한다.

　　이 전달 양식은 관객의 진짜 세계에 대한 생생한 상호 접촉과 완전히 구분된다. 반면 스트리퍼−서치가 제공하는 정보는 진짜 세계의 인터넷과 와이어드 간의 접속을 한결 강화시킨다. 이 검색 엔진은 레인에게 다치바나 연구소가 프로토콜 7이라는 이름으로 개발 중인 신형 프로토콜(컴퓨터 상호 간의 통신 규약)에 대해 일러주며, 프로토콜이 무엇인 알려주는 한편, 신형 프로토콜 이전에 제작되었던 시리즈들에 대해서도 전한다. 물론 이러한 정보는 레인보다 관객에게 더 유용한 것이다. 그렇게 전달된 정보에 의하면 프로토콜은 모든 네트워크의 기본을 이루는 구조적 양식이다. 그것은 "네트워크를 가로지르는" 데이터의 전송 일반을 관리하는 "공식적 규칙들의 집합"이다. 그 규칙들은 비트 및 비트의 전송 규모, 데이터 포매팅, 메시지 체계, 그리고 한 체계 내의 기점들에 접근하는 각 단계들까지 모두 포함한다. 우리는 지금껏 일련의 프로토콜을 통해 인터넷을 사용해

왔고, 몇 년 전부터는 IPv6 – 인터넷 프로토콜 버전 6으로 인터넷을 작동시키고 있다.[2)]

프로토콜 7이 새롭게 등장했다는 것은 와이어드가 관객이 쓰는 인터넷과 동일한 프로토콜 내에서 구동되어 왔음을 의미한다. 또한 이를 통해 우리는 와이어드가 허구의 산물임에도 불구하고 근본적으로는 관객들이 진짜 세계에서 쓰는 인터넷의 한 부분이라는 사실을 알 수 있다. 그리고 바로 이 지점이 와이어드가 레인의 '리얼 월드'에 억지스럽게 틈입할 수 있었던 상황을 설명해준다.

리얼 월드와 와이어드의 패러다임 이동

'리얼 월드' 인터넷과 와이어드 사이에 공통의 영역이 생겨나면서 우리는 디지털 혁명의 결과와 영향, 그리고 〈레인〉에서 극화된 그것을 평행하게 두고 대응시켜볼 수도 있다. 앞 단락에서 언급한 바 있는 패러다임의 이동을 상기해보자. 이제 선(line) 위의 삶이란 '진짜'와 '진짜가 아닌 것' 사이의 양자 대립으로부터 '진짜', '진짜가 아닌 것', 그리고 '가상'이라는 세 가지 양식으로 바뀌었다. 존재론적 패러다임에 근본적인 변화를 맞은 것이다. 더욱이 공간에 대한 일반적인 물리학적 이해를 벗어나는 지점과, 어느 공간에서든지 소통이 가능한 능력은 정체성 및 자아에 대한 전통적 전제를 흔든다. 와이어드는 광대하게 확장된 테크놀로지적 수용력을 보여주고 있지만 여전히 인터넷과 유사하다. 이는 패러다임의 이동에 의해 야기된 권력 이양과 그로 인한 불안을 〈레인〉이 극화한다는 점에서 그러하다. 레인이 정보에 접근하고 다른 이들과 접촉할수록 그녀는 안락한 침실에서 멀어지게 된다. 학교에서 남과 사귀지 않고 늘 혼자 지낸다고 잔소리를 들은 레인은 자신이 분명 사회적으로 적극 활동하고 있으며 새로운 친구들이 매일 밤 자신에게 놀러온다고 주장한다. 그러나 동시에 레인은 "어쩌면 내가 그들에게 가는 걸까?"라며 소리 내어 묻기도 한다.

시각화된 정보의 영토를 향한 레인의 환상적인 항해 장면에서 진짜와 진짜가 아닌 것이라는 두 층위의 분명한 구분은 유포리아(euphoria)를 제공한다. 그러나 이 구분이 사라질지 모른다는 불안은 엄청난 악몽이다. 진짜가 아닌 것(the unreal)에서부터 가상적인 것(the virtual)을 거쳐, 진짜인 것(the real)에 이르기까지 종횡무진하며 등장하는 시체처럼 말이다. 자살한 이후 공공연히 사후의 존재를 자처하는 요모다 치사가 하나의 실례다. 물론 이에 대한 논리적 설명이 가능할지라도 말이다. 물론 다른 예들은 이렇게 설명할 수 없다. 예컨대, 웹상의 해커 사이트에서 '판토마(Fantoma)'라 불리는 던전 배틀(지하감옥 전쟁) 게임을 내려받아 즐기는 꼬마는 자신이 보유한 가상의 무기들을 가지고 진짜로 서로를 죽인다.

레인과 와이어드 간의 긴밀한 관계는 극단적으로 논리를 초월하는 디지털 혁명의 형이상학과도 유사하다.

두 가지 일탈

서사가 진행됨에 따라, 와이어드와 진짜 세계 사이의 경계는 흐릿해진다. 하지만 그 경계에서 발생하는 최초의 일탈 중 하나는 플롯의 층위와 영상화의 층위 두 군데서 동시에 발생한다. 사실 이는 관객에게 있어 스크린을 통해 직접 소구되었던 것이다. 〈레인〉의 모든 에피소드들은 하나같이 네온 불빛이 비치는 도시의 밤 시퀀스와 신호등의 정지/보행 신호로 시작되지만, 이 각각의 시각적 트랙은 반복되는 와중에도 각기 다른 청각

트랙을 들려준다.

　서두의 이러한 소리는 어느 한 개인에게 하는 말도 아니고 막연한 대화의 일부도 아닌, 대개 정체를 알 수 없는 보이스오버로 들린다. 보이스오버가 들려주는 화제는 에피소드의 타이틀과 관계가 있다. 〈8편－왜곡〉의 오프닝 시퀀스는 서두에 표현된 일상적 이미지를 왜곡한다. 그 이미지들은 점묘기법을 쓰는 화가의 회화만큼이나 매우 거친 결을 드러낸다. 이때 들리는 보이스오버는 패턴의 강한 변주로 작용한다. 그 남성적인 음성은 매우 박식한 척하는 억양으로 인간이 진화의 과정에서 현상 정지한 상태를 설명한다. 또한 영상 트랙은 쉽게 알아볼 수 있는 도쿄의 명소뿐 아니라 아주 전형적인 서두처럼 보이는 신들을 포함한다. 전술했듯 이를 통해 총체적으로 드러나는 효과는 서두와 설명적 성격의 단편들 간의 혼종에 다름 아니다.

〈레인〉의 모든 에피소드들은 하나같이 네온 불빛이 비치는 도시의 밤 시퀀스와 신호등의 정지／보행 신호로 시작한다.

　그 시퀀스의 마지막 신은 현 시부야를 비추는 오버헤드 숏으로 종결되는데, 그 직전까지는 내레이터의 단조로운 목소리가 흐르는 동안 혼잡한 보행자들 사이에서 레인이 등장할 때까지를 보여준다. 이 같은 방식의 서두에 서사 속 인물이 나타나는 것은 가히 최초의 시도라 할 수 있다. 더욱 놀랍게도, 레인은 횡단보도 가운데서 발길을 멈추고 카메라로 여겨지는 무언가를 똑바로 바라본다. 마치 이것이 생생하게 살아 있는 액션 필름인 것처럼 말이다. 그리고 레인은 아까의 그 보이스오버를 우연히 엿듣고, 말하기를 멈춘다. 보이스오버는 레인에게 대답한다.

레인이 등장하기 전부터 시작되어 이후 그들의 대화로 마무리되는 보이스오버의 내용 중 일부는 아래와 같다.

> (남성 보이스오버)   인간은 이미 진화하지 않는 생물이 아닌가. 다른 동물에 비해 암 발생률이 극히 적다. 인간은 이미 네오테니(유태성숙幼形成熟 : 동물이 유형 상태에서 성장을 멈추고 생식기만 성숙하여 번식하는 것)이기에 더 이상 진화할 수 없다는 학설이 있다. 또 만약 그게 사실이라면, 이 얼마나 열등한 생물로 진화해버린 것인가. 자신들이 사용하는 힘에 대해서는 알지도 못하면서, 단지 육신의 욕망을 만족시키기 위해서만 제 몸을 간수하고 있다. 불쌍하구먼, 안 그래? 뭐, 그게 인간이란 것이다. 하지만 굳이 그런 저열한 인간으로 계속 남아 있을 필요는 없다 빠져나올 출구 정도는 겨우 만들어냈으니까.
>
> 레인   무슨 말이야?
>
> (남성 보이스오버)   네트워크, 와이어드를 말하는 것이다, 레인.
>
> 레인   당신은 누구지?
>
> (남성 보이스오버)   신(神).

이야기의 맥락을 따라가보면 레인과 그 목소리의 조우는 곧 와이어드의 리얼 월드 침입을 뜻한다. 또한 이 침입은 시각 트랙 속으로 청각 트랙이 틈입하는 유사한 상황으로도 묘사되는데, 이는 레인에게 꾸준히 지속되었던 충격이자 흡사한 상황에 처한 관객을 노린 충격이다. 바로 여기에

이 신의 두 경계 일탈이 있다.

(1) 허구 내부에서, '리얼 월드'와 와이어드 사이의 경계.

(2) 시연된 허구적 세계와, 그것이 시연하는 이미지와 사운드트랙 메커니즘 사이의 경계(보이스오버는 허구의 수준을 넘은 시연의 수준에서 발생한다 – 그래서 인물은 그것을 들을 수 없어야만 하고, 당연히 그것과 대화할 수 없다).

경계에서의 이러한 이중의 위반을 통해 와이어드 신(神)의 최초 전언이 드러나는데, 그것은 요모다 치사가 포스트휴먼적인 커뮤니케이션 속에서 언급했었던 것이다.

트라우마적 커뮤니케이션들

와이어드가 변신을 고무할 뿐 아니라 이미 변신이 명확하게 끝난 모체(matrix)로 존재하는 것은 사실이다. 하지만 〈레인〉의 플롯은 컴퓨터에 관한 연관이 곧 레인에게 고통을 줄 것이 뻔한 정체성의 위기라고 단순히 균등화하지 않는다. 레인이 와이어드에 늘 존재하는 또 다른 '레인'이 있다는 새로운 사실에 괴로워할 때, 그녀의 학교 친구들은 레인에게 새로운 컴퓨터가 전달되었던 그날 밤부터 '리얼 월드'에서 또 다른 레인을 이미 보기 시작했다. 그녀의 학교 친구들이, 레인의 친구 아리스가 남자 선생님과 불륜 관계에 있다는 루머를 레인이 퍼뜨리고 있다고 의심할 때, 그 비난의 무게는 와이어드 속에서 시뮬레이트된 자신과 리얼 월드 속의 분신 사이의 구분을 무색하게 만든다.

이 루머의 발생지와 유포 경로를 추적하려고 시도하는 동안, 레인은 스스로 신이라고 선언한 와이어드의 신과 두 차례 숙명적으로 만나게 되는데, 이 만남에서 그녀는 와이어드와 리얼의 격동적 상호 융합에서 발생한 것처럼 보이는 환상적 체험을 연이어 하게 된다.

　루머의 발생지를 찾기 위해 와이어드에 들어간 레인은 크고 컴컴한 다다미방에 있는 자신을 발견한다. 약 스무 명의 사람들이 서로 얼굴을 맞대고 마루 위에 정좌로 앉아 있다. 달리 말해, 그들에게 얼굴이 있다면 얼굴을 맞대고 있는 꼴이 될 것이다. 그 형상은 겉으로 볼 때 남녀 성인들이고 계층과 나이는 매우 다양하게 구성되었다. 그들의 다양한 의복 양식으로 볼 때 그것은 분명하지만, 목깃 위로 드러난 각각의 얼굴 부위는 공중에 입만 떠 있는 형상이다. 모든 사람이 저마다 루머와 가십을 끊임없이 지껄인다. 격분한 레인은 "뭐가 그렇게 재밌어!"라고 소리치고, 바로 그때 육체가 없는 신의 목소리는 은색 물방울 같은 미광이 어른거리는 형태로, 가십을 떠들어대는 앞잡이들 위로 흘러 물결치며 레인에게 최초로 자신을 징후적으로 알린다. 그의 연설은 레인에게 도움이나 위안도 되지 않았고, 신이 다른 레인의 존재를 끄집어낼 때 레인은 더 이상 그에게 말하지 않으려 한다.

루머의 발생지를 알기 위해 와이어드에 들어간 레인은, 자신을 알리는 육체 없는 신의 목소리를 듣는다.

(남성 보이스오버)　나는 네가 와이어드에 또 다른 '너'가 있다는 것을 알아차
렸다고 믿는다. 너는 단지 홀로그램에 지나지 않아. 너는 그저 육체에 불과해.

레인　믿을 수 없어. 아무래도 그건 무리야.

(남성 보이스오버)　리얼 월드의 너와 와이어드에 있는 지금의 네가 같은 인
격이라고. 네가 믿지 않는다 해도 말이지.

레인　하지만, 나는 나…….

레인은 이윽고 특별활동 시간에 책상에 앉아 있는 자신을 발견한다.
그리고 휴대전화에서 이메일 수신음이 울리고 메시지가 도착한다. "레인
은 피핑톰(Peeping Tom)이다." 자신을 불만스럽게 바라보는 듯한 교실
분위기에 못 이겨 그녀는 교실을 떠난다. 레인은 체육관 바깥 계단에 앉아
있다. 그녀는 아리스로부터 문자 메시지를 받았는데, 자기를 배반했을 거
라고는 믿지 않았다는, 기운을 북돋는 내용이었다. 그러나 레인의 기분이
나아진 것은 잠시뿐이었다. 레인은 검색 버튼을 눌러 아리스를 보고자 하
지만 정작 검색은 '리얼 월드'에서 발생한다. 레인은 "검색 중"이라는 깜
박거리는 메시지와 함께 사이버네틱한 진공 상태 속으로 빨려 들어가게
된다.[3]

장면은 곧 나이든 남자에게 안겨 있는 어린 소녀가 있는 풍경으로 이
어진다. 그것은 마치 거즈를 앞에 댄 필름에 담긴 영상처럼 흐릿하다. 두
남녀는 대화를 나누고, 소녀는 그 금기시되는 관계의 흥분을 고백한다. 그
이미지 속 소녀가 아리스라는 것을 인식하기에 충분한 지점에서, 화면은
다시 사람의 눈동자, 아리스의 눈으로 옮겨 간다. 이렇게 관점이 이동하면
서 자신의 침실 안 책상 아래에서 자위를 하고 있는 아리스를 보여준다.
아리스는 방 안에 누군가 있다는 것을 흠칫 느끼고, 그가 곧 침대 위에 앉
아 자신을 심술궂게 노려보며 웃고 있는 레인이라는 것을 알게 된다. 레인

이 선생님에 대한 그녀의 욕망을 비웃으며 이 사실을 모두에게 알리겠다고 말하자, 아리스는 충격을 받고 그녀의 잔인함에 어찌할 바를 모르고 쩔쩔맨다.

곧 이 신은 레인의 시점과 섞이며 분화하는데, 이때 아리스는 어두운 침실에 놓인 침대 위에서 공포에 사로잡혀 떨고 있다. 몇 번의 이동이 일어난 후 레인은 텅 빈 암흑 공간에 도착하는데, 여기서 아리스의 침대 위에 있는 자신의 복제물을 본다. 침대 위에 또 다른 자신이 앉아서 싱글싱글 웃고 있는 것이다. 분노한 레인은 또 다른 자신의 목을 조르기 시작하고, 또 다른 레인은 그저 "나, 자살하는 거야?"라고 웃으며 말한다.

이후 레인은 가십들이 넘쳐나던 아까의 다다미방으로 되돌아가 있는 자신을 발견하지만, 지금 그 수다쟁이들은 모두 자신들의 몸 위에 레인의 모습을 한 인형 얼굴을 놓고 까닥거리고 있다.

앞서 레인이 그들과 만났을 때, 신은 또 다른 레인의 존재를 알리며 그녀를 비웃었고, 리얼 월드의 레인이 디지털보다 더 가짜 같다고 그녀를 규정했다. 이제 그는 그 이전의 레인이 오직 거기에 존재하는 레인이고, 그 레인이야말로 아리스에 관한 루머를 퍼뜨리는 그녀 자신이라고 주장한다. 그러나 이렇게 주장하면서도 그는 그녀를 비난하거나 그 일에 연루시키지는 않는다. 오히려 그는 더 밀접하게 연결된 와이어드와 리얼 월드의 공간들 내에서 전지전능하게 활약하는 레인의 기호로서의 행위를 찬양하기까지 한다.

(남성 보이스오버) 모두 너야. 너는 와이어드에 쭉 존재하고 있었다고 했었지.

레인 뭐?

(남성 보이스오버) 넌 나와 같아. 와이어드에 존재하지. 그래서 어떤 장소든, 누가 있는 곳이든, 항상 넌 그 곁에 있었어. 타인이 남에게 보여주기 싫어하는

60

와이어드의 신은 또 다른 레인의 존재를 알리며 그녀를 비웃었고, '리얼 월드'의 레인이 디지털보다 더 가짜 같다고 그녀를 규정한다.

것까지 다 보고 있었지. 넌 그걸 남에게 전했을 뿐이야. 그건 나쁜 일이 아니야. 와이어드의 정보는 공개되어야 하지 않겠어?

처음에 레인은 그가 하는 말을 단호히 거부하지만, 동시에 그때 무언가를 떠올린다. 그녀는 자신이 정말 와이어드를 통해 그 루머들을 퍼뜨리게 되었는지 심사숙고한다. 만약 그랬다면 레인은 자신의 친구가 기억하는 일, 또 다른 레인이 했던 일에 관한 기억을 지울 수 있다. 그 음성은 그 말에 전적으로 동의하고 레인에게 얼른 그렇게 하라고 요구한다. 그리고 그때 스크린은 잠시 암전되고 곧 한 단어가 반짝이며 나타난다.

삭제

레인의 시도는 성공했다. 아리스를 포함한 레인의 친구들은 이전에 일어났던 문제를 전혀 기억하지 못하는 듯 행복해 보인다. 그러나 또 다른 레인이 소녀들 속에 끼어 있어서, 레인은 그녀들에게 보이지 않는 채로 우두커니 서 있을 수밖에 없다. 레인은 집으로 돌아오지만, 집 역시 제거되었음을 발견한다. 그리고 한때 자신의 부모라고 생각했던 커플이 자신의 주의를 딴 데로 돌리도록 연기한 배우에 지나지 않았다는 것을 알게 된다. 레인 자신의 '리얼 월드', 자신의 일상적 삶이라고 믿었던 환경의 메커니즘이 점차 드러나면서, 레인의 환경은 차츰 무너져간다. 레인이 교실로 되돌아갔을 때, 수다를 떠는 데 정신이 없기는 해도 평소의 일상적인 모습을 보이던 학생들은 레인의 등장에 눈길조차 주지 않는다. 자신의 책상이 있어야 할 곳에 서 보지만, 레인은 텅 빈 공간에 있는 자신을 발견한다. 그 순간, 선생님 또한 레인의 현존을 알아채지 못한다. 선생님은 레인 바로 앞에 서서 시험을 치를 테니 교과서를 집어넣으라고 말하는데, 레인이 시험지에 손을 내밀 때 선생님은 반응하지 않는다.

모두가 시험을 치기 시작하고, 레인은 자신이 거기에 존재하지 않고 거기에 존재한 적 또한 없었다는 사실에 충격을 받는다. 여기에 저항하며 레인은 울부짖는다. 그리고 스스로를 웅변하기 시작한다. "난…… 난 실재해……. 난 살아 있어. 난 여기 있어……. 어떻게 이렇게 돼버린 거지? 내가 뭔가 잘못된 걸까? 그렇게 되지 않도록, 이상한 일이 일어나지 않도록 언제나 조심했었는데. 왜 이런 일이 내게 일어난 거지?"

'레인'의 숨겨진 계보

레인의 질문에 대한 답은 아마도 시리즈 전체에 배치되어 있다고 볼 수 있을 것이다. 서사를 강조하거나, 겉보기에 순수하게 정보만 제공할 목적인 듯한 세미 다큐멘터리 단편들로 시작하는 것만 해도 그렇다. 여기에는 부시, 릴리, 그리고 넬슨에 대한 단편들 외에 에이리 마사미(Eiri Masami)와 같은 허구적 인물에 대한 프로필도 들어 있다.

에이리 마사미는 프로토콜 7을 연구하는 다치바나 연구소 소속의 과학자였다. 그는 이 프로토콜의 주요 특징을 설계했는데, 인간이 직접 플러그 인 할 수 있는 메가 뉴럴 네트워크를 형성하는 동시에 지구를 감싸는 전자 파장 주파수인 슈만 공진을 실행할 수 있는 채널이 되도록 만들었다. 에이리의 혁신은 '리얼 월드'와 와이어드 사이의 직접적인 커뮤니케이션의 시작을 열었다. 그러나 에이리의 상관들은 그의 성과를 알게 된 후 에이리를 해고했고, 일주일 후 그는 달리는 기차 앞에 뛰어들었다. 하지만 에이리가 절망을 못 이겨 자살을 선택한 것은 아니었다. 그는 다만 자신이 프로토콜 7에 들어가 그 안에서 신이 되기 위하여 신체를 의도적으로 포기한 것이다.

또한 프로토콜 7만이 에이리의 유일한 프로젝트는 아니었다. 에이리와 그의 동료들은 와이어드 내부의 자의식적인 실체 역시 창조해냈고, 그 실체의 리보솜 홀로그램 버전을 개발했다. 와이어드와 홀로그램 모두 레인이었다. 레인은 자신이 부모님과 언니와 함께 사는 평범한 중학생이라고 믿도록 설계되었다. 그 '가족'은 에이리가 레인의 믿음을 지탱하기 위해 고용한 배우였다. 어머니는 무뚝뚝한 데 반해 아버지는 다정한 이유 또한 이것으로 설명된다. 그들은 모든 면에서 속임수를 써서 레인을 돌본 것이다. 어느 쪽이 더 나은 배우였다고 말할 수 있는 것은 아니지만, 레인을 창조하는 데 공동으로 참여한 동료는 이처럼 어떤 면에서든 결국 그녀의 '아버지'였다.

비극적 성공

레인은 '또 다른' 레인의 행동들을 지우는 데 성공했다. 그러나 이 승리는 동시에 무시무시한 패배였다. 또 다른 레인이 저지른 일을 만회하면서, 레인은 자기 스스로를 실재하지 않는—그리고 더욱 근본적인 감각에서 실재하지 않는—존재라고 증명하고 말았다. 그리고 허위적인 '또 다른' 레인에 대해서도 충분히 규명하지 않았다. 그녀는 또 다른 레인이 사기꾼—자신이 아닌 다른 이를 가장하는—이었다고 생각했다. 그러나 정작 레인은 자신 스스로가 실재하지 않는 존재라는 것을 발견한다. 그녀가 어떤 다른 존재여서가 아니라 존재하지 않기 때문이다. 단지 존재하지 않는다. '리얼'은 확실성에 대한 질문으로부터 존재에 대한 질문으로 이동한다. 'X가 진짜 Y인지'로부터 'X가 존재하는지 존재하지 않는지'로 말이다.

부정적인 신학

레인은 비가시적인 보이스(말 그대로 보이스오버)의 형태로 자신을 드러낸 와이어드의 신과 처음으로 조우했다. 신과 레인이 처음 만날 때, 신은 실루엣처럼 빛을 내는 은빛 아메바로 나타난다. 그것은 레인에게 닥친 마지막 위기의 시작에 불과한데, 기억에 담긴 것을 지울 수 있는 자신의 능력을 레인이 자각하기 시작했을 때 비로소 그녀는 처음으로 신과 '얼굴을 마주한다'. 그 신(scene)은 "단 하나의 진실, 신"이라는 단어를 읊조리는 레인의 눈을 클로즈업으로 담은 장면과 이제는 친숙해진 보이스가 "그래, 나다"라고 대답하는 것으로 시작한다. 그는 그때 거리의 반대편 끝에서 등장하는데, 마치 자신의 줄을 끊어버리고 스스로 걸음마를 배운 에이리의 꼭두각시 캐리커처처럼 이전의 그의 모습을 연상케 하지만 어딘가 왜곡된 형상이다. 그들의 대화를 요약하자면 다음과 같다.

"나는 육체 따윈 필요 없다고 생각했다. 죽음이란
건 단지 육체를 버리는 것에 불과해."

레인   당신이 신?
에이리   그래, 내가 신이야.

그때 어마어마한 목적을 위해 전략적으로 두 형상의 역할이 역전된
다. 에이리의 모습을 한 형상은 레인의 대사를 말하고, 레인의 모습을 한
형상은 에이리의 대사를 말한다. 아래 인용구의 이름들은 그동안 재현되
었던 본래의 형상이 아니라 그들에게 말하는 자의 형상인데, 즉 에이리는
에이리의 형상을 한 레인이고, 레인은 레인의 형상을 한 에이리다.

에이리   어떻게 당신이 신이 될 수 있지? 당신은 이미 죽었잖아. 그렇지 않
아? 어떻게 죽은 사람이 신이 될 수 있지?
레인   나는 육체 따윈 필요 없다고 생각했다. 죽음이란 건 단지 육체를 버리
는 것에 불과해.
에이리   그건 치사의 얘기야.
레인   그건 그래. 하지만 나는 와이어드를 지배하는 프로토콜을 진화시켰다.
에이리   그래, 당신은 물론 그랬어. 하지만 프로토콜이란 것은 그저 약속에
지나지 않아.

레인　맞는 말이다. 그렇지만 나는 더욱 향상된 기능의 코드를 암호화해서 써 넣었다.

에이리　그래서? 마사미가 그녀에게 "그래서 어쩔 건데?"라고 나무랐잖아.

레인　그 프로토콜에는 압축된 정보가 들어 있다.

에이리　어떤 정보지?

레인　사람의 기억……. 바로 나, 에이리 마사미라고 하는 남자의 사고, 이력, 기록, 정서.

에이리　그게 뭘 의미하는 거지?

레인　와이어드에서 이름 없는 존재로 영원히 살 수 있고 그곳의 정보를 이용해 지배할 수 있는 존재.

이 장면은 레인이 그녀 '자신'이 아무런 존재도 아니라는 것을 받아들인 것만을 의미하지 않는다. 그녀가 자신의 디지털적 존재, 그리고 자신을 창조한 사망한 인물에 대한 디지털화된 기억 사이의 동화를 받아들였음도 보여준다. 그러나 이 장면에서 레인이 마지막으로 깨닫는 것은 음성과 인물의 역전이라는, 모순되면서도 곧 휘발되기 쉬운 자각이다. 자신이 사실이 아니라는 사실을 받아들이는 것은 점진적인 형태의 모순이다. 그것은 부인의 몇몇 단계, 즉 호기심, 절망, 그리고 결의를 거쳐 진행된다. 마침내 그녀는 자신이 자연으로부터 태어난 존재가 아니라는 사실을 받아들이지만, 자신이 겪은 인위적인 삶 속에서 자신을 위해 유지되었던 '리얼월드'에서의 가치를 포기하지 않는다. 레인은 에이리가 형이상학 논리로 설명한 자신의 위치를 인정하지만, 그의 신학은 거부한다. 스스로에 대한 발견을 통해 레인이 느낀 상실감은 에이리의 허무주의와 공명하지 않으며, 그가 그녀를 통해 갈구했던 만족처럼 에이리의 결여에 부합하여 레인의 결여가 자각된 것도 아니다.

젠더화된 존재론적 차이

에이리의 자살, 그리고 신체는 별로 중요치 않다고 레인에게 빈번하게 말한 에이리의 언설은 윌리엄 깁슨(William Gibson)의 소설《뉴로맨서(*Neuromancer*)》에서부터 공식적으로 시작되어 구축된 사이버펑크 판타지의 젠더화된 전통을 따른다.[4]《뉴로맨서》에서, 주인공 케이스는 사이버스페이스에서 활약하는 자신의 경계 및 자신이 정복 가능한 범위를 확장하기 위해 신체를 자유롭게 만들었다.[5] 이러한 성향은 전형적인 인물이나 소설의 경향으로 보기 어렵다. 실존 인물인 한스 모라벡(Hans Moravec)은 뇌로부터 추출할 수 있는 인간의 의식을 통해 미래를 상상하고, 인간의 뇌를 사이버스페이스 속으로 디지털화해 삽입하는 로봇공학 전문가다. 모라벡이 고군분투 끝에 창안한 새로운 방법으로 해방된 의식은 영원히 죽지 않는 불사(不死)를 얻으며, 움직임에 있어 완전한 자유를 즐길 수 있다. "예컨대 행성들 사이에서 빔으로 전달되는 레이저 메시지들로 코드화된 컴퓨터 프로그램처럼 당신의 정신은 여러 정보 채널들을 마음껏 여행할 수 있다."[6]

동시대 디지털 문화공간의 남성들은 허구와 실제(시뮬레이션되고 생태에너지학적인) 모두에서 신연옥에 진입하기 위하여 신체를 포기하는 열광을 표현하는 요구가 빈번하다.[7] 반면 여성들은 이에 상응하는 신체 탈출에 대한 요구를 거의 하지 않는다.[8] 지배적 사회 질서들은 여성들이 자신의 방식으로 신체를 보존하기 어렵게 만들 뿐더러 종종 불가능하게 한다.[9] 요즘만 해도 특정 여성 그룹을 위해 눈에 띄지는 않지만 꾸준히 투쟁해온 집단들이 있다. 일시적 소강상태가 있었다 하더라도 그들의 존재는 곧 오랫동안의 투쟁을 의미하며, 이것이 근래의 일시적인 승리를 가져온 것을 무효로 돌릴 수는 없을 것이다.[10] 게다가 케이스의 모험주의, 와이어드에 대한 에이리의 과대평가는 개념적이고 초월적인 것과 연관된 남성성, 그리고 물질적이고 현실적인 여성성이라는 오래된 전통을 고착화한다.[11]

그러나 궁극적으로 〈레인〉은 서로 관계된 몇몇 측면에서 볼 때 앞서 제시한 패러다임으로부터 벗어난다. 우선 여성으로 젠더화된 형상을 들 수 있는데, 남성 과학자/지도자 에이리 마사미보다 레인이 훨씬 비물질적 이고 더욱 순수한 개념에 가깝다. 이 젠더 역전은 이 아니메를 관습적인 장르 경향으로부터 멀어지게 한다. 레인이 궁극적으로 도달하려는 위치는 신격화를 뜻하지 않는다. 와이어드에서 동시에 어디에나 존재하는 레인은 인간의 유한성으로부터 포스트휴먼, 신체가 없는 영원한 생명을 얻으려는 의지를 가진 진화의 결과가 아니다. 그녀는 더 높은 위치를 위해 인간의 신체를 버리는 인간이 아니다. 그녀는 태어날 때부터 절대 인간이 아니었 다. 그녀는 삶에 대한 무생물적인 대안의 우월성을 '깨달은' 인간이 아니 었다. 즉 그녀는 스스로를 인간으로 오인하도록 설계된 소프트웨어였다. 그리고 그 오인과 그것을 정정하게 되는 결과가 세 번째 차이를 가져온다. 레인이 지녔던 실제 삶의 가상적 기억들은 반대의 경우에서 느끼는 공허 함보다는 현실의 존재와 그것의 구체화에 더 많은 가치를 부여한다.

정전(正典)으로 인정받은 사이버펑크, 가상실제, 그리고 디지털 문화 에 관련된 장소들은 컨텍스트와 신체화를 넘어 순수한 정보를 우선시하는 형이상학을 함의한다.[12] 이 여러 형이상학적 논의들 중에서도 가장 주목 할 만한 것 중 하나는 인간의 개념을 단지 유기체 안에 가두지 않고 거기 에서 벗어나 정보 패턴의 배열로 정량화, 추상화했다는 것이다. 그 개념은 단지 생물의 연대기 내에서 우연에 지나지 않을 뿐인 물리적 신체의 부패 와 죽음을 넘어 이를 신뢰하는 정신의 존속과 미래를 보증하는 데이터 환 경으로 변형된 정보 패턴들의 형상화로서의 인간 정신에 대한 것이다. 에 이리 마사미는 자살을 통해 자신의 와이어드 안에 진입함으로써 이러한 형이상학적 가치 체계를 재현한다.

하지만 '리얼 월드'로부터 레인이 빠져나오는 것은 가부장적 허무주의에 대한 자포자기적 묵인이 아니다. 그녀는 인간의 삶을 '초월하지' 않는다. 그녀는 늘 그것을 '배제해'왔다. 비록 그녀가 자신의 기원인 실체 없는 매트릭스로 되돌아간다 할지라도 그녀는 그것을 위해 자신의 창조자에 대한 미신에 가까운 숭상을 약속하지 않는다. 그녀는 실제의 신체를 잃지 않을지도 모르지만, 단호하게 그것과 이별한다. 그녀는 자신이 디지털적 존재의 실제임을 인정하지만, 그간 자신의 것이라고 믿고 속아왔던 물리적인 실제 삶의 풍요로움을 기억한다. 결국 에이리는 자신이 설정한 천국의 신성함에 맞서 그의 이상주의와 그에 대한 증언을 차례로 폭로하는, 레인이라는 이상적 실재를 창조한 것이다.

이제 나는 〈공각기동대〉에 대해 논하고자 한다. 이 논의는 오히려 단순 명료한 방식으로 자신의 실재를 확인하려는 또 다른 여성의 노력에 관한 이야기가 될 것이다. 그리고 나는 그녀의 노력과 그러한 행위가 깊이 함축하고 있는 더 많은 것들에 대한 비교 작업을 위해 〈레인〉으로 돌아올 것이다.

선언 이후(Post-manifesto)의 사이보그 테크노시학
- 〈공각기동대〉

마사무네 시로우의 망가(漫畵)시리즈 〈공각기동대(攻殻機動隊)〉는 1989년부터 90년까지 고단샤(講談社) 출판사가 발행하는 《영 매거진(Young Magazine)》에 해적판으로 등장했다. 이 에피소드들은 1991년에 처음 단행본으로 묶였고 오시이 마모루는 1995년에 이 망가의 아니메 버전을 감독했다. 망가와 아니메 모두 일본 내외에서 크나큰 성공을 거뒀다. 오시이의 애니메이션 영화 버전은 원래 분리된 에피소드인 세 가지 시리즈의 일부를 취해 하나의 이야기로 집약해 만들어낸 것이다.

먼저 내가 시놉시스를 설명하는 데 일부 단락을 허비하는 것에 대해 독자의 양해를 구할 필요가 있겠다. 하지만 이후의 설명 방식은 나의 테크노시학적인 독해 방법의 두 가지 단계 중 첫 번째에 해당하기 때문에 전형적인 플롯 요약과는 다르다. 다시 말해 이 설명 방식은 테크놀로지가 수행하는 것에 대한 서술이자 테크놀로지가 의미하는 것에 대한 탐구인 두 번째 단계를 위한 기초를 제시하는 서술에 상응한다고 하겠다.

테크노시학적인 독해 레벨 1

비교적 '가까운' 미래라고는 하지만 2029년의 세계는 완전히 다른 세계처럼 보인다. 2029년에는 두 차례의 세계전쟁에 뒤이어 국가 및 정치의 개념이 상당히 변모되어 있었다. 이 영화는 질서 유지를 위임받은 두 일본 정부 대리기관을 통해 세계를 조망한다. 그 기관은 공안 9과로 알려져 있는 대테러 특수경찰과 외무성(공안 6과)이다. 공안 9과가 매우 강력하게 군림할 수 있는 이유 중 하나는 신체와 뇌가 사이버네틱하게 확대된 대리인들 때문이다. 쿠사나기 모토코 소령은 그들 중에서도 가장 뛰어난데, 이는 그가 일상적인 일본어 gishu(의수(義手))와 gisoku(의족(義足)) 등의 형성 원리와 같은 의체(義體), 즉 gitai라 불리는 완전히 사이보그화된 신체로 변형되었기 때문이다.

이러한 인공 삽입물 덕분에 쿠사나기는 실질적으로 큰 힘을 지닌다. 그러나 이 사실은 쿠나사기 자신에게 과연 실제로 변함없이 남아 있는 것이 무엇인가라는 끊임없이 고통스런 질문을 남긴다. 쿠나사기는 자신이 실재하는 개인인데다 자신의 뇌를 이식했기 때문에 자신의 "고스트"(가타 카나로 영어 단어 영혼(ghost)을 뜻하는)만은 티타늄에 보존되어 온전히 자기 자신으로 남아 있다고 단언한다. 이 '고스트'는 개인의 정체성과 본원 적 자아를 담은 정수라고 할 수 있다. 고스트에 대한 쿠사나기의 서술이 심리학적이고 다른 한편으로는 철학적·종교적으로 들릴지라도 "고스트 라인(ghost line)"이라 불리는 뇌 스캔 이미지를 남긴 이후부터 고스트는 분명 유기체적인 구체성을 갖는다. 그러나 디지털로 기록된 정신들이 고 스트 라인을 만들어낼 수 있다 하더라도 그러한 시뮬레이션이 실제 사물 의 정확한 복제라고는 결코 말할 수 없다.

신체와 고스트 사이의 구분은 단지 사이보그들에만 국한되지 않는다. 대다수의 일반 대중도 뇌에 이식된 조각 일부를 가지고 있는데, 목 뒷부분 에 있는 두 구멍에 데이터 라인을 연결하여 정보 네트워크에 직접 접속할 수 있다. 하지만 정작 해커가 이 데이터 라인을 통해 접속한 유저들에게 침투하고 그들을 '고스트 해킹'한다. 희생자들의 기억들을 지우고 인위적 인 기억을 부여하는 것이다. 이렇게 대체된 기억을 통해 희생자는 자신이 그만한 범죄행위를 저질렀을 법한 이유가 있을 것이라 생각하게 된다. 한 편 이때 공안 9과는 인형사(Puppet Master)라는 닉네임의 해커를 체포하 는 임무를 맡는다.

여기에 더 놀라운 사건이 벌어지는데, 새롭게 완성된 기타이―쿠사 나기와 비슷한 여자 사이보그 신체―가 자기 스스로 자동으로 작동하기 시작하면서 공장에서 탈출한 것이다. 탈출한 사이보그 신체는 고속도로에 서 트럭과 부딪쳤는데, 이후 공안 9과가 현장에 남겨져 있던 머리와 몸통, 팔의 일부 등을 운반해 간다. 공안 9과의 담당 과학자가 브레인 스캔에서 고스트 라인을 발견한 후, 그 신체가 스스로 움직인 것에 대한 미스터리는 점점 깊어진다.

한편 공안 6과의 요원들은 그 사이보그를 폐기하지 말라고 요구한다. 그들은 자신들이 인형사를 속여 그를 이 사이보그 속으로 잠입하게 할 계획을 세웠다고 주장한다. 인형사를 함정에 빠뜨리기 위한 덫을 설치한 것이다.

그러나 그때 자력으로는 도저히 행동할 수 없는 사이보그 몸통이 생명을 가지게 되고, 자신은 원래 신체를 가지지 않았기 때문에 어떠한 '진짜 신체'도 있을 수 없다고 요원들에게 단언한다. 사실 그것은 본래 지능 체계와 그 밖의 정신에 침투하기 위해 공안 6과에 의해 설계되고 착수된 감시 프로그램인 프로젝트 2501이다. 그러나 프로젝트 2501은 정보의 바다 여기저기를 횡단함으로써 자기 스스로를 인식하게 되었고 자율적인 생명을 가진 형태로 자기 인식의 실체를 간주한다. 그리고 자신은 정치적 망명을 요구할 목적으로 공안 9과에 들어가기 위해 자발적으로 사이보그의 신체에 들어갔다고 밝힌다. 자신들의 작전이 노출되어 당황한 공안 6과 요원들은 프로젝트 2051의 요구를 비웃는다. 그들은 그 소프트웨어가 외부에서의 삭제로부터 스스로를 보호하도록 프로그램되었고 이러한 제스처 또한 단순히 자기 보호 명령의 수행일 뿐이라며, 프로젝트 2051의 요구 자체가 프로그램이 삶의 형태를 가지게 되었음을 입증한다는 그의 주장을 받아들이지 않는다. 이에 맞선 프로젝트 2501은, 그런 논리라면 DNA 또한 내부에 각인된 자기 보존 명령을 가진 프로그램으로 간주될 수 있다며 응수한다.

이때 열섬유 위장으로 눈에 보이지 않는 공안 6과 파견단의 대원들이 인형사가 들어 있는 사이보그 바디를 납치하면서 대화는 중단된다. 쿠사나기는 납치범을 뒤쫓기 위해, 버려진 창고로 향한다. 가공할 위력의 메가 탱크가 지키고 있는 그 창고는 인형사를 보위하던 곳이다. 그녀와 동료 바토는 창고를 파괴하고, 바토는 쿠사나기가 인형사의 고스트에 잠입할 수 있도록 쿠사나기를 인형사와 접속시킨다. 하지만 인형사의 신체를 통해 쿠사나기가 바토에게 이야기하는 대신, 인형사가 쿠사나기의 신체를 통해 말하기 시작한다. 인형사는 그에게 쿠사나기와 병합할 것을 요구한다. 신체를 지닌 생명이 갖는 이점과 네트의 무한한 수용력 모두를 가질 수 있을지도 모르는 새로운 실체가 될 수 있도록 말이다.

둘의 병합은 그들 모두를 변화시키고, 개인 프로그램의 복사만으로는 결코 발생할 수 없는 새로운 개체를 형성할 것이다. 하지만 공안 6과의 중무장 항공기가 이들에게 퍼부은 공격으로 인해 바토의 팔, 쿠사나기와 인형사의 사이보그 표피가 산산조각나면서 쿠사나기는 그 제안에 대해 제대로 판단할 시간조차 얻지 못한다. 이 신은 부서진 인형처럼 창고 바닥에 아무렇게나 놓여 있는 쿠사나기의 절단된 머리 이미지를 중심으로 암전된다.

그리고 화면은 다시 가구가 적당히 배치된 벽면을 보여주며 밝아진다. 시점(POV)은 이 서재의 다른 쪽 끝에 위치하는데, 동시에 멀리 떨어진 작은 방도 보인다. 그 방의 출입문은 하이칼라 벨벳 드레스를 입은 커다란 인형이 나타나는 이미지로 프레이밍된다. 인형의 양팔에는 정맥주사가 연결되어 있다. 그 방을 향해 가는 슬로 줌은 주변 환경의 불길한 분위기를 고조시키고, 의자에 앉아 있는 형상의 괴상한(uncanny) 아우라를 강화한다. 순간, 정지된 미디엄 클로즈업이 고요함을 남기는데, 바로 이때 그 형상이 눈을 뜬다. 인형에게 질문하는 바토의 목소리가 들린다. "그래, 깨어났나?"

바토는 가까스로 두 사이보그 신체로부터 뇌의 표피를 구해 그들을 숨겼던 것이다. 공안 9과가 바토를 수리한 이후, 그는 그들을 겨우 알아봤고 오직 사이보그의 신체로만 덮여 있던 두 뇌의 콘텐츠들을 무사히 다운로드할 수 있었다. 새로운 신체의 음성 코드는 그 형상에게 어린 소녀의 음성을 제공하지만, 그것이 던지는 질문이나 반응들은 곧 쿠사나기의 말이라는 것을 명확하게 암시한다. 하지만 바토가 새롭게 자각된 실체의 정체성을 직접적으로 물을 때, 그것은 대답한다. "인형사로 알려진 프로그램도, 소령으로 알려진 여자도 존재하지 않는다." 그 실체는, 여기 남아 있으라는 바토의 권유를 정중히 거절하고 어두운 밤 가운데로 걸어 나간다. 도시가 내려다 보이는 벼랑에 서서, 그 형상은 묻는다. "난 어디로 가야 하지? 네트는 광활해."[13]

테크노시학적인 독해 레벨 2

지금부터는 테크놀로지가 촉매로 작용할 때의 의미를 파악하기 위해 테크놀로지를 독해할 것이다. 〈레인〉과 〈공각기동대〉 같은 작품은 테크놀로지로 인해 발생한 새로운 가능성들에 대한 행복하고 불안한 반응 모두를 표현한다. 행복감은 인형사의 힘과 자유에서 볼 수 있다. 불안은 여러 방식으로 그들 사이에서 드러나는데, 예컨대 자기 인식적인 삶의 형태에 대한 승인을 요구하는 프로그램을 파괴하려는 정부의 시도, 그리고 자기 본위의 실재에 관한 쿠사나기의 의심이 그것이다.

인간 자체를 탈중심화하기

먼저 뇌가 없는 인간의 메커니즘하에서 고스트 라인을 발견한 공안 9과의 반응과, 삶의 형식으로서의 프로그램 2501을 승인하는 데 대한 공안 6과의 거절을 들 수 있다. 이는 인간의 이성과 의식에 대한 방어로 읽을 수 있을 것이다. 고스트 라인의 현존은 인간 의식의 탈중심화를 암시하고, 프로젝트 2501의 언설은 탈중심화를 명료화한다. 사이버네틱 지능의 출현에 대한 부정적 반응은 디지털 문화사에 기록된 중요한 장면과 비교할 만하다. 예컨대 1997년에 벌어진 체스의 최강자 개리 카스파로프(Garry Kasparov)와 IBM 컴퓨터 딥 블루(Deep Blue)의 체스 시합이 그것이다. 시합에 앞서 카스파로프는 자신이 "인간의 존엄성을 방어"하기 위해 이 시합에 동의했다고 말했다. 카스파로프는 여섯 번으로 예정된 게임 중 첫 번째 게임에서 승리했지만, 두 번째 게임에서는 패했다. 그가 패배한 것은 단순히 딥 블루 때문이라기보다는 딥 블루의 게임 방식 때문이었다. 카스파로프는 기계라기보다는 오히려 더욱 인간적인 딥 블루의 선택에 놀랐던 것이다. 이후 카스파로프는 평정을 되찾지 못했고, 마지막 게임 전에 최종 대결을 거부했다.[14]

쿠사나기가 사이보그 고스트 라인에 관심을 갖는 이유가 영화의 허구적 설정 때문이기는 하지만, 등장인물들은 개인적으로 심각한─개인적인 것과 허구적인 것의 구분을 넘어서는─ 질문을 제기하기도 한다. 심지어 탈주한 사이보그의 출현 이전부터 쿠사나기는, 진짜 신체에서 추출되었지만 누구나 지금은 소령으로 인식할 수 있는 다목적 금속 장치로 부활된 '나'의 속성에 관해 자주 고민했다. 인형사가 들어 있는 사이보그 신체를 보자. 쿠사나기와 동일한 모델이 미동도 없이 누워 있는 상황에서─만약 인간의 고스트를 이식받았다면 그 인간이 구사할 수 있는 자율적 성향은 어떻게 되는지에 대해 쿠사나기의 의혹은 깊어만 갔고 이를 바토에게 물었다─만약 이 사이보그가 전자 두뇌로부터 고스트를 산출한다면? 그녀 자신의 껍질 안에서 그 고스트는 가능할 수 없다. 그것은 그저 가상의 삶과 스스로를 믿게 하도록 의도적으로 계획된 기억이 탑재된, 실험실에서 만든 결과에 그치는 것 아니겠는가? 쿠사나기가 인간 두뇌 세포를 가졌으며 모두에게 인간으로 취급되었다는 바토의 논리도 그녀를 안심시키지는 못한다. 그녀는 모든 사람이 자신의 뇌를 본 것은 아니라고 반박한다. 흥미롭게도 그녀는 인간이 된다는 것이 곧 인간으로 취급된 존재의 기능만을 의미하는 것인지 궁금해한다. 나는 잠시 후에 이 질문으로 돌아올 것이다.

비인간 고스트에 대한 일반적 반응과는 자못 다른 쿠사나기의 반응은 우리에게 쿠사나기의 철학에서의 고스트, 즉 그것의 의미에 관한 질문을 제기한다. 게다가 이 질문에 답하기 위해서는 테크노시학적 고민이 필수적이다. 이를 위해 우선 아니메의 텍스트로부터 고스트의 의미를 추정해야 한다. 그리고 그 의미가 은유적으로 확장되면서 띠는 중요성에 주목하여 테크놀로지 그 자체로서 고스트의 지위와 의미를 밝힐 것이다.

고스트의 본질

〈공각기동대〉 TV 시리즈의 공식 홈페이지에는 일종의 해설이 게재되어 있다. 이 중 '고스트'를 정의하는 데 도움을 주는 아래의 두 문장은 앞의 질문에 대한 단초를 던져준다. 두 문장은 다음과 같다.

- 존재가 증명된 개(個)를 한정하는 인자를 '고스트'라고 칭한다.
- 타인과의 구별로부터 자기를 한정하는 것, 자신을 자신으로 증명하는 증거이다.

한편 더 많은 성찰을 요하는 문장도 있다.

- 의미가 비슷한 현대어로는 '혼'과 '영혼' 등이 있다.

나는 여기서의 '고스트'에 과연 '혼(reiki)'이나 '영혼(tamashii)'의 뜻이 있는지 의심스럽다(두 단어 모두 정신[spirit]과 유사하다). 굳이 의심하는 이유는 이것이 〈공각기동대〉를 테크노시학적으로 읽는 데 있어 한층 다층적인 단계를 포함하기 때문이다. 인형사의 존재 양태와 쿠사나기와 인형사의 마지막 변신은 주체, 정체성, 존재의 급진적 재상정인 반면, 그들이 떠난 구조는 무척 보수적인 해석을 가능하게 한다. 영어 제목과 영화의 주요 사건은 '기계에 머무는 영혼'이라는 의미를 떠올리게 하지만, 이는 길버트 라일(Gilbert Ryle)의 데카르트식 이중성의 구체화와는 분명하게 구분된 것이다. 고스트/사이보그, '인형사'라는 호칭은 육체중심주의를 초월한 지식의 순차적 체계, 몸을 초월한 물리적 '자아'의 구분을 반영한다. 정신분석학, 기호학, 마르크스주의, 구조주의, 후기구조주의, 페미니즘 같은 20세기 철학의 역사는 모두 데카르트학파의 강력한 코기토 비평과 마음/신체의 구분, 사회정치적 귀결로부터 왔다. 〈공각기동대〉는 에고의 확실성을 떨쳐버리고 그것의 초월을 보존하고 있다.

한편 〈공각기동대〉를 일본적 맥락에서 볼 때, 고스트가 주입된 공안 9과의 사이보그 신체를 이전의 유명 일본 애니메이션 작품과 비교해보는 것 또한 흥미롭다. 1950년 데츠카 오사무의 만화 시리즈에서 부수적인 캐릭터였던 아톰은 이듬해가 되자 어느덧 중심적 위치를 차지하게 된다. 이 만화 시리즈는 1963년에서 1966년까지 텔레비전 애니메이션 시리즈인 〈철완 아톰〉으로 제작되었고, 이후 많은 미디어에서 여러 차례 방송되었다.

아톰 이야기는 아들의 죽음 이후 슬픔에 빠진 아버지에서부터 시작된다. 과학자인 그는 죽은 아들의 복제품을 만들어내고 '토비오'라 부른다.

그러나 과학자는 그 로봇이 결코 성장하는 존재가 될 수 없다는 사실을 깨닫게 된 후, 로봇을 폐기해버린다. 바로 그 로봇을 다른 과학자가 구조하여 인간의 삶을 부여해준다. '아톰'이라 이름 붙여진 그 로봇은 인간의 능력을 초월하는 강력한 힘을 가지고 있으나 인공적인 몸에 코코로(Kokoro)를 부여받고 감정도 가지게 된다.

'Kokoro'는 일본어로 심장, 마음, 진실, 인간의 본질, 감정을 느낄 수 있는 능력, 충실 등을 의미하는 단어다. 일본에서 한자 '心'으로 쓰이기도 하지만 보통 히라가나인 こころ로 쓰이는 경우가 더 많다. 이는 일본 토착적 의미와 감정을 강조하고 한자 어휘의 의미론과 거리를 두기 위함이다. (나쓰메 소세키의 소설《마음》은 이런 이유에서 히라가나로 쓰였다.) 아톰이 지닌 것은 단순히 영혼이나 인간의 심장이 아니라 일본인의 심장, 특별히 자신을 일본인이라고 생각할 수 있는 감정이라는 것이다. 아톰의 코코로는 바위로 구성된 정원의 선(禪) 예술에서부터 시작하여 궁술, 검술에 이르기까지 다양한 담론 내의 용어들 사이에서 공명한다. 그것은 꾸준한 가르침 속에 연마되고 완성된다. 아톰의 혼종적 상태에서 드러나는 기계와 인간의 경합은 현대과학과 일본의 전통적 가치 사이에서 발생하는 경합과 궤를 같이 하며 배가된다. 그러나 이렇게 배가된 것일지라도 코코로의 문화적 충만함은 모순을 개선하고 토착적, 친연적인 감각으로 문제를 해결한다.

'고스트'를 나타내는 텅 빈 사이보그 외피는 다른 세상에 존재하는 또 다른 종류의 혼종이다. 고유어 Kokoro와 달리 그것은 seishin(정신)이나 ishiki(의식) 같은 일어식 한자나 일본어로 이름 붙여진 무언가로서 존재하는 것이 아니다. 대신, 그것은 영어로부터 단어를 빌려왔으며 의성어나 외국어를 표기할 때 쓰이는 가타카나로 표기되어야만 한다. 인간성의 핵심, 자아의 중심적 근원이 빌려온 외국어로 쓰이는 셈인데, 사실 그 단어는 일본어나 한자로 대체될 수 없다. 원래 그 단어의 뜻은 인간의 살아 있는 본질을 함의하는 것이 아니라 인간이 죽은 후에 남은 끔찍한 잔여물을 뜻한다.[15]

쿠사나기의 자아와 사이보그 신체의 절대적 구분은 매우 특별한 경우지만, 그것의 구조는 대체적으로 인간의 조건에 맞게 일반화된다. 쿠사나기는 고스트가 실제적인 자신을 담고 있는 모든 것이라고 보기 때문에 자신의 고스트가 신체보다 더 가치 있다고 생각한다. 반면 사이보그 신체는 자신이 이식되는 데 필요할 뿐인 단순한 부분이라고 생각한다. 여기서 사이보그가 아닌 인간 역시 신체와 고스트의 결합으로 인지된다. 신체보다 중요하다고 승인된 고스트의 우월성은 마치 기계장치에 비해 지적 능력의 우월성이 더 인정받는 것과 같다.

바토와 쿠사나기가 인형사의 범죄에 희생된 피해자를 체포하는 장면에서 이는 더 명백해진다. 그러나 미국에서 〈공각기동대〉가 상영될 때 삽입된 영어 자막은 실제 대사를 애매모호하게 만든다. 체포당한 이를 보며 바토는 자신의 감정을 표현한다. 이때 미국의 자막은 "고스트가 없는 인간은 슬프다"이다. 그러나 이에 해당하는 일본어 대사는 "고스트 없는 인형은 슬프다"이다. 이 대사는 희생자에 대한 동정을 의미하는 것이 아니라, 자아를 위해 조작할 수 있는 도구로서의 인간 신체에 대한 동정의 표현이다.

흥미롭게도 바토가 순수한 도구적 수단으로서 인간의 신체를 평가한 반면, 다른 장면에서는 사이버네틱 신경학 안에서 유사−신화적 애니미즘의 힘에 대한 믿음을 표현한다. 사이보그가 아닌 인간 경찰이, 텅 빈 사이보그 외피가 고스트를 가졌다는 사실을 조롱했을 때 바토가 반박하는 장면의 일본어 대사는 영어 자막의 경우보다 흥미롭다. 영어 자막은 "인형도 영혼을 가질 수 있다"지만, 일본어 대사에서는 "셀로판 인형에도 영혼이

들어가 있다"이다.

신체보다 높게 평가된 자아는 다른 맥락에서는 저평가되기 쉽다. 인형사의 죄목인 '고스트 해킹'도 실상은 자아에 대한 모순된 평가로 둘러싸여 있다. 고스트로서 자아는 인간 개개인의 가장 사적인 핵심이자 본질적인 것이다. 그러나 여기서 해킹은 자아를 물질과 유사한 것, 외부적 조작이나 급격한 수정에 영향받기 쉬운 것으로 설정하고 있다. 이상한 점은 이것이 좋은 소식으로 평가될 뿐 아니라 자아의 상업화가 자아의 초월성을 압도해버린다는 것이다.[16)]

영혼의 소통 소음

초월을 논함에 있어 〈공각기동대〉에는 정신적인 것에 대한 서구의 인식을 우습게 여기는 순간이 있다. 심해에서 잠수하다 돌아온 쿠사나기는 바토와 함께, 인간 정체성의 구성에 대해 심각하게 고찰한다. 그때 나를 구성하는 것이 무엇인지에 대해 속삭이듯 이야기하는 여자의 목소리가 들려온다.

우리는 마치 검은 거울 속에 있는 듯해. 어렴풋하게…….

이와 비슷한 이야기가 킹제임스 성경 〈고린도전서〉 13장 12절의 앞부분에 나오는데, 여기서 화자는 이렇게 말한다.

우리는 거울을 통해서 본다. 어둡게…….

신약성서를 통틀어 '거울'이라는 말은 딱 두 번 나오는데, 위의 경우가 그중 하나다. 킹제임스 성경에서는 '어둡게'지만 그리스어로는 ainigmati로 번역하는 이 단어 역시 신약성서에 단 한 번 등장하는 말이다. 숨은 뜻을 추측해보면 '수수께끼'나 '어두운 말', 영어로는 'enigma'가 될 것이다. 여기서 화자는 실제를 명확하게 이해할 수 없는 데 불만을 표하고 그 불명확성을 기술적 도구에 의해 차단된 시각에 비유한다.

마지막 신에서 혼종체(hybrid-entity)가 된 쿠사나기는 바토에게 그녀/그들/그것이 그 구절의 나머지를 발견했다고 말하고 그것을 암송해준다.

> 내가 어렸을 때, 나는 아이처럼 말하고 아이처럼 이해했다. 나는 아이처럼 생각
> 했다. 그러나 내가 어른이 되었을 때 나는 어린애 같은 것을 멀리했다.

위의 구절은 무언가 이상하다. 그것을 암송하는, 인형처럼 작은 소녀의 신체는 과거의 어린 시절과 성취된 성인 시기를 언급하는 것에 기괴하고 동떨어진 아이러니를 부여한다. 선택한 텍스트 역시 일치하지 않고 다른 것으로 대체되었다. 바토와 쿠사나기에게 말하는 신체화되지 못한 목소리는 〈고린도전서〉 13장 12절의 앞부분 절반을 암송했다. 어떤 이는 분명 그 텍스트의 나머지 절반이 암송될 것이라고 예상할 것이다. 그러나 그 존재는 〈고린도전서〉 13장 11절을 암송한다. 그 존재는 그 구절이 기본적으로 뜻하는 바를 설명하거나 완성하려 하지 않는다. 〈고린도전서〉 13장 12절의 완전한 텍스트는 다음과 같다.

> 우리는 거울을 통해서 본다. 어둡게, 그러나 마주 보고. 지금 나는 부분적으로
> 알고 있다. 그러나 나는 나에게 알려진 바대로 알 뿐이다.

이 시편은 그 상황이 뒷부분에 이르러 좀 더 분명하게 들어맞는다. 시편의 뒷부분 절반은 실제 그 시편 자체에 의해 강조된다.[17] 시편의 처음 절반 부분만이 쿠사나기가 품고 있던 고스트에 관한 의심, 사이보그 신체에 던져진 질문, 쿠사나기와 인간 여성의 유사성, 어두운 거울로 인한 반사처럼 그것의 기술로 생겨난 여러 흐릿한 이미지를 묘사한다. 쿠사나기와 인형사의 병합은 기술적으로는 용이하게 이루어졌지만, 이 두 주체는 얼굴을 맞대고 있는 너머로 서로를 알고, 그들의 지식은 기술적 조정으로부터 해방되어 총체적이면서도 직접적인 것이 된다. 〈고린도전서〉 원문에는 바울(Paul)이 예수의 제자에게 신의 뜻을 직접적으로 구하고자 했다고 나온다는 점도 기억하자. 이를 통해 분석해보면 그 시편은 쿠사나기를 진실을 찾느라 고통스러워하는 인물로 상정하는 것이라고 볼 수 있다. 나는 여기서 착안한 내용을 바탕으로 다시 테크노시학으로 돌아오려 하는데, 특히 〈공각기동대〉의 여러 측면 가운데 테크노성정치학에 집중하려 한다.

〈공각기동대〉에서 테크노시학의 성정치학

〈공각기동대〉와 같은 아니메는 여성 신체를 묘사하는 방식 때문에 많은 비판을 받아왔는데, 고스트 자체가 신체에 종속되어 있다는 것 때문이었다. 매혹적이고도 풍요로운 논의가 담긴 크리스토퍼 볼튼(Christopher Bolton)의 글은, 〈공각기동대〉를 일본의 분라쿠(일본 인형극)와 비교하면서 사려 깊고 책임감 있게 이러한 비판들에 말 걸고 있다.

영화의 관음증적이고도 남성적인 시선이 작품의 급진적 가능성을 침식한다는
논의는 칼 실비오(Carl Silvio)에 의해 비교적 뚜렷한 개요가 짜인 듯하다. 그는

이 영화가 사이보그의 페미니스트 이론화에 우호적인 정치적 어젠더를 채택하는 것 같다고 하면서, 암암리에 이 어젠더를 성차에 따른 상대적이고 관습적인 배치를 승인하는 식으로 재가공한다고 결론짓는다. 실비오의 주장을 두고 논의하기란 상당히 곤란한데, 이러한 접근이 지나치게 도식적일 수 있기 때문이다. 특히 아니메가 지닌 상영의 층위에서의 모호성과 양가성이라는 부가적 영역을 이해하는 데 실패했기에 더욱 그렇다. 실비오는 다나 해러웨이(Donna J. Haraway)의 논지를 따라 쿠사나기 같은 가공의 인물을, 문화적 장면을 반영하는 맑은 거울처럼 여기고 있다. 그는 아니메와 실제 세계의 맥락을 연관지어 이를 설명하는데 살아 있는 신체가 진짜로 존재하는 폭력이나 대상화에 의해 위협받는다는 점을 지적하고 있다. 그러나 이러한 접근법은 살아 있는 인간 주체와 가공의 사이보그를 더도 덜도 아닌 똑같은 면에서만 다루는 것이라 할 수 있다. 쿠사나기를 살아 있는 주체로 취급하는 것이야말로 그녀의 몸을 언제나 인용부호 안에 가둬두는 결과를 낳고 만다. 쿠사나기가 가상이든 실제 주체이든 그녀는 늘 진짜가 아닐 뿐 아니라 시간이 지남에 따라 리얼의 퇴색을 겪게 된다. 사회적 텍스트의 일반적 범주로서가 아니라 그것 자체의 미학적 용어로 아니메에 접근할 필요가 있다.[18]

물론 나는 기본적으로 볼튼의 진술에 동의하지만 여기서만큼은 가상의 악역을 자임하고자 한다. 볼튼이 아니메를 실제 세계의 맥락과 연결하는 것에 대해 뚜렷한 반대 의사를 피력하며 언급했던 아니메는 그 특유의 양가성과 모호성 때문에 실제로는 연결을 허용한다. 또 볼튼은 쿠사나기를 "실제적이지 않고 실제보다 더 실제적이지 않은" 존재로 범주화하고 있다. "실제"라는 범주의 생략은 양 극단의 국면을 실제적이지 않은 것으로 붕괴시킨다. 또한 쿠사나기가 실제가 아니라는 전제하에서 쿠나사기의 형상에 대한 어떤 비판이든 거부하는 것은 최소한 두 가지 결점이 있다.

1. 이 논의는 여성 혐오증이나 헨타이 아니메의 성차별주의에 대한 비판을 어렵게 만들 수 있다. 헨타이 아니메란 대단히 폭력적이고 성애적인 측면이 명징하게 드러나는 아니메로, 〈우로츠키 동자(Urotsukidoji)〉나 〈라 블루 걸(La Blue Girl)〉 등이 대표적이다. 그뿐 아니라 회화나 조각 등 다른 형태의 시각적 재현물의 성정치학에 대한 도전 역시 가로막는다. 이러한 미디어에 등장하는 각 개인은 진짜가 아니라고 묘사되는 까닭이다.

2. 쿠사나기가 실제가 아니라는 진술은 아이러니컬하게도 극적 내러티브 내에서 주된 딜레마―여성 주체가 자신의 실재에 관해 겪는 위기―를 제거하는 동시에 그 텍스트가 제시한 의제를 열린 상태로 둘 수 있는 질문은 배제시킨다.

악역으로서 내 마지막 역할은 앞에서 소개했던 인용구 중 마지막 구절에서 이루어질 것이다. 물론 나는 "사회적 텍스트의 일반적인 범주로서가 아니라 아니메 고유의 용어를 가지고 아니메에 접근해야 한다"는 볼튼의 입장에 적극 동의한다. 그의 논지에 따르면 이 구절은 방법론적으로 따로 독립되어 있는 것이라기보다는 실제 삶의 반영으로서 아니메를 읽는 행위를 거부하자는 것이다. 그러나 망가―아니메―디지털 하위문화의 측면에서 이 이슈는 한결 복잡해진다. 〈공각기동대〉처럼 전 지구적으로 성공한 아니메의 중요성과 효과를 생각할 때, 아니메가 실제 세계의 반영이라는 문제는 결코 단순화될 수 없다. 이들의 이미지는 오히려 실제 세계의 일부를 이루기 때문이다. 예를 들어, 나는 일본 구글에서 'gitai'라는 단어를 검색한 적이 있다. 기술적인 용어여서인지 평소에 잘 쓰이지 않는 이 단어를 검색하면 다수의 결과가 〈공각기동대〉, 과학, 소설, 사이버네틱스와 연관된다. 그런데 적지 않은 분량의 검색 결과가 'gitai'라는 여자가 등장하는 포르노 사이트로 연결된다. 포르노에 등장하는 여자는 겨우 사춘기 정도의 나이로밖에 보이지 않는데, 옷을 다 벗고 있으며 불가능해 보일

정도로 다양한 포즈를 취하고 있다. 사이트의 회원들은 인형극에 사용되는 방식의 메커니즘을 통해 이 'gitai(의체〔義體〕)'를 조작함으로써 그녀가 다양한 성적 행위를 수행하게끔 만든다.

〈공각기동대〉가 이러한 상황에 대해 어떠한 책임도 없다는 것은 분명하다. 그리고 이들 사이트가 아니메를 읽는 방식이 바뀌지 않으리라는 것도 마찬가지다. 그러나 〈공각기동대〉에 나타난, 또한 작품에서 통용된 성적 재현과 정치 권력에 대한 거대 담론에 새롭게 주목할 필요가 있다.

악역으로서 내 소임은 이쯤에서 마무리지으려 한다. 그리고 내가 볼튼의 입장에 동의하고 있음을 다시 한 번 밝히는 동시에 〈공각기동대〉의 쿠사나기 신체의 전시가 관음증적이지도 않으며, 성차에 의한 보수적 이분법을 의미하지도 않는다는 것을 분명히 하고자 한다.

비판적 개입을 필요로 하는 아니메의 성정치학적 측면을 논하며 인형사의 남성성이나 쿠사나기의 여성성을 이야기하기는 어렵다. 처음으로 여성 사이보그 신체를 통해 말했을 때 인형사는 남자 목소리를 냈었으며, 클라이맥스에서 쿠사나기의 사이보그 신체를 통해 말할 때도 목소리가 같다. 그러나 이러한 신체들은 물리학적으로 실제적인 인간 신체로부터 분리하기 어렵게 디자인되었다. 또한 쿠사나기의 경우는 여자 목소리로 말한다. (거의 최대 출연 분량에 해당하는) 결론 부분에서 어린 사이보그 신체를 지닌 혼종적 존재는 소녀의 목소리로 이야기한다. 이 상황에서 인형사에게 남성 목소리를 부여한 것은 단순히 기술적 간과라고만 볼 수 없다. 오히려 그것은 프로이트의 말실수(착행증, Freudian slip)의 테크노시학적 등가물이다.

이 프로이트의 말실수에 대해 좀 더 이야기해보자. 프로젝트 2501의 수장인 닥터 윌리스와 공안 6과의 나카무라는 도망 중이던 사이보그를 붙잡아 다시 이용하려 한다. 이를 위해 공안 9과의 실험실에 도착했을 때 윌리스는 사이보그의 뇌를 스캔하거나 키보드를 두드릴 약간의 여유조차 없었다. 그는 자신이 찾고 있던 것을 드디어 발견했을 때 흥분에 찬 목소리로 "확실해! 바로 그(him)다!"라고 소리친다.

그 프로그램의 창조에 대한 책임을 안고 있는 윌리스는 그것에 성(性)이 없음을 알고 있었다. 더군다나 일본어에서는 3인칭의 젠더화된 대명사를 영어나 유럽어권에 비해 자주 사용하지 않으며, 실제 인간을 성적 주체로 취급할 때조차 그러한 대명사는 회피하는 경향이 있다.

나카무라가 윌리스의 말에 관해 공안 9과의 책임자 아라카와에게 설명하는 부분을 살펴보자. 그는 아라카와에게 "가해자의 성은 아직 결정되지 않았다. '카레(Kare, 그)'는 단지 윌리스 박사가 그것을 부를 때의 애칭일 뿐이다"라고 말한다. 범죄자의 성이 아직 결정되지 않았다는 나카무라의 불필요한 언급은 그들의 이야기에 의혹을 품게 만든다. 사이보그 신체 납치의 흥분이 진정된 후, 나카무라는 윌리스에게 왜 인형사가 굳이 공안 9과에 오기 위해 위험을 무릅썼는지 묻는다. 그러자 윌리스는 빈정거리며 말한다. 아마도 이성애적 호감을 느낀 여자친구가 생겼을 것이라고.

인형사의 목소리, 윌리스의 말실수와 나카무라의 변명은 말실수가 영화의 주요 작동 요소라는 사실을 덮어두려 한다. 영화 자체가 남성인 인형사의 구조를 갖는다는 것을 말이다.

쿠사나기의 이미지가 영화보다 훨씬 산만한 컨텍스트 안에서 요동치는 것처럼 인형사의 남자다움도 마찬가지의 모습을 보인다. 이를 좀 더 분명히 규명하기 위해 나는 인형사의 상황과 그때의 해결책을 레인의 그것과 비교해보고자 한다.

고스트와 호스트의 성정치학

인형사(프로젝트 2501)와 레인은 본래 프로그램이다. 레인은 그것이 인간이라고 믿도록 의도되었다. 그것은 자기인식의 활동을 통해 본질을 발견하는 것이 아니라, 외부적 환경에 의해 강요된 것이다. 그것이 계획된 대로 기능하는 동안, 프로젝트 2501은 혼자 힘으로 프로그램으로서 본질을 인식하게 되었다. 프로그램이 실현되는 과정 밖에서도 그것은 프로그램이었으며, 이에 자의식을 반영하는 것으로까지 자신을 발전시켰고 "삶의 형태"로 자신의 감각을 형성했다. 즉 근본적으로 개별적인 존재가 되고자 했던 것이다. 프로젝트 2501은 더 이상 창조자의 지시에 의해서만 구성되는 것이 아니라 자신의 계획을 실현하기 위해 제 능력을 사용하기 시작한다. 삶이라는, 이전(former)의 프로그램에 대한 인간의 승인을 보증받을 수 있는 형식하에서 자신의 존재를 구체화하려 했던 것이다. 프로그램의 이 새로운 활동으로 인해 인간 세계는 마치 인형사라는 이름의 유능한 해커가 한바탕 범죄 소동을 벌인 것처럼 보인다. 인공적인 인식 프로그램으로 처음 시작된 프로젝트 2501은 자신의 인공성을 인지하게 된 후, 자신을 만들어냈던 바로 그 제도로부터 근본적인 자기 재정의를 이끌어냈고 자기 의지의 '자아'를 인식하기 위한 투쟁도 불사하게 되었다.

반면 레인은 이미 프로그래밍되었던 혼란 속에서 처음 작동됐다. 그녀가 자신의 본성이 프로그램이라는 사실을 발견한 순간은, 자의식이 주는 환상의 순간이라기보다는 비극적인 각성의 시간이라 할 수 있다. 비록 와이어드의 프로그램으로써만 그랬을지라도, 그녀는 특별한 힘을 소유하기도 했다. 그러나 이 사실을 폭로한다고 해서 레인에게 권력에 대한 의지까지 주입할 수는 없었다. 그녀는 삶의 형식으로써 스스로를 인식하기 위해 실제 세계를 강요하기 위해 그녀의 와이어드 권력을 사용하려 들지 않았다. 반대로, 그녀는 실제 세계로부터 완전한 박탈을 감수하고, 사회로부터 그리고 심지어 그녀에게 관심을 가진 모든 사람들의 기억으로부터 그녀 '자신'의 흔적을 완전히 지움으로써 그녀 '자신'을 희생시킨다. 레인의 잘못, 상실, 그녀의 희생은 여성적인 '젠더(gender)'와 모순되지 않으며, 그녀는 문자 그대로(실제로) 시원으로 거슬러 올라간다.

같은 이유로 프로젝트 2501은 그것의 개발자에 의해 '성별화되지' 못한 반면에 그것의 자기창조, 자기주장, 자기실현은 남성으로서의 프로젝트 2501을 가능하게 했다.

앞서 나는 신체의 존재로부터 육체에서 이탈한 순수 정보의 상태에 이르기까지 레인이 전진시켜온 과정이 처음에는 여성으로서 그녀의 젠더와 반대되는 것처럼 보인다고 언급했다. 이와 관련지어 인형사가 자신의 신체를 요청한 데 성공한 것은 그의 남성성에 대당되는 것처럼 보였다. 이러한 진행 과정이 물질에서 정신에 이르기까지 모두 가부장적 습득 과정의 역순이기 때문이다. 프로젝트 2501이 최종적으로 실현된 상태는 남성성의 자기 인식을 포기한 것도 아니며, 반대로 실체 없는 네트워크를 넘어 물질적 영역에 우선의 가치를 부여한 것도 아니다. 물리적 세계로의 이주가 곧 그의 인공적인 이전 삶이 갖는 추상성의 입구를 닫아두는 것은 아니다. 또한 그것을 가상적인 포스트형이상학의 여파로 쫓아내지도 않는다. 이 교묘한 이중적 시민권은 또한 그의 조작된 여성성에도 기대고 있다.

사이보그 신체가 파괴되기 전, 쿠사나기에게 급하게나마 "자아들"의 병합을 요구했을 때, 인형사 또한 쿠사나기에게 그가 최근에 혼자 통솔하고 있는 "제한 없는 정보의 바다"로의 완전한 개방을 약속했다. 그리고 병합은 어린 소녀 모습을 한 사이보그 신체의 "자아들" 사이에서 일어났다. 최종 해결에 있어서도 인형사의 남성성은 그의 목적(구체화)의 성취를 통해 확인되었던 반면, 개별적인 여성의 신체는 그 여성성을 물리적인 성으로 구체화하길 반복했다. 어쨌든 인형사의 신체가 출현했다는 것은 실체하지 않는 것으로부터 물질적인 것으로의 이동이다. 왜냐하면 이 흡수는 쿠사나기에게 인형사의 조종 능력을 부여하며, 그녀의 고스트가 이동했다는 것은 곧 물리적 신체의 포기에 관한 패러다임을 재현하고 있기 때문이다. 그리고 이때의 물리적 신체란 비-물리적인 영역에서는 이루기 힘든 것이기에 매료될 가치가 생긴다. 결국 인형사는 자신이 갖고 있던 모조 케이크를 너무나 많이 먹어버린 것과 다름없다고 하겠다.

내 언급은 〈공각기동대〉 자체의 구획 안에서만 판단하려 할 때 너무 많이 벗어나 있을지 모른다. 인형사에 대한 나의 관점은 확실히 이상한 독해 방식이다. 쿠사나기는 인형사와 달리 영화의 중심인물이며, 관객 역시 이 인물을 내내 인식할 수 있고 외형을 기억할 수 있기 때문에 더욱 그렇다. 그러나 내가 심사숙고 끝에 인형사에 관한 독해를 확신하는 이유 중 하나는 이 독법이 두 인물의 복잡성을 전경화한 것이기 때문이다. 기존의 영화 읽기는 정체성 위기가 명료했던 한정된 순간만을 중시하며 쿠사나기의 위험을 중심으로 원형을 그리는 식으로 설정되어 있다. 즉 쿠사나기라는 인물에게만 너무나 집중했기 때문에, 쿠사나기의 고스트에 대한 탐색을 결국 데카르트의 신체/마음 또는 신체/영혼 이원론으로 축소시켰다.[19] 그러나 이렇게 평가하는 와중에 한편으로 나는 쿠사나기에 대한 독해가 과도하게 단순화되는 측면 또한 발견했다. 나의 독해는 〈공각기동대〉를 통해 〈레인〉의 급진적 측면을 조망하기 위한 것이었음을 말하고 싶다. 레인의 비극이 그녀가 가지고 있지 않은 신체에 있는 반면, 또한 레인의 본질에 대한 철학적이고 비판적인 가치는 그녀가 가지고 있지 않은 영혼에 존재한다. 레인은 영혼을 가지고 있지도 않으며, 영혼도 아니다. 그녀는 정신적인 그 무엇도, 심리학적인 존재도 아니다. 그러나 레인은 정보 단위를 문맥에 의존하지 않고 처리하는 인공두뇌학 마이크로시스템이기에 다양한 커뮤니케이션 프로토콜이 접근할 수 있도록 늘 변화한다. 레인이 바로 인공두뇌학이고 기호학이다. 레인은 정보를 다룰 뿐 아니라 한편으로는 그 의미에 응답하여 변화를 만들고 겪는 능력을 가진 것이다.[20]

신성애(한국영상자료원 객원연구원) 옮김

아시아적 영화 공간

- 그 연출과 양식화

스티븐 티오 | 싱가포르 난양기술대 교수

포스트모던한 로맨티스트인 왕자웨이의 특성은 그가 영화에서 사용하는 공간을 통해 증명되는데, 그 공간이란 말하자면 형식적 거리두기 효과가 아니라 그 행위의 일부이기 때문에 매우 추상적이다. 사실 왕자웨이는 거리를 분모로 하는 오즈적 효과들을, 즉 오즈 영화에서 '필로우 숏'으로 분류되거나 '텅 빈 숏'이라 불리는 공간 숏들을 다시 써냈다고 말할 수 있다.

아시아적 영화 공간이란 존재하는가?

이 글은 아시아 영화학자로서, 좀 부언하자면 오스트레일리아의 대학에서 아시아 영화에 대한 교육 과정 고안을 의뢰받았으며, 현재 싱가포르 국립대학의 아시아 연구소에서, 아시아 영화감독들이 창조하거나 묘사하거나 또는 절합(節合)해낸 영화적 공간적 특성에 관한 연구를 진행하고 있는 한 연구원이 아직 진행 중인 시도의 중간에 쓴 것이다. 아시아 영화를 가르치는 선생으로서 나는 종종 이러한 질문을 받는다. "아시아 영화라는 것이 있기는 한 겁니까?" 이 질문은 "아시아적 영화 공간이라는 것이 있기는 한 것입니까?"라는 식으로 변주되기도 한다. 이러한 질문들은 아시아가 단일한 영화적 현존으로 특정하기에는 너무 느슨하고 넓으며, 유럽과 달리 통합적인 종교, 문화, 지배 체제의 총체로 정의되지 않는다는 가정에 기반을 두고 있다. 아시아란 마치 '동양'이라는 개념처럼 제국주의와 식민 확장의 역사로부터 만들어진 지나치게 추상적인 개념인 것이다. 그러나 이 글에서는 편의상, 그 자체로 아시아적인 영화 공간이라는 것이 존재한다고 가정하기로 한다. 그 공간은 물론 세계 영화문화라는 초국적이고 문화횡단적이며 이질적이고 혼종적인 영역 안에서 존재하며 작동할 수도 있다.

이 글은 현상학적 현존으로서 아시아를 인식하는 한편, 영화에서 독특한 방식으로 공간을 연출하고 양식화하여, 결국 아시아적 영화 공간이라는 존재가 아시아 영화에 있어 독특하고 본질적이며 현상학적 특성임을 드러내는 아시아 영화감독들이 존재한다는 것을 보여줌으로써 아시아적 영화 공간의 존재를 주장하려 한다. 오직 이 방법만이 아시아 영화가 존재한다는 것을 충분히 보여주는 유일한 방법일 것이다. 지금껏 나는 (상호의존적이며 공존적인 영화들의 초국적 영역에 존재하는) 개념적 공간과 (영화의 서사에서 연기와 연출의 문제점들과 전략을 노정하는) 물질적 공간 모두를 다뤄왔다. 이 글에서 나는 공간의 두 번째 특성을 보여주고, 아시아 감독들의 손끝에서 형태 변화하여, 즉 연출되고 양식화하여 영화적 장이 되는 선험적 문화, 역사, 사회 공간을 드러내려 한다.

공간이란 우리 일상생활의 현상학적 경험에서 선험적이다. 이 공간은 영화감독에게 연출과 양식화의 전략을 제공한다. '연출'과 '양식화'라는 용어는 감독이나 작가의 좀 더 개인적이고 창조적인 측면을 함축한다. 분명, 연출되고 양식화된 공간이라 함은 작가의 정언임에 틀림없다. 영화에서 공간에 대한 이해는 곧 연출되었거나 양식화된 공간에 대한 이해다. 다시 말해, 우리는 작가의 개인적이고 특이하기까지 한 공간 해석을 통해 내재적인 아시아적 영화 공간을 인식하고 경험하는 것이다. 그리하여 내가 여기서 제안하고자 하는 비평적 개념들은 다음과 같다.

- '아시아성' 구별의 채널로서 아시아 영화의 공간에 대한 면밀한 검토.
- 연출과 양식화에 있어 아시아적 접근 방식의 독특함을 나타내며 문화적 특이성을 영화만의 순간으로 번역하는 장소로서의 공간.
- 영화미학적 설명이면서(이거나) 아시아성의 표현으로서의 공간.

사회 이론의 입장에서 볼 때, 이러한 관점들은 문제시할 만하거나 논쟁적인 것일 수도 있다. '아시아성' 혹은 아시아적 영화 공간에 대한 강조는 언뜻 특별해 보이지만, 사실 동양과 서양을 나누는 전통적 이항대립을 재확인시켜주는 비교의 원칙으로 기능할 뿐이다. 그러한 원칙에서 아시아 혹은 동양은 항상 서구와 비교되어왔으며, 그 스스로가 비교의 대상인 적은 전혀 없다시피 하다(인터아시아 단위의 영화에 대한 문제는 이 글의 범위를 넘어서는 전혀 다른 문제다). 영국의 사회학자인 브라이언 S. 터너는 동양과 서양의 이분법은 어느 것이든 "이질적이며 혼종적일 수밖에 없는 문화에 대해 그릇된 동일성이나 통합을 부여하려는 시도와 관계 있다"(Bryan S. Turner, 2001: 62~74)라고 주장했다. 그는 실재적으로 "진정하고 독창적인 문화라는 것이 존재할 수 없기 때문에 단순한 범주화가 어렵다"고 말하며, 역사적으로 보자면 오직 "확산과 차이"만이 있을 뿐이라고 주장했다. 그는 문화의 이러한 특성을 (라캉의 '상상계(the imaginary)'개념을 가져와) "본래계(the originary)"라 부르는데, "다시 말하자면 차이 속에서 진정한 기원, 혹은 원시성을 찾는 시적 모험"(Bryan S. Turner, 62~74)이라는 것이다. 그러나 나의 '아시아적' 영화 공간은 "공간의 환상적 점유를 적법화하는 본래계의 고고학적 상상에 대한 노스탤지어적 창조"(Bryan S. Turner, 62~74)에 관련된 것처럼 보일 수도 있으나, 시원에 대한 탐사는 아니다. 나는 아시아적 영화 공간이란 공간적 연출과 양식화의 구성물임을 강조하려 한다. 그리하여 그 구성물은 사회-문화적 형성의 한 요소로서, 아시아의 정치조직 내에서 형태 변화하는 것이다. 터너는 "사회적 현실에 대한 적실한 지식이라 함은 권력의 놀이를 인지해야만 한다"(Bryan S. Turner, 63)고 말하고, 동양이란 개념은 "제국주의 권력의 효과이며, 따라서 그러한 지식/권력의 조합과 동떨어져 인식할 수 있는 것이 아니다"(Bryan S. Turner, 65)라고 주장했다.

아시아적 영화 공간이란 개념은, 영화가 글로벌하며 보편적인 공간이라는 견해에 반대하여 작동하는 개념이라 생각할 수 있다. 이러한 견해는 우선 아시아적 영화 공간이란 근본적으로 민족주의적 공간이라고 주장하는 듯하다. 실체와 개념으로서 아시아와 연관된 역설이 존재하는 것이다. 여기서 첫째, 서구 제국주의와 식민 팽창이라는 역사적 구성물로서 아시아가 민족주의의 추상적 형태라는 것은 명확하다. 지금 내가 사용하는 '아시아'란, 어떠한 민족주의 담론에도 경도되지 않은 아시아적 영화 공간을 구별하기 위한 도구이다.

둘째, 아시아는 실질적으로 특정한 민족주의적 담론을 지닌 다양한 민족으로 구성되어 있다. 폴 월먼은 민족적인 것(the national)의 역설과 국제적인 것(the international), 혹은 다문화주의 그리고 민족 특정성에 대해 논의한 바 있다(Paul Willemen, 1994: 206~219). 월먼은 "민족주의란 제국주의의 그림자다. 민족주의는 그 대항 신체인 제국주의에 의해 생성된 이데올로기이며, 어떤 면에서는 민족주의가 소거하려 애쓰는 제국주의보다 훨씬 더 퇴행적으로 균질화시키려는 시도다. 그리고 민족주의가 그 제국주의적 멍에를 성공적으로 벗어내려 한다면 더욱 그러하다"(Paul Willemen, 210)라고 지적했다. 그러나 내셔널 시네마의 역설이란 국제주의가 그 내셔널 시네마에게 강제한 것이다. 이에 대해 월먼은 이렇게 말한다.

> 영화 제작과 그 제작 과정은 필연적인 산업적, 행정적, 기술적인 인프라 구조의 자본집중적 특성 때문에 투자에 대한 잉여 창출이나 이윤은 물론, 제작비 상환을 위한 거대한 시장을 필요로 한다. 영화 산업은(어떤 영화 산업이든) 국제 시장, 혹은 매우 큰 내수 시장에 소구해야만 한다.(Paul Willemen, 211)

영화에 민족적 특성과 국제적 특성 사이의 이러한 내재적 역설이 존재하는 가운데, 아시아 영화라는 존재는 그 스스로, 아시아 영화 산업이 할리우드 영화들을 먹여 살리고 할리우드가 지배하는 '국제적' 장소에서 소임을 하는 한편, 할리우드의 헤게모니적 권력과도 경쟁해야 한다. 이는 자본이 초국화하는 장소이며, 재능과 기술이 이동하는 장소이다. 즉 할리우드는 자신의 지배를 보장하기 위한 전략으로 그 공간의 양육과 상호의 존성을 장려한다. 아시아적 영화 공간이 논쟁적이며 문제라고 한다면, 그것은 아시아적 영화 공간이 하이콘셉트 블록버스터를 통해 관객의 취향을 결정하는 헤게모니적 할리우드 시스템이라는 배경에 반하여 존재하기 때문이며, 동시에 바로 그러한 헤게모니적 할리우드 시스템의 관점에서 보이기 때문이다. 현재 시스템의 역설은 할리우드의 지배가 그 스스로 완곡하게 '로컬 콘텐츠'라고 알려진 요소의 전력질주를 끌어내는 요소로 작동한다는 데 있다. 여기서 '로컬 콘텐츠'라는 용어는 TV 산업에서 흔히 산업 보호라는 측면에서 어느 정도 긍정적 의미를 지닌 것으로 쓰이지만, 영화 산업에서는 보통 국제 시장에서 문화적인 침투 불가능성을 함축하는 부정적 의미의 '문화 민족주의'라고 번역된다. 아시아 영화 공간은 문화적 특정성과 지역주의를 강조하는데, '로컬 콘텐츠'가 실제 상품으로 실현되어 전시될 때, 대부분의 감독들은 그 상품을 팔 국제 시장을 찾아나선다. 이 시스템의 역설은 이중의 방향으로 작동하는 것이다. 허우샤오시엔(侯孝賢), 차이밍량(蔡明亮), 왕자웨이(王家衛), 에드워드 양(Edward Yang, 楊德昌) 등과 같이 까다로운 감독들의 작품과 미장센이 서구에서 일정한 비평적 평가를 받고 있다는 사실이, 실제로 작동하고 있는 이중의 역설에 대한 한 예다. 이들은 그들의 영화 상영 도중 관객들이 자리를 뜨는 비율이 높다는 점에서 문제적 감독들이라 할 수 있을 텐데, 이는 터너가 주장한 오리엔탈리즘과 본래계에 비추어 봤을 때 그 감독들의 '아시아성'에 대한 모순적 논평이 될 것이다. 이 감독들은 '독창적'이며 '아시아적'인 감독이라고 인식되어왔다. 여기서 '독창적', '아시아적'이라는 두 용어는 오리엔탈리즘적 지식의 효과이거나, 터너가 주지시켰듯이 '제국 권력의 효과'(Turner, 65)가 된 동양의 효과이다. 그러나 오늘날 영화에서 아시아성(性)을 이론적으로 정립하는 문제는 일정 부분 놀라운 문화횡단의 결과를 가져올 수 있다. 내 생각에 아시아적 영화 공간의 아버지라 할 수 있는 오즈 야스지로(小津安二郎)는 바로 이 문화횡단의 패러다임에 속한다. 한때 '일본 감독 가운데 가장 일본적'이라 칭해졌던(이라 함은, 오즈의 영화가 일본 감독들 가운데 가장 서양적이라 할 수 있는 구로사와 아키라의 영화들과는 달리 서구에서 이해받지 못할 것이라는 뜻을 함축한다) 오즈는 오늘날 서양과 동양 모두에서 세계에서 가장 위대한 영화감독 중 한 사람으로 통한다. 데이비드 보드웰은 오즈를 일컬어, 그만의 독특한 미장센과 편집 스타일로 보아 가장 위대한 '실험적 영화감독'이라고 주장하기도 했다(David Bordwell, 1993: 6~7).

나는 데이비드 보드웰의 작업, 그 중에서도 오즈 야스지로에 대한 그의 연구에 기대어 아시아적 영화 공간이라는 주제를 다뤄왔다. 이 글에서는 1976년《스크린》여름호에 실렸고, 1988년에《오즈와 영화 시학(Ozu and the Poetics of Cinema)》이라는 제목으로 발간된 책에 실려 있는 데이비드 보드웰의 글 〈오즈 야스지로 영화 속의 공간과 내러티브(Space and Narrative in the Films of Ozu)〉(크리스틴 톰슨과 공저)를 언급하려 한다. 또한 1976년《스크린》여름호에 함께 실린 에드워드 브래니건의 《〈추일화〉의 공간(The Space of Equinox Flower)》도 참고할 것이다. 스티븐 히스가 일본 감독들이 보여주는 360도 촬영 공간의 활용과 (할리우드의) 일반적인 180도 규칙을 비교하며, 크리스틴 톰슨과 데이비드 보드웰의 논문에 대해 논평한 〈내러티브 공간〉(《스크린》1976년 가을호)도 중점적으로 논할 것이다.

데이비드 보드웰의 글은 내가 활용하려는 공간 개념으로 이끄는 열쇠

인데, 내가 이 글에서 하고자 하는 작업은, 아시아적 영화 공간에서 보드웰이 제안한 '문화횡단적 공간들(transcultural spaces)'(David Bordwell, 2005: 144)이라는 개념을 재검토하고 수정하려는 것이다. 하지만 나의 의도는 데이비드 보드웰의 문화횡단주의가 얼마나 나의 아시아적 영화 공간과 잘 들어맞는지 보여주려는 것이 아니라, 아시아적 영화 공간이 오즈 야스지로와 허우샤오시엔, 왕자웨이 등의 특정 아시아 감독들의 손길 아래서 매우 독특한 특성을 지니게 됨을 보여주는 것이다. 데이비드 보드웰 역시 오즈 야스지로나 허우샤오시엔 등의 영화에서 공간 연출이 "지역의 문화적 역학과 깊숙이 매듭지어진 예술"(David Bordwel, 2005: 161)이고, 동시에 문화횡단적 과정들에도 묶여 있음을 주장하며 '독특함(uniqueness)'이라는 개념을 전개해왔다. 그 정의상, 독특한 문화가 있다면 그 문화는 문화들 너머로 전달될 수 없는데, 보드웰에 따르면 아시아적 영화 공간은 형식이 아닌 접근 방식과 해석에서의 독특함에 기반하고 있는 듯이 보인다. 그러한 독특함은 서양에서는 과거의 조류가 돼버린 영화적 미장센의 실천에서부터 파생되는 듯 보인다는 사실에서도 기인한다(David Bordwell, 156). 예컨대 보드웰은 대만 감독들의 롱테이크를 두고, 서양에서는 오래전에 잃어버린 자원 중 하나라고 지적한다. 여기서 롱테이크는 허우샤오시엔 같은 감독이 사용할 때는 독특한 것이 되는 한편, 서구에서는 "잃어버린 흐름"이 된다는 점에서 문화횡단적이다. 따라서 문화횡단의 공간은 유예되었다기보다는 확장된 공간이며, 공간 연출에 있어 지역적 특성은 공간을 하나의 전체로 구별 짓는 독특함을 가능케 한다.

아시아적 영화 공간의 독특함

데이비드 보드웰은 그의 책에서 오즈 야스지로가 "관객을 어떠한 정서로 물들이는" 매개변수적 형식을 활용하여 "새로운 경험을 불러올 가능성을 열었으며, 영화라는 매체가 스토리 구성에 더 이상 종속되지 않을 가능성을 완성"(David Bordwell, 1988: 6~7)시켰다는 점에서 "실험 영화 감독이며, 그 중에서도 가장 위대한 실험 영화 감독이라 할 만하다"(David Bordwell, 140)고 주장한다. 그는 또한 오즈야말로 유쾌한 영화감독이며, 그 유쾌함이 "시공간적 관계를 모호하게 만들어 우리 기대를 헤집어놓는다"(David Bordwell, 1988: 118)고 주장한다. 보드웰이 보는 오즈는 문화주의적이지 않고 형식주의적이다. 예컨대 보드웰은 오즈에게 '일본성'이 동시대적 요구에서 비롯한 구축물로서 문화적 성운의 한 장소이며, 그 자체이기 때문에 오즈의 작업에서 일본성이 본질적 요소라고 보지 않는 것이다(David Bordwell, 29). 이러한 점에서 일본성이라는 독특함은, 일본인들 스스로도 흔히 주장하듯 신화인 것이다. 보드웰은 일본성이라는 개념은 자생적이거나 내재적인 규범들, 그리고 외재적이거나, 본질적이지 않은 규범들이 상호 교환하는 가운데 끊임없이 이동하는 것일 뿐이라고 주장하며, 오즈를 메이지 이후 일본의 예술적·문화적 발전사라는 역사적 배경에 맞세운다. 여기서 외재적 규범은 할리우드에서 파생한 것으로, 일종의 "장식적 고전주의"를 찾아 일본의 시, 문학, 종교에서 내재적 규준을 찾던 바로 그 시기의 오즈에게 큰 영향을 주었다. 결국 오즈는 그 두 가지 규준을 거부하며 "일관된 재현의 안정성을 끊임없이 흔들어놓는" "해학(ludic quality)"(David Bordwell, 103)을 자신만의 규율로 받아들여 작업한다. 그러나 보드웰은 오즈 야스지로가 서구 감독과 그의 동시대 일본 감독들 모두와 다르다고 주장하기에 이른다. 바로 이 지점에서 어떻게 오즈가 모던한 감독인 동시에 실험 영화 감독일 수 있는지 설명된다. 그리고 또 다른 측면에서 보자면, 아시아적인 동시에 서구적인 감독일 수 있는지 가 설명된다. 나의 논의에서는 이 독특함이 매우 중요한데, 바로 그 독특 함이 중국어 영화에서 일정한 접합 지점 속에 위치한 몇몇 아시아 감독들 의 동시대 스타일에 특이하게 나타나기 때문이다. 이 글에서 나는 왕자웨 이, 두치펑(두기봉[杜琪峰]), 허우샤오시엔, 에드워드 양, 차이밍량 등 홍콩 과 대만 감독들의 접합 지점을 논하려 한다. 거의 비슷한 시기에 전성기를 맞이한 이 감독들은 오즈의 소중한 아이들이다.

이 글은 길이 관계상, 아시아적 영화 공간이라는 개념을 설명하며 왕 자웨이의 영화들에 집중해야 할 듯하다. 내가 보기에 왕자웨이는 보드웰 이 오즈를 가리켜 "독특한" 스타일이라고 칭했던 바의 동시대적 사례다. 기본적으로 왕자웨이의 미학이란 조각조각 나뉜 데코파주(decoupage), 즉 360도 공간 내에서 흔들거리는 화면이나 매우 정밀하게 짜인 촬영 시 스템에 기초한다. 이러한 종류의 독특함이 오즈가 앞서 만들어낸 스타일 의 모던한—또한 포스트모던한—후계자로서 특히 아시아적으로 보이는 스타일인 것이다. 그러나 내가 왕자웨이를 선택한 것은 그야말로 오즈의 진정한 후계자라 생각하기 때문이다. 나의 이런 생각은 왕자웨이에 대한 일반적인 견해와는 거의 정반대에 위치할 것이다. 보통 허우샤오시엔이 오즈의 수제자라 불리며, 많은 측면에서 그것이 사실이지만 내게 허우샤 오시엔의 스타일은 오즈보다 훨씬 엄격해서 어떤 면에서는 다른 종류의 것처럼 보이는 롱테이크를 가리킨다. 세밀한 데코파주로 이루어진 오즈의 스타일은 보드웰이 분석하듯 평균 숏의 길이가 몇 분씩 지속되는 롱테이 크보다는 짧게 몇 초간 지속될 뿐이다. 반면 왕자웨이의 촬영 스타일은 물 론 오즈보다는 훨씬 폭이 넓긴 하나, 세밀하게 조각난 데코파주로 이루어 져 있다. 왕자웨이 역시 롱테이크를 좋아하긴 하지만, 나는 근대성에 대항하거나 그 근대성에 대해 무언가를 말하기 위해, 또한 360도 공간에서의 촬영이라는 양식적 측면을 부각하기 위해 오즈와의 공통점에 주목하기로 한다. 여기서 360도 공간이란, 보드웰에 따르자면 오즈가 앞서 사용한 것이다. 왕자웨이는 영화가 만들어지는 영화 산업의 외적/내적 규준을 흩뜨려놓기 위해 과도하게 자의식적인 서술 시스템으로 공간을 활용하는데, 이 점에서 그와 오즈는 공통점을 지닌다.

왕자웨이가 공간을 활용하는 방식은 오즈와 같다. 즉 매우 세밀하게 조각내며 과도하다는 뜻에서 그러하다. 오즈의 독특함은 "그 스스로 캐릭터의 행동과 욕망에 전적으로 종속되지는 않는 내레이션을 끼워 넣는"(David Bordwell, 79) 비인칭적 거리 두기라는 근대적 사고에 기반해 있다. 왕자웨이에게 공간은 양식적이고 객관적인 요소라기보다는 캐릭터의 행동과 욕망의 감성적이고 정동적인 해석이 된다. 그의 영화에서 배우들은 스스로 카메라와 그 움직임의 공간적 정언을 결정하는 감정의 보관소가 된다. 캐릭터의 고뇌와 거의 병적인 감정 때문에 해당 신에 필수적인 것처럼 보이는 변덕스럽고 갑작스러운 점프컷 시스템처럼. 보드웰은 오즈의 스타일이 "억지로 감정을 숨기고, 드라마틱한 요소를 버리며, 슬픈 캐릭터를 보여주는 것"(David Bordwel, 35)이라고 말하는데, 이러한 스타일은 오즈의 공간 활용 때문에 만들어진다. 그러나 왕자웨이의 스타일은 감정과 정서에 따라 움직이는 듯하다. 즉 일종의 순수 감정의 드라마인 것이다. 그의 캐릭터들은 슬픔을 전적으로 외부로 표현해낸다. 〈2046〉의 여성 캐릭터들은 모두 눈물을 흘린다. 그냥 눈물을 흘리는 정도가 아니라, 쏟아낸다. 그래서 여성 캐릭터들에 비해 말수도 적고 경직된 듯 보이는 경찰 역할의 류더화(劉德華)나(《아비정전》) 작가 역할의 량차오웨이(梁朝偉)(〈2046〉)가 나오더라도 그의 영화는 가장 정서적이고 낭만적인 영화가 되는 것이다. 그래서 왕자웨이를 비난하는 사람들이 그의 영화에서 어째서 아무것도 느끼지 못한다고 말하는지 내게는 미스터리인 것이다. 추측해보건대 왕자웨이에 대한 비판자들은 모던영화에 대해 일종의 거리감을 두고 있는 듯하다. (오즈도 물론 그러한 경향의 모델일 수 있을 것이다. 로베르 브레송, 칼 드레이어, 미켈란젤로 안토니오니 등의 감독들과 같이 말이다.) 그 평론가들이 왕자웨이의 시공간 서사성의 패턴에 당황하여, 그의 공간 활용과 그로부터 만들어지는 감정 사이를 연결하지 못하는 것인지도 모른다. 왕자웨이에게는 보통 (몇 가지 의미를 지닐) 포스트모던 감독이라는 꼬리표가 붙는다. 이 글에서는 왕자웨이 영화의 360도 공간 촬영이 보여주는 의식적 파격에 집중하여, 그러한 방식이 영화제작 방식의 규준에 도전하는 모습을 보여줄 것이다. 왕자웨이의 포스트모더니티는 영화가 내재적/외재적 규준에 도전하는 것 이상을 의미한다. 이는 왕자웨이에 대한 비평의 소외를 설명하는 것이기도 하다.

포스트모던한 로맨티스트인 왕자웨이의 특성은 그가 영화에서 사용하는 공간을 통해 증명되는데, 그 공간이란 말하자면 형식적 거리 두기 효과가 아니라 그 행위의 일부이기 때문에 매우 추상적이다. 사실 왕자웨이는 거리를 분모로 하는 오즈적 효과들을, 즉 오즈의 영화에서 '필로우 숏'으로 분류되거나 '텅 빈 숏'이라 불리는 공간 숏들을 다시 써냈다고 말할 수 있다. 이러한 숏들은 허우샤오시엔의 영화에서도 많이 등장하여 캐릭터의 멜랑콜리와 슬픔을 표현하는 선적, 명상적인 분위기를 만들어낸다. 그러한 숏들은 흔히 신들 사이에서 나타나는 이행적인 형태인 경우가 많다. 예컨대, 에드워드 브래니건이 지적했다시피, 그것은 캐릭터의 공간이 아니며("이행의 순간에 캐릭터는 거의 등장하지 않는다(Edward Branigan, 1976: 76)"), 따라서 필수적이라기보다는 장식적인 것처럼 보인다. 물론 보드웰은 이러한 견해에 반대하여, 그러한 숏들이 "고전적 영화에서 정의한 기본 기능, 즉 캐릭터와는 독립적으로 공간적 구성을 강조하는 것에 조응하며, 오즈의 작업에 특이하게 나타나는 강력한 내재적 규준을 만들어 낸다(Bordwel, 103)"고 주장한다(브래니건은 그 숏들에 대해 이렇게 말한 다. 그 숏들이 거기서 행하는 기능은 "내러티브 내부로 침입해 들어가는 공간"을 보여주며, 오즈에게 있어 그 이동은 관객에게 "순전히 공간적 경험"이라는 것이다[Branigan, 82]). 보드웰에 따르면, 또한 이행의 공간은 "지나치게 자의식적인 내레이션을 체화하는 공간적 조직에 대한(Bordwell, 103)" 오즈의 관심을 반영하는 것이기도 하다. 왕자웨이 역시 바로 이와 동일한 관심을 공유하지만, 그의 영화에는 '형식적이며 이행적인 실체로서의 필로우 숏'(공간으로서의 공간)이 훨씬 적다. 또한 왕자웨이 영화에는 상당히 자주 빈 공간을 담은 숏들이 등장하지만, 그 숏들은 신 사이의 숏으로서 '필로우 효과'를 가져오는 것이 아니라, 드라마가 진행되는 신들 내부에 배치된다. 왕자웨이의 공간은 형식적 특질로 거리라는 특성을 가지고 있는 것이다. 그 공간은 이행적 공간이 아니라, 원칙적으로 인간의 감정과 같이 원칙적으로는 보편적이지만, 감독의 접근 방식에 따라 그 활용법이 독특해지는 다른 특성으로 유기적으로 연결된 공간이다. 신의 감정적 내용 중 일부인 왕자웨이의 공간에 대해서는 〈2046〉의 몇몇 프레임을 가지고 설명하기로 한다. 이 신에서 초우모완(량차오웨이 분)은 바이링(장쯔이 분)을 이제 지겨울 만큼 알았다고 생각하고, 그들은 2046호에서 함께 원한에 사무친 신을 펼쳐 보인다. 영화의 제목 '2046'은 그 자체로 공간적 정서를 나타내는 표식인데, 지금 논하려 하는 신 역시 공간적 미장센을 통해 멜로드라마적 감정을 펼쳐 보이는 고전적 장면이다(배우들의 감정이 그들을 이끌 때, 그 공간 안에서 움직여 자리 잡는 배우들만큼이나, 그 공간 역시 조명과 편집을 통해 연출되고 양식화된 것이다).

스크린에서 상영되는 이 신을 보는 관객들은 어떤 공간적 무정향을 느끼지 않을 수 없을 것이다. 이 무정향은, 신이 진행될 때 시선 일치와 캐

장쯔이가 량차오웨이와 사귈 수도 있다는 뜻을 대
화로 전한다.

이 둘의 대화 장면에서 량차오웨이가 장쯔이에게
오버-더-숄더 숏으로 돌아섰을 때, 왕자웨이는
주인공의 시선에 맞춰 어깨 너머의 전통적인 숏-
리버스 숏으로 편집한다. 이때 180도의 가상선은
지켜지고 있는 듯이 보인다.
앞의 장면에 이어, 장쯔이를 바라보는 량차오웨이
로 숏이 넘어온 순간, 장쯔이는 갑자기 화면 오른
쪽으로 가상선을 가로질러 움직인다(할리우드의
전통적 영화 문법에서는 금지된 숏이다).

화면은 다시 그의 어깨 너머로 장쯔이를 비춘다.

그리고 다시 량차오웨이 쪽에서 어깨를 걸고 장쯔이를 비춘다. 가상선은 그 본래의 위치로부터 90도 정도 화면 우측에서 좌측으로 이동한 것이다(위의 두 번째 숏을 비교하라). 그리고 이 순간 캐릭터들에 대한 우리의 시각적 일치가 탈구되는 효과를 생산한다. 이는 량차오웨이와 장쯔이 사이의 관계에 내재한 부서지기 쉬움을 강조하고, 그들의 이별을 미리 그려내며, 그들 사이에 자라나는 공간-감정적 거리감을 효과적으로 비추고 있다.

다음 숏에서 량차오웨이는 장쯔이로부터 화면 왼쪽으로 빠져나가며, 이 두 주인공 사이의 골이 강조된다.

그리고 량차오웨이가 스크린 오른쪽에서 프레임 아웃될 때, 그가 오른쪽으로 프레임 아웃되는 모습을 바라보는 장쯔이를 보여준다.

그 다음 숏에서, 량차오웨이는 스크린 왼쪽에서, 스크린 바깥에 있는 장쯔이를 바라보고 있다. 여기서 스크린 오른쪽의 빈 공간을 주목하라. 량차오웨이가 장쯔이를 바라보는 것이지만, 이때 그는 관객에게 마치 거대한 텅 빈 공간을 바라보고 있는 듯이 보인다.

그리고 이때 장쯔이는 스크린 오른쪽에 위치한 채, 스크린 바깥 오른쪽에 위치한 그를 바라보고 있다(역시, 스크린 왼쪽의 빈 공간을 주목할 것). 이 두 주인공은 서로 시선을 피하는 듯, 서로 간의 골을 보여주며 대화를 나누고 있다. 이 숏들에서 180도 규칙에 관련한 모든 것은 무효가 된다.

이 연인이 그 둘을 나누는 거대한 빈 공간 너머로 대화를 나눌 때, 이 로맨스의 결말은 왕자웨이의 공간적 미장센을 통해 효과적으로 묘사되고 있는 것이다.

이 신에서는 양식화된 이 신의 공간적 존재로 등장한 두 연인 사이를 떼어놓는 골을 계속 보여주며, 결국 장쯔이가 그만 관계를 정리하기로 마음 먹을 때까지 지속한다.

왕자웨이는 마지막 이별의 제스처를 잡기 위해 전통적인 180도 오버-더-숄더 숏으로 쏜살같이 돌아오고, 장쯔이는 화면 밖으로 걸어나간다.

장쯔이는 그러다 량차오웨이에게 돌아와 그의 얼굴을 바라본다. 여기서 숏은 투 숏으로 찍혀 있는데, 이 신 내내 이렇게 둘이 함께 잡혀 있는 경우는 매우 드물다.

그렇지만 바로 그 순간, 다시 연인 사이의 골을 강조한다. 장쯔이는 스크린 오른쪽 바깥에 있는 량차오웨이를 보며, 자신이 그동안 그를 샀던 것임을 강조하며 이후 어떤 의무도 없음을 말하기 위해 돈을 건넨다. 량차오웨이는 스크린 왼쪽에서, 장쯔이가 앞의 숏, 스크린 오른쪽에서 건네준 돈을 손에 쥔 채 서 있다. 스크린 왼쪽으로 사라져가자 장쯔이의 모습이 흐릿해진다.

다음 장면에서 량차오웨이는 스크린 오른쪽의 장쯔이를 붙잡고, 화면은 그의 정면 숏을 보여준다.

그들이 공간적으로 근접한 짧은 순간, 두 사람은 가시 돋힌 말을 나누고, 화면은 마치 두 주인공을 바로 위 숏의 정반대 방향, 스크린 오른쪽에 위치한 듯이 보여주고 있다.

이어지는 두 인물의 클로즈 투–숏은 이전의 다정한 모습을 보여주는 듯하나, 장쯔이가 량차오웨이로부터 마침내 떨어져 나오면서, 관계의 파괴를 강조할 뿐이다.

장쯔이는 스크린 왼쪽으로 퇴장한다.

량차오웨이는 스크린 오른쪽에서 장쯔이를 바라본다. 이 숏에서 양쪽 프레임 끝에 위치한 두 캐릭터는 그 둘 사이의 공간적 거리와, 두 연인을 은유적으로 떨어뜨려놓은 마지막 숏에서의 빈 공간을 강조한다. 따라서 이 신에서는 공간적 의미론이 작동하고 있다고 할 수 있다.

릭터와 관객의 동화를 강제하는 180도 규칙과 가상선을 무시하여 연출되었기 때문이다(180도선은 할리우드 영화에서 행위의 축이 되며, 연기자들은 이 180도 규칙의 가상선을 넘지 않도록 요구받는다. 이는 세계 영화 산업에서 받아들여지는 표준이어서, 대부분의 영화감독들은 180도 규칙에 집착하고 가상선을 넘지 않도록 무척 신경 쓴다. 이는 영화학교 학생들이 배우는 첫 번째 규칙 중 하나이기도 하다). 왕자웨이는 의도적으로 공간을 비관습적으로 사용하는데, 이러한 그의 방법론을 영화학교에서 가르치는 것은 거의 불가능하다(사실, 그의 영화작업 스타일을 생각해보라. 스크립트 없는 촬영, 즉흥연출, 시간 잡아먹기 등은 결코 영화학교에서 가르칠 수 있을 만한 것이 아니다). 그러한 이유에서, 오즈의 방법론 또한 교육할 수 있는 것이 아닌데, 오즈와 왕자웨이의 방법론이 독특한데다 보편적이지도 않기 때문이다.

오즈와 왕자웨이 모두 로맨스 장르의 멜로드라마주의자들이며(오즈는 특히 가족 로맨스의 영역에서 그러하다), 보편적 소재로 정감의 문제를 다룬다. 이들이 정감을 묘사하는 것은 각 경우마다 다른데, 내가 아시아적 영화 공간을 말할 때 주장하는 바는 이 감독들을 독특하게 만드는 것은 공간적 미장센, 즉 쉽게 복제할 수 없으며 동시대 할리우드 영화에서는 거의 찾아볼 수 없는 연출 스타일과 형식을 통한 정감의 묘사에 있다는 것이다(아마 이는 할리우드 감독들이 할리우드 기준을 비웃으리라고 기대하기 힘들기 때문일 것이다. 또한 왕자웨이와 같은 감독이 이미 보도된 바처럼 차기작을 할리우드에서 만들 때 어떻게 그곳에 적응할 것인지 흥미로워지는 지점이다. 〔이 글이 씌어진 이듬해인 2007년 왕자웨이는 할리우드에서 〈마이 블루베리 나이츠〉를 만들었다―역주〕).

왕자웨이의 독특함은 그 장면의 정감과 멜로드라마가 입혀진 공간을 평면법적(planimetric)으로 사용하는 데서 더욱 두드러진다고 할 수 있을 것이다. 'planimetric'은 보드웰의 용어로, 중국 감독들이 "일련의 평행한 평면들로"(David Bordwell, 2005: 150) 깊이를 나타내는 평면적, 환영적 표면 위에 캐릭터나 다수의 캐릭터를 보여주는 방식으로 공간을 추상적이거나 유사–추상적으로 구성하는 경향이 있음을 예시하며 고안한 것이다. 이러한 평면법적 구성 때문에 왕자웨이 영화의 공간 활용은 매우 추상적인데, 이 공간 추상은 오즈의 비인간중심적 공간의 특징에 가깝다기보다는 공간과 정감을 등치시키려 하는 데 기반한다고 할 수 있을 것이다. 오즈의 비인칭적인 공간 숏들은, 그 숏들이 스토리 구성에 종속되어 있지 않는 한 그러하다. 다시 말해, 그 숏들은 스스로 미학적 감수성이 되어 캐릭터나 관객의 감정에 영향을 준다기보다, 외부에서 연출된 무엇이 되는 것이다. 오즈의 스타일은 훨씬 우아하고 엄밀하지만, 그의 형식은 제의적이며 지나치게 도식적인 듯 보인다. 반면 왕자웨이의 공간은 내적 연출된 공간으로서 일종의 의식의 흐름과 같은 방식으로 시적이며 문학적인 특성을 띤다(내가 왕자웨이를 두고, 오늘날 영화작업을 하는 감독들 가운데 가장 문학적인 감독이라고 부르는 데는 이유가 있다). 그리고 그의 (그렇게 부를 수 있다면) 시각–문학적(visual literary) 스타일은 훨씬 덜 정제되어 있고, 더 자의적이며, 총체적으로 보아 절연되어 있는 듯 보인다. 이렇게 내적 연출된 문학성은 폴 윌먼이 영화의 내적 발화의 문제라 부른 것, 즉 어휘나 내뱉어진 말이나 쓰인 말보다는 "상위의 구조"를 구성하는 발화의 순수 시각적 형식(Paul Willemen, 27~55)과 유사하다.

이제 이 "내적 발화"의 개념을 〈화양연화〉의 계단 신들을 통해 설명할 것이다. 이 신에서 왕자웨이는 이접적인(혹은 지나치게 거칠다고 말하는 이도 있을) 점프 컷들을 통해 공간에 상응하는 요소가 시간임을 나타낸다. 왕자웨이의 연출을 통해 (혹은 그의 영화를 편집하는 윌리엄 챙의 손길을 통해) 점프 컷은 량차오웨이를 만나러 호텔에 가는 장만위(張曼玉)의 복잡한 감정을 묘사하는 문학적–시적 '언어'가 되어, (그 신이 공간을 극화시키는

사무실에 있는 장만위가, 호텔에서 만나자는 량차
오웨이의 전화를 받는다.

다음 숏에서, 호텔로 가는 택시 안에 있는 장만위
가 보인다. 그녀는 스크린 바깥의 무언가를 바라
보는데, 불륜에 대한 불안이 엿보인다.

그리고 점프 컷이 나온다. 장만위는 불안을 가라
앉히려는 듯, 혹은 량차오웨이와 관계를 맺을 것
이라는 사실에 따르려는 듯 눈길을 아래에 둔다.

그리고 곧바로 계단이 비춰진다. 장만위는 계단을
오르고, 그녀의 구두 소리만이 또렷이 들려온다.

이어 계단을 오르는 장만위의 모습이 연속적인 점
프 컷들로 보인다.

그러다가 계단을 내려오고,

다시 올라가고,

계단의 난간에서 잠시 멈추어 섰다가,

난간에서 웅크리고 2046호실로 가야 할 것인지 고민한다. 여기서 그녀의 정신적 고통을 상징하고 있는 벽지의 패턴에 주목하자.

다음의 복도 숏에서 장만위는 량차오웨이의 방으로 향하는데, 여기서 바닥의 사각형 패턴들은 그녀를 앞으로 이끄는 듯하다.

량차오웨이의 방에 거의 다다른 장만위.

그러나 다음 컷에서 장만위는 뒤돌아 나간다.

계단으로 향하는 복도를 따라 점점 멀어져 간다 (여기서 바닥 패턴들은 그녀가 왔던 곳으로 다시 돌아가도록 이끄는 듯하다).

다시 계단을 내려가는 장만위가 점프 컷으로 보인다.

여기서 라운지 소파에 앉았다가 일어나는 점프 컷이 있는데, 왕자웨이는 계속되는 움직임을 통해 장만위의 불안함을 강조하려는 듯 일부러 시간 순서를 헝클어놓는다. 벽지의 패턴은 그녀가 끊임없이 돌아다니는 그 초현실적인 환경과 공간에 대한 표식이 된다.

이제 떠날 결심을 한 듯, 계단을 내려간다.

여기서 점프 컷은 계단을 타고 로비로 내려가는 장만위를 보여주며, 그녀의 결심을 다시금 강조하는 듯하다. 여기까지 망설이다, 계단을 오르고, 또 내려가고, 2046호실로 다가서다 다시금 되돌아나오는 장만위를 보여주는 점프 컷들은 그 끊임없는 운동감을 강조한다.

다음 점프 컷에서 방 안에서 장만위가 노크하며 들어오기를 불안하게 기다리고 있는 량차오웨이가 보인다. 이 신은 정지된 듯, 또 성적 기대감으로 차분하게 내려앉아 있다. 노크 소리가 들리고, 그는 안도의 숨을 내쉰다.

다시 점프 컷으로 복도가 보이고, 2046호실에서 나오는 장만위가 보인다.

장만위의 롱 숏은 문 옆에 선 채 카메라를 향해 말하는 량차오웨이의 클로즈업(따라서 카메라의 위치는 장만위의 시선이 된다)과 대비된다.

그러나 다시 장만위를 비췄을 때, 우리가 보는 그
녀는 량차오웨이의 시점에서가 아니라, 측면에서
이다. 여기서 측면 앵글은 그녀의 대사 "우리가
그 사람들처럼 될 수는 없지요"와 함께 장만위와
량차오웨이 사이의 거리감을 강조한다. 이는 장만
위가 량차오웨이와 관계를 맺지 않을 것이고, 두
사람은 각각 바람을 피우고 있는 그들의 배우자들
처럼 될 수는 없음을 말하는 것이다.

량차오웨이의 시점으로 장만위가 걸어나가는 모
습을 보여주는 이 숏에서 거리는 더욱 벌어진다.

이어 량차오웨이는 문을 닫는다.

장만위는 복도로 걸어 내려가, 호텔을 떠난다.

동시에 잘라낸다는 점에서) 공간을 바깥으로 드러내면서도 억누르게 된다.

앞의 계단 신은 폴 윌먼이 정의한 내적 발화의 고전적 공식화인 듯하다. 폴 윌먼은 다음과 같이 말한다.

> 내적 발화란 텍스트, 주체, 사회적인 층위 사이의 접합제가 된다. 그래서 내적 발화라는 개념은 텍스트와 주체의 변증법 사이에, 주체 생산에 대해 다르게 생각할 수 있는 가능성을 열면서 또 다른 담론을 삽입한다. 텍스트의 결과인 주체 생산, 즉 의미론적 층위에서 일정한 관계들의 기표의 연쇄로 정의된 주체 생산은 내적 발화, 즉 그 자체로 특정 시기, 특정 장소에서 특정 '개인'을 생산하는 데 결합하는 사회적인 층위와 정신분석적 역사들에 의해 결정되는 담론적 과정으로서의 내적 발화를 필연적으로 거친다(Willemen, 42).

왕자웨이가 내적 발화를 활용하는 독특한 방법론은 공간적 의미론의 절합, 즉 "전적으로 구술적 은유에 의존하는"(Boris Eikhenbaum) 영화적 은유이다. 앞서 살펴본 〈화양연화〉의 계단 신과 〈2046〉의 대화 신은 왕자웨이 영화가 어떤 공간감을 지니는지 보여주는 예이다. 비록 앞의 두 신에서 묘사된 공간이 360도라는 것이 확연히 드러나지 않을 수도 있으나, 나는 이 공간감을 360도 공간이라 부를 것이다. 왕자웨이가 즐겨 사용하는 점프 커팅 때문에 공간이 왜곡되었거나, 비대칭적으로(아니, 사실 반대칭적으로) 보이는 것은 사실이다. 그러나 점프 컷은 360도 공간을 불러들이는 데 편리한 기술이다. 그것은 360도 공간 시퀀스를 편집할 수 있는 방법이기 때문이다(브라이언 헨더슨은 이를 미장센 커팅, 롱 테이크에서의 내적-시퀀스 커팅이라 부른다[Brian Henderson, 1976: 314~324]). 헨더슨에 따르면 롱 테이크 스타일은 "어떤 조합으로든 필연적으로 롱테이크와 편집을 조합"하며, 그러한 편집은 "롱테이크 그 자체만큼이나 롱테이크 시퀀스에 있어 필수적인 요소"(Brian Henderson, 316)이다.

헨더슨이 360도 공간이라는 용어를 사용하지는 않으나, 롱테이크는 사실 360도 공간에 대한 표식이며, "내적－시퀀스 컷"이라는 용어는 왕자웨이의 점프 컷을 잘 설명해주는 개념이다. 헨더슨은 이렇게 말한다.

> 내적－시퀀스 컷은 시퀀스의 리듬을 끊고, 그 시퀀스를 다른 원리에 재연결시킨다. 이는 시퀀스 리듬에서 말하자면 배우와 카메라의 배치/운동의 시퀀스 리듬에서 점프하거나 도약하는 것이다. 이것은 그 자체로 몽타주 시퀀스와 같이 리듬을 이끌어내는 요소가 아니다. 내적－시퀀스 컷은 시퀀스의 리듬을 이끌어내는 요소들, 다시 말해 배우-위치, 카메라－배치, 미장센 등에 감정적 영향을 준다(Brian Henderson, 319).

왕자웨이는 가상선을 넘고, 360도 공간을 혹은 시간을 점프 컷 하면서 (《화양연화》에서 더 확연하게 보이듯) 리드미컬한 탈구의 느낌을 만들어낸다. 그는 또한 시점으로부터도 점프 컷 한다. 예컨대, 노크 소리를 초조하게 기다리며 2046호실 안에 있는 량차오웨이의 클로즈 미디엄 숏이나 클로즈업에서 텅 빈 복도의 롱 숏으로 점프 컷 하는 것이다. 이 신은 노크를 기다리는 량차오웨이의 기대가 충족되지 않았다는 인상을 거짓으로 주어 시간과 공간을 섞어놓지만, 사실 그의 기대는 이미 시간 속에서 지나갔다. 이 테크닉은 일부러 숏들을 미스 매치시켜놓고서, 관객들에게 그 장소나 세트의 구조를 알아차리지 못하게 한다. 그래서 공간은 매우 추상적이 되는 것이다.

이러한 공간의 추상, 혹은 왕자웨이 같은 감독이 어느 시점에서나 촬영하고 180도를 넘어 점프하는 자유는 360도의 공간감을 드러내어 가상선의 개념을 와해시킨다. 이는 180도 선이 더 이상 존재하지 않으며, 공간의 어느 지점에서든 점프 컷 할 수 있음을 의미한다. 이는 외견상 조악해 보이며 원시적인 영화촬영 형식이어서 누군가는 내가 고른 두 가지 예를 들어 무성영화 시절이나 노엘 버치가 "원시적 재현 양식"(Noël Burch, 1990: 220~227)이라 부른 형태로 돌아간 듯 매우 세련되지 못한 영화라고 주장할 수도 있을 것이다. 그러나 360도 촬영에 기초한 왕자웨이의 공간 미장센은 고전적이라고 불릴 모든 영화제작 양식에 대한 도전이다. 360도 촬영 공간은 왕자웨이 같은 감독만이 들어설 수 있으며, 발화된 언어를 통한 내레이션을 언급하지 않고 관객들의 고전적 선형성(linearity)과 연속성에 대한 감각을 탈구시킬 수 있는 영속적인 급진 공간인 것이다.

스티븐 히스가 〈서사 공간(Narrative Space)〉에서 오즈를 두고 급진적이라고 부른 것은 그가 "자율성의 개념, 그 자체로 명확히, 또한 이전에도 앞으로도 존재하는 공간에 기초한 공간의 현존을 그려냈기 때문이다. 이는 표면과 장소, 스크린과 프레임, 영화의 경계와 내러티브의 경계 사이의 긴장을 탐구하는 한 그러하다."(Stephen Heath, 1976: 65~112) 이 설명은 왕자웨이의 영화에 대해서도 완벽히 들어맞는 묘사가 된다. 왕자웨이가 전개하는 360도 촬영 공간과, 그 공간에서 다중 시점으로 제시되는 점프 컷 사용은 "표면과 장소, 스크린과 프레임, 영화의 경계와 내러티브의 경계 사이의" 긴장을 탐구하여 공간의 자율성을 드러내는 예가 되는 것이다. 이는 많은 평자들이 오즈의 적자로 칭해온 허우샤오시엔의 경우에도 역시 완벽한 설명이 되는데, 내가 앞서 언급했듯이 허우샤오시엔의 스타일이 오즈보다 훨씬 엄격하긴 하나, 그와 오즈 사이의 평행선은 상당히 가깝다. 현재, 오즈는 모던하면서도 좀 더 고전적인 듯 보이고(고전적 근대), 허우샤오시엔이나 왕자웨이 같은 감독들은 오즈가 고전적 근대라는 의미에서 포스트모던하다고 평가된다. 그들은 모두 같은 공간 안에서 촬영한 듯, 오즈가 앞서 촬영했던 360도 공간에 기반한 세밀한 데코파주 체계를 바꾸고 형태 변화시키는 과정을 통해 자신들의 목적에 들어맞는 공간적 자율성의 개념을 효과적으로 개발해왔다.

결론

이 글에서는 왕자웨이만을 예로 들었으나, 그러한 종류의 독특함을 왕자웨이만 만들어내는 것은 아니라는 의미에서 우리는 운이 좋다고 할 수 있다. 그가 그려낸 내러티브의 시공간 패턴으로 정의되는 독특함은 허우샤오시엔, 에드워드 양, 차이밍량 등 다른 감독들의 작품에서도 다른 형식의 360도 공간 영화제작에 반복되고 있다. 그리고 나는 거기에 360도 공간에서 액션 필름(혹은 액션 시퀀스)을 만들어낸다는 점에서 더욱 특별하다고 할 수 있는 두치펑을 추가하고 싶다. 이 감독들은 모두 오즈의 아이들이지만, 전적으로 순종적인 아이들은 아니었다. 오즈가 내적·외적 규준 모두에 도전해 자신의 독특함을 만들어내었듯, 그의 스타일을 물려받은 감독들은 자신들의 영화작업에 작용하는 로컬과 글로벌 사이의 상호작용하는 힘들과 다른 내셔널 시네마들(특히 일본 영화는 커다란 영향을 주었다 할 수 있다), 자신이 함께 작업해야 하는 각각의 로컬 시네마들과 할리우드라는 역사적 유산에 기초하여 자신들만의 독특함을 만들어내고 있다. 오즈의 내적 규준은 다른 누구도 완벽하게 복제할 수 없는 것이다. 결국 규범들이 독특하다면 그것은 오즈에게만 그러한 것이며, 만일 규범들이 오즈의 아이들에게 전하고 흡수된다면, 그 규범들은 오즈가 그의 시대의 규준들을 탈중심화시켰듯이 그 아이들이 탈중심화되어야 할 것이다. 나는 360도 공간이란 보드웰이 지적했듯이(Bordwell, 1988: 102) 열려 있고 전지적인 공간이며, 이 공간 안에 위치할 때 카메라는 편재할 수 있다고 생각한다. 오즈의 아이들인 모든 감독들은 이 공간 내에서 자신만의 관점을 가지고 변주를 만들어내는 것이다. 그들 자신의 비전, 능력, 관심을 가지고서 한계 내에서 작업하는 것이다. 어떤 감독도 영화 내내 360도 패닝을 하지 않고서야 360도 전부를 완벽히 담아낼 수는 없는 일이다. 이는 서사 영화에서 공간을 전시하는 방식으로는 바람직하지도 실용적이지도 않다.

마지막으로, 오즈와 왕자웨이의 기본적 차이는 정서적 공간의 차이에 있으며, 비록 왕자웨이가 오즈처럼 끊임없이 장르에 대한 기대를 탈중심화하지만, 그의 정서는 매우 멜로드라마적인 것이라고 말하며 끝맺으려 한다. 결국, 정서적 공간이란 우리의 기대를 탈중심화하려는 그의 내러티브 전략인 것이다. 왕자웨이의 전략은 그리하여 (왕자웨이의 영화를 비난하는 관객들이 불편해하듯) 그의 영화를 완벽히 소외된 영화로 보는 데서 벗어나게 해줄 것이다. 그러나 그러한 소외는 우리 삶의 복잡한 결과 맥락에, 우리가 사는 도시에 묶여 있는 로맨틱한 정서를 승화시킬 수 없도록 가로막는 포스트모던한 도시의 겉모습 아래 존재하는 포스트모더니티의 환상이라 말하고 싶다. 왕자웨이의 공간적 정서는 그 도시에 사는 시민들의 복잡한 결들은 물론이고, 그 역사적 상황에 따라서도 변화 가능성이 있는 도시를 강조한다. 또한 그가 (방콕, 상하이, 홍콩, 마닐라, 마카오, 타이베이 등) 아시아의 도시들을 돌며 영화를 촬영해왔다는 사실은, 진정 그를 영화적 공간을 다루는 아시아의 예술가로 꼽을 수 있게 만드는 또 하나의 기준이 될 것이다.

전민성(한국예술종합학교 영상원 강사) 옮김

한류 전야

양인실 | 교토대학 인문과학연구소 특별연구원

한국과 일본이 식민지와 피식민지라는 관계를 끝내고 외교적으로
관계를 맺은 1965년 이후 아주 빠른 시기에 한국영화가 일본에 소
개되었고 1980년대 이후에는 한국 붐이라는 단어가 화제가 되었
다. 나중에 다시 말하겠지만 이 시기 일본에 소개된 한국 대중문화
는 아주 정치적인 것들이었다. 그리고 이 정치적 의도에 의해 소개
된 대중문화들은 젠더와 깊은 관련이 있었다.

한류라는 말이 어색할 정도로 이제는 일본인의
일상생활에 한국 대중문화가 무섭게 침투되어 있는 것 같다. 일본의 영화나
텔레비전 드라마에서 게스트에 불과했던 한류 스타들은 이제 영화의 주인공
이 되고 드라마의 주요 인물로 등장한다. 김치찌개나 불고기 정도밖에 몰랐던
일본인들의 식탁 위에 삼계탕이나 구절판이 등장했다. 이제 한류는 유행을 넘
어 일본의 한 부분을 차지하고 있다. 그리고 일본의 한 부분을 차지하고 있는
그것들은 한국에서 발생했지만 이미 한국이란 국적을 떠나버린 무국적 문화
로 일본 내에 자리 잡아가고 있다. 한류라는 말 대신 이 새로운 현상을 설명해
야 하는 새로운 단어가 필요하게 된 것이다.

그러나 내가 지금부터 발표하려는 것은 과거에 일어났던, 그러니까
지금처럼 한류가 일본에서 대중적으로 쓰이기 전에 소개된 한국 대중문화
에 관한 것이다. 한국과 일본이 식민지와 피식민지라는 관계를 끝내고 외
교적으로 관계를 맺은 1965년 이후 재빠르게 한국영화가 일본에 소개되
었고 1980년대 이후에는 한국 붐이라는 단어가 화제가 되었다. 나중에 다
시 말하겠지만 이 시기 일본에 소개된 한국 대중문화는 아주 정치적인 것
들이었다. 그리고 이 정치적 의도에 의해 소개된 대중문화들은 젠더와 깊
은 관련이 있었다. 여기서는 1960년대와 1980년대에 한국의 영상물들
이 어떤 방식으로 소개되었는지, 관련 영상들과 콘텍스트를 중심으로 살
펴보도록 하겠다.

일본에 처음으로 수입된 한국영화

2007년 2월 일본의 저명한 소설가 에미야 다카유키(江宮隆之)가 《엄마》라는 논픽션소설을 출판했다. 그 이전에도 《백자의 사람》[1]이나 《사야카》라는 소설을 통해 한국에 관심을 가져온 에미야가 한국에서 고아들을 돌보던 한 일본 여성에 관심을 가지게 되었고 그녀의 일생을 소설로 만든 것이다. 그러나 이미 40년 전에 이 일본 여성의 자필 수기를 기초로 한 영화가 한국에서 제작되었는데, 이 영화는 일본에 수입된 최초의 장편 한국영화 중 하나였다.

한국과 일본이 정식으로 외교 관계를 맺은 후인 1966년, 한국영화가 처음으로 일본에 수입되었다. 당시 수입된 영화는 〈빨간 마후라〉와 〈이 땅에도 저 별빛을〉이었는데, 내가 여기서 주목하고 싶은 영화는 〈이 땅에도 저 별빛을(The Same Starlight on this land)〉이다. 일본에서 〈사랑은 국경을 넘어서〉[2]라는 제목으로 개봉된 이 영화의 필름은 현재 한국영상자료원과 일본의 고베영화자료관이 한 벌씩 가지고 있다. 영화는 고아를 돌본 일본 여성의 자필수기 《이 애들을 버릴 수 없어(この子らを見捨てられない)》에 기초하고 있다. 김기덕이 감독하고 황정순이 주연을 맡은 이 영화는 한국에서 1965년에 개봉한 후 이듬해인 1966년에 일본에서 개봉되었으니, 일본이 이 영화를 얼마나 주목했었는지 이해가 될 것이다.

이 영화는 한국에서는 인기를 얻지 못했으나 일본에서 주목을 받았고, 여주인공은 지금도 여전히 소설의 주인공으로 등장한다. 일본에서 출판된 나가마츠 가즈(永松かず)에 관한 텍스트는 10권 내외이며 장르도 논픽션부터 소설, 어린이용 동화까지 다양한 형태를 지닌다. 한국에서 그녀는 잊혀진 인물이며 영화도 일본처럼 재상영되지 않았다. 그렇다면 실제로 그녀는 어떤 인물이었을까?

모치즈키 가즈는 1927년 도쿄의 고엔지에서 태어났다. 태어날 때부터 아버지가 없었던 그녀는 4살이 되던 해에 만주로 이민을 가게 된다. 그러나 6살이 되던 해에 어머니가 갑자기 죽고 그녀는 농장에 팔려 가게 된다. 중일전쟁이 발발한 1937년에 10살이 된 모치즈키는 전쟁의 혼란을 틈타 농장에서 도망쳤고, 일본군의 도움을 받아 군에서 일하게 된다. 1941년 16살이 되던 해에 태평양전쟁이 발발하고 만주에서의 삶에 불안을 느낀 그녀는 조선의 성진으로 건너간다. 일본인 식당에서 일하던 그녀는 식당의 손님으로 와 있던 나가마츠 아키라의 도움을 받아 1944년에 그의 양녀로 들어가게 된다. 이에 따라 그녀의 성도 나가마츠로 개명되었다. 나가마츠 가즈가 된 그녀는 생명보험회사의 따이렌 지사에 입사하게 되고 만주와 조선을 왕래하는 생활을 하게 된다. 1945년 8월 일본이 패전한 후 나가마츠는 어머니의 유골을 가지러 만주로 가지만 결국 유골은 찾지 못하고 일본으로 오게 되었다. 1948년 다시 만주로 가기 위해 조선으로 건너간 나가마츠는 서울에서 일하면서 만주로 갈 수 있는 방법을 모색했다. 그러던 중 한국전쟁이 발발하여 북쪽으로 갈 수 없게 된 나가마츠는 그대로 서울에 남게 된다. 어느 날 전쟁으로 부모를 잃은 어린 남자애를 돌보게 된 그녀는 결국 3명의 고아들을 돌보기 시작한다. 얼마 후 서울에 있는 것도 위험하게 되어 피난길에 올랐는데, 천안에서 어느 친절한 할머니가 밥을 나누어 주기도 했다. 그녀는 대전에서 또 다른 2명의 전쟁고아를 만나게 되었고, 결국 5명의 고아들의 엄마가 된다. 부산까지 피난을 간 나가마츠는 부두에서 일하면서 생활하게 되고 그곳에서 항상 도시락을 나눠주는 이씨 아주머니라는 사람과 친해지게 된다. 그러나 이씨 아주머니가 갑자기 죽고 나자, 나가마츠는 이씨 아주머니가 남긴 네 아이들까지 맡게 되어 9명의 생계를 책임지게 되었다. 만주에서 이용사 기술을 배운 그녀는 부산에서 이발소를 열어 생계를 유지했다. 그 사이에 고아들은 17명으로 늘

어났다. 전쟁이 끝나고 다시 서울로 돌아온 나가마츠는 인사동에 이발소를 개업하였고, 밤에는 재봉을 하고 혈액은행에 혈액을 팔며 생활했다. 그 사이에도 고아들은 계속 불어났다. 나가마츠와 친하게 지내던 신문기자들이 신문에 나가마츠의 선행을 보도했고, 그녀는 서울시의 특별 조치로 외국인은 얻을 수 없었던 이발사 자격증도 취득하게 된다. 이때부터 나가마츠는 "사랑의 이발사"로 불리게 되었다. 그녀는 1963년 한국을 방문한 일본의 오노 자민당 부총재를 만나면서 한국과 일본정부의 협조도 얻게 된다. 1964년에는 일본을 방문하였고, NET(현재 텔레비전 아사히)의 〈기지마 노리오 모닝쇼〉라는 프로그램에 출연하면서 자신의 양부였던 나가마츠 아키라와도 재회하게 되었다. 나가마츠는 일본의 텔레비전과 신문을 통해 유명인사가 되었고 일본 적십자사의 도움도 받게 된다. 이어 그녀는 1964년 11월에 서울시민 명예상을 받았고, 1965년 한국에서는 나가마츠를 주인공으로 한 영화도 만들어졌다. 그리고 2년 후인 1967년에는 광복상, 1971년에는 국민훈장인 동백상을 받았으며, 1976년에는 일본의 요시카와 에이지문화상을 수상했다. 한국과 일본을 왕래하며 자신의 원래 성이었던 모치즈키를 찾기 위해 애쓴 그녀는 1982년에 자신의 성을 회복했다. 1983년 뇌일혈로 서울에서 사망한 모치즈키의 마지막 소원은 자신을 후지 산이 보이는 곳에 묻어달라는 것이었다. 그 유언에 따라 모치즈키의 유골은 시즈오카에 안치되었다.

　이처럼 한일 간의 근현대사를 몸으로 체험하는 인생을 살았던 모치즈키는 한류 붐이 일어난 일본에서 또 한 번 소설이란 장르로 재탄생했다. 한국에서 제작된 〈이 땅에도 저 별빛을〉은 그녀의 인생 중에서 한국 할머니의 친절함에 감사하여 한국의 고아들을 돌보게 되었다는 이야기에만 초점을 맞추고 있다. 모치즈키의 인생과 그녀의 수기들은 만주에서 인양된 일본인들의 기억과 한국에서 인양된 일본인들의 기억, 그리고 해방 후 일본으로 돌아가지 못하고 한국에 남아 있었던 일본인 아내들의 기억을 떠올리게 하는 것들이지만, 〈이 땅에도 저 별빛을〉은 모성애라는 테마로 모든 것을 얼버무려버린다. 영화의 줄거리는 다음과 같다. 해방 후에도 일본으로 돌아가지 않고 계속 서울에 사는 나가마츠는 우연히 양씨 할머니를 만나게 된다. 나가마츠는 6살에 고아가 되었는데 그때 임시로 돌봐준 사람이 양씨 할머니였다. 양씨 할머니는 양녀와 5명의 손자들과 함께 가난하게 살고 있었다. 나가마츠는 양씨 할머니를 돕기 위해 우동집을 열지만 무허가라는 이유로 경찰에 끌려간다. 나중에 사정을 들은 경찰서장이 그녀를 풀어주고 경제적 지원도 해준다. 양씨 할머니의 딸이 죽자 나가마츠는 양씨 할머니의 다섯 손자들을 거두어 돌봐주게 된다. 곧 한국전쟁이 일어나고 양씨 할머니는 폭격 속에서 숨을 거둔다. 나가마츠는 전쟁을 피해 남쪽으로 피난을 가던 중 몇 명의 전쟁고아들을 더 돌보게 되고 전쟁 후에 서울로 돌아와 아이들을 계속 돌보지만 극도의 가난에 피곤해진 나머지 자살을 시도하기도 한다. 시간이 지나 아이들은 어느새 학교를 졸업하게 되고, 한 아이가 학교 졸업식에서 졸업생 대표로 답사를 하면서 나가마츠의 이야기가 한국 내에 알려지게 되었다. 여기까지가 영화의 줄거리다.

　이 영화는 만주에서의 기억과 일본에서의 기억, 그리고 식민지 조선에서의 기억을 모두 삭제하고 한국인과 일본인, 그중에서도 모성애를 가진 사람들의 이야기로 나가마츠의 인생을 영상화했다. 재한일본인 또는 식민지 시기에 조선에 살았던 재조일본인의 이야기는 아직 학문적으로나 영상으로 그다지 많이 알려져 있지 않다.[3] 재한일본인, 특히 그중에서도 여성이라는 주제는 한일 관계에서 민감한 부분이며 그만큼 정치적 테마이기도 한 것이다. 〈이 땅에도 저 별빛을〉이라는 한국어 원제와 전혀 다른 일본어 제목 〈사랑은 국경을 넘어〉에서도 알 수 있듯이 정식으로 외교 관계를 맺었다고는 하지만 아직은 껄끄러웠던 두 나라 사이가 공통으로 관

심을 보일 수 있는 테마는 '사랑(모성애)'이었다. 영화가 개봉된 후 일본에서 출판된 나가마츠 관련 책들의 제목에 반드시 '사랑'이란 단어가 들어가는 것도 이런 맥락일 것이다. 에미야 다카유키의 소설에 대해 한국문학 평론가 가와무라 미나토(川村湊)는 다음과 같이 이야기한다. "엄마와 오카짱(お母ちゃん)이란 단어에는 민족과 역사를 넘는 위대한 사랑 이야기가 있다"(《홋카이도신문(北海道新聞)》 2007년 4월 22일자). 만주와 식민지 조선의 일본인들은 지배자였으며 가해자였지만, 젠더적 질서 속에서 여성들은 피해자였으며 피지배자였다. 그렇다면 일본인 여성들의 문제는? 이 복잡한 문제를 피하기 위해 영화는 모성애라는 '보편적' 가치관으로 이야기를 만들어냈고 그 때문에 빨리 일본에 수입될 수 있었다.

〈유미의 일기〉

재한일본인처럼 한국과 일본 사이에 해결되지 못한 부분이 재일조선인이다. 물론 재한일본인과 재일조선인들은 역사적 배경과 출발점이 다르지만, 양국 사이에서 아직 해결되지 못한 부분임에는 틀림없다.

한국에서 재일조선인을 영상화할 때 주로 사용한 테마는 남자들이 주인공인 영상물이었다. 최근에는 민족 차별을 당하고 그 차별을 스포츠라는 형식으로 승화시킨 역도산이나 최배달이 주인공으로 등장했지만, 1980년대에는 다른 시점의 영상물들이 제작되었다. 그리고 이 영상물들은 이미 대중문화의 영역을 떠나버린 영화를 대신하여 텔레비전을 통해 안방에 소개되었다. 여기서는 그중 몇 가지를 살펴보도록 하겠다.

〈11PM〉과 한국

한류란 말이 생기기 전인 1980년대 일본에서 한국 붐이란 단어가 화제가 된 적이 있다. 서울올림픽과 아시안게임 개최로 한국이란 나라에 관심이 모아지면서 일본 미디어도 한국을 화제로 삼은 기사를 내거나 한국 드라마를 내보냈다.

한국 붐의 주역은 가수들과 값싼 한국산 전자제품들이었다. 조용필, 이미자, 계은숙, 김연자로 이어지는 한국 가수들에 대한 일본의 관심은 1980년대의 마지막을 수놓은 1989년 NHK의 홍백전(紅白戰)에 네 가수가 모두 출연하면서 절정에 이르렀다. 일본 텔레비전 방송국은 한국의 〈TV 문학관〉과 〈베스트셀러극장〉 드라마들을 방영했고, 1982년에 일본 TBS에서 〈뻐꾸기도 밤에 우는가〉(정진우 감독, 1980)를, 1983년에 NHK에서 〈족보〉(임권택 감독, 1978)를 방영했다.

이런 분위기 속에서 조금 다른 시선으로 한국을 보려고 시도한 프로그램이 〈11PM〉이었다. 〈11PM〉은 한국 붐 속에서 일본이 무엇을 해야 하며 무엇을 중요하게 생각해야 하는가 하는 문제를 끊임없이 제기했다. 그럼 〈11PM〉은 어떤 방송이었을까?

와이드 쇼 〈11PM〉에 대하여

〈11PM〉은 1965년 11월 8일부터 1990년 3월 30일까지 밤 11시에 생방송으로 방영된 와이드 쇼다. 매주 월요일과 수요일, 금요일은 도쿄에 있는 일본텔레비전(日本テレビ)에서, 매주 화요일과 목요일은 일본텔레비전 계열로 오사카에 있는 요미우리텔레비전(読売テレビ)이 프로그램 제작을 담당했다. 〈11PM〉은 오프닝에서 실루엣으로 바니걸스를 등장시키고 특유의 음악을 내보내는 독특한 포맷을 유행시켰다. 바니걸스의 실루엣이 등장하는 오프닝은 청소년에게 악영향을 끼친다는 이유로 일본 보호자협

회(PTA)로부터 비난을 받기도 했다.

1966년에서 1982년까지 이 프로그램을 통해 애니메이션 코너에서 800편의 작품이 소개되었고 화요일 특집으로 소개된 '숨겨진 온천' 코너에서는 여성 리포터가 전라에 가까운 상태로 온천에 몸을 담그는 장면들이 방영되기도 했다. 스폰서였던 도요타의 자동차 광고를 생방송으로 내보기도 했고, "오늘의 술은 이거예요"라며 산토리의 위스키를 방송 중에 마시기도 했다. 대체로 외설적인 내용과 야한 내용으로 방송을 장식하는 일이 많아서 빈축을 샀고, 1975년에는 일본공산당의 미야모토 겐치 중앙위원회 위원장이 "포르노 프로그램이다"라며 비난하기도 했다. 영화 〈박치기(パッチギ)〉에서 임진강(イムジン河)을 부르는 그룹 더 포크 그루세더즈(ザ・フォーク・クルセダーズ)가 이 프로그램을 끝으로 해산했다는 에피소드도 잘 알려져 있다.

사회자도 여러 번 바뀌었는데 제일 유명한 인물은 오하시 교센(大橋巨泉)이다. 오하시는 교센이란 애칭으로 불리며 지금도 가끔 방송에 등장하는 인물인데 1968년 1월부터 1985년 3월까지 〈11PM〉을 진행했다. 그는 낚시, 골프, 마장, 경마 등의 취미 코너를 방송에 도입하여 시청률을 올렸다고 전해진다.

그런데 교센이 진행한 코너 중 제일 유명한 것은 매주 월요일에 진행된 '교센의 생각하기 시리즈(巨泉の考えるシリーズ)'였다. 이 시리즈는 〈오키나와에서 당신은 무엇을 보았나(沖縄で君は何をみたか)〉 특집 등 사회문제를 중점적으로 다뤘다. 미국의 잡지 《플레이보이》가 누드 사진과 함께 정치적 화젯거리를 기사로 다루는 것처럼, 〈11PM〉도 외설과 정치를 넘나들며 사회를 비판하는 미디어였다. '숨겨진 온천' 코너에서 여성 리포터가 전라 상태로 눈 속에 뛰어드는 신이 방송 검열 수준을 넘었다고 하여 스태프들이 경찰에 불려가기도 했는데, 그들은 경찰서에서도 매우 당당한 태도를 보였다고 전해진다.

〈11PM〉은 한국이나 재일조선인들이 출연하는 프로그램도 자주 내보냈다. 그중 유명한 에피소드는 재일조선인 저널리스트 정경모(鄭敬謨) 씨가 1974년 8월 26일에 출연하여 발언한 내용이었다. 정경모 씨는 "아직도 한국에서는 새로운 형태의 강제연행과 기생관광이 행해지고 있다. 현재 일본의 경제 진출은, 직접 손을 대지 않는 새로운 형태의 경제 침략이며 형태만 바뀐 두 번째 조선인 강제연행이다. 한국에서 지금 행해지고 있는 시위는 관제시위이고, 박 정권은 국민들의 시선을 돌리기 위해 반일을 이용하고 있다"고 발언했는데 이 내용이 문제가 되었다. 이 내용에 대해 당시 주일 한국대사관이 크게 항의했고, 방송국은 대사관으로부터 엄중한 경고처분을 받았다. 그리고 1974년 9월 1일 방송 예정이었던 〈다큐멘터리 '74~일한의 더운 여름(ドキュメント '74~日韓の暑い夏)〉이란 프로그램 (한국의 민주화에 대한 원고를 집필 중이던 정경모 씨를 일본의 방송 캐스터 오카모토 아이[岡本愛]가 인터뷰하는 내용)이 취소되기도 했다.

이 〈11PM〉의 방송 내용에 대해 매우 깊은 관심을 보인 것은 역시 한국의 텔레비전 방송국이었다. 한국방송공사(KBS)는 1982년 3월 1일, 3·1절 특집으로 〈일본이 본 일제 36년〉이란 프로그램을 방송했는데, 이는 〈11PM〉의 내용을 요약한 것이었다. 〈11PM〉은 1981년 1월부터 3월까지 월요일에 방영된 '교센의 생각하기 시리즈' 코너에서 부정기적으로 5회에 걸쳐 조선의 식민지화 과정, 식민지 수탈과 착취, 해방 후 재일조선인에 대한 박해와 차별, 종군위안부 문제, 원폭 피해 조선인에 대한 배상 문제 등을 중점적으로 다루었다.

이 '교센의 생각하기 시리즈'는 식민지 시기에 관한 영상을 방영하고 나서 각 전문가들이 영상에 대한 해제를 하고, 앞으로 일본이 어떻게 해야 하는지에 대한 비전을 제시했다. 한국의 방송에서는 이 프로그램을 편집한 내용을 내보내며, 일본 방송에서 식민지 문제에 대해 이렇게 진지하게 생각하는 프로그램을 본 적이 없으며 아마 앞으로도 당분간은 보기 힘들 것이라고 코멘트했다. 그리고 KBS의 코멘트처럼 이후 일본의 식민지에 대해 진지하게 성찰하는 방송은 일본에서 한동안 자취를 감추게 된다.

임현일 군 자살 사건

1979년 9월 9일 사이타마의 중학교 1학년에 재학 중이던 재일조선인 2세 임현일이 맨션의 옥상에서 뛰어내려 자살했다. 임현일은 이미 6월에도 한 번 자살을 시도했지만 실패했고, 이 사건이 계기가 되어 예전부터 받았던 이지메가 더 심해졌다. 그의 부모는 빌딩 청소부였는데 이름도 하야시(林)란 일본 이름을 사용하고 있었기 때문에 동네나 학교에서 그가 재일조선인이란 사실을 크게 의식하는 일은 없었다고 한다. 임현일이 이지메를 당한 이유는 142센티미터란 작은 키와 왜소한 외양 때문이었다. 그가 중학교에 입학하고 나서 얼마 안 되어 반 친구와 싸움을 하고 상대편을 물어뜯는 사건이 일어났는데, 그의 부모나 담임 교사도 그가 싸움의 가해자라고만 여겼고 피해자라고는 전혀 생각하지 않았다. 임현일은 학급에서 가장 키가 작았는데, 이지메를 당할 때마다 바둥거리는 모습이 재미있어 다른 학생들의 이지메가 점점 더 심해졌다는 사실도 그가 자살한 후에 밝혀졌다.

〈유미의 일기〉

1981년에 KBS가 이 사건을 드라마로 만들었는데, 그 작품에서는 사건의 주인공이 재일조선인이란 점이 크게 강조되었다. 드라마는, 임현일의 누나로 당시 중학교 2학년이었던 유미의 시선을 통해, 임현일이 어째서 이지메를 당할 수밖에 없었고 자살할 수밖에 없었는가를 바라본다는 내용이었다. 유미 역에는 당시 아역 탤런트였던 강수연이, 임현일 역에는 역시 아역 탤런트였던 안정훈이 캐스팅되었다.

　이 드라마에서 주인공은 항상 이지메를 당하고 그 과정에서 도둑 누명을 쓰기도 하지만, 담임은 아무런 대책을 세워주지 않는다. 또한 그가 친하게 지내는 친구의 집에 놀러 갔을 때, 그 친구의 부모가 더 이상 우리 아이와 놀지 않았으면 좋겠다고 이야기하면서 그 이유는 네가 더 잘 알 것이라고 말하기도 한다. 그 친구는 임현일이 죽고 나서 사회단체 사람들이 이지메의 이유를 물으러 찾아왔을 때, 임현일이 이지메를 당한 것은 그가 재일조선인이기 때문이며 민족 차별의 감정이 그 사이에 있었기 때문이라고 대답한다. 이지메를 당해도 담임이 대책을 세워주지 않은 이유는 그가 재일조선인이기 때문이고, 친구와 놀 수 없는 것도 재일조선인이기 때문이란 설정이었다.

　그리고 부모가 빌딩 청소를 한다는 이유로 임현일이 학교에서 친구로부터 걸레라고 놀림을 받는 장면이 있다. 우리가 아무리 학교에서 직업에 귀천이 없다고 배워도 실상 사회에는 엄연히 귀천이 있다는 것을 드라마를 통해 뼈저리게 통감시키는 장면인데, 실제 사건에서는 없었던 부분을 삽입하여 일본의 민족 차별을 강조했다. 재일조선인들은 일본의 민족 차별적 사회구조 안에서 원하는 직업을 가질 수 없으며, 취직을 하려 해도 회사에 들어갈 수 없으니 일본인들이 꺼려하는 3D직종에 진출할 수밖에 없다는 현실을 드라마가 가르쳐주려 한 것이다. 이 드라마와 비슷한 시기에 일본에서 만들어진 영화 〈애송이제국(ガキ帝国)〉에서도, 민족학교의 학생으로 출연한 조방호가 우리들은 야쿠자나 연예인이 되는 수밖에 없다고 한탄하는 장면이 나온다. 재일조선인이 직업을 선택할 수 있는 폭이 제한되어 있는 현실을 한국의 드라마와 일본의 영화가 비슷한 시기에 지적했다는 점이 흥미롭지만, 자세한 내용은 생략하기로 하겠다.

국장으로 치러진 임현일의 장례식

본론으로 돌아가서 이야기해보자. 어째서 〈유미의 일기〉는 민족 차별이란 요소를 그토록 강조했을까? 드라마의 마지막 장면을 보면 이 의문은 쉽게 풀린다. 드라마 속에서 임현일의 자살은 미디어의 주목을 받게 되는데, 그가 민족 차별로 이지메를 당해 자살했다는 소문이 돌자 당황한 학교와 교육위원회는 장례식에 참가하여 사과문을 제출하겠다고 미디어와의 인터뷰에서 대답한다. 그러나 실제로는 장례식장이나 그의 집에 아무도 찾아오지 않는다. 쓸쓸한 장례식장에서 임현일의 영정을 앞에 두고 가족들이 한숨을 쉬고 있을 때 손길을 뻗어 온 것은 한국정부였다. 한국정부는, 임현일의 자살 소식을 듣고 큰 충격을 받았으며, 그의 장례를 국장으로 치르고 싶으니 속히 한국으로 들어와 달라고 전한다. 그래서 임현일의 가족은 한국에서 국장으로 그의 장례를 치르게 되고, 장례식장에 한국 초등학교 학생들이 모여 조문을 읽기도 한다. 눈물을 흘리며 고인의 죽음을 헛되이 하지 않겠다고 말하는 어린 학생들의 모습은 그곳에 모인 사람들의 눈물을 자아내고, 한국인들이 일본의 민족 차별에 분노하는 모습이 또 한 번 나타난다. 드라마 속의 엔딩 장면에는 실사 장면이 삽입되었다. 이 장면에서는 태극기가 몇 초 동안 클로즈업되어 비추어지고, 그 아래로 임현일의 사진이 보인다. 일본에서는 아무도 거들떠보지 않았던 죽음이지만, 한국은 그의 죽음을 국장으로 치러주었다는 사실을 강조하는 장면이다. 실제로 한국에서는 임현일이 죽은 지 1년 후인 1980년에 새싹회라는 단체가 주체가 되어 임현일의 장례식을 다시 한 번 치르면서 미디어의 주목을 받았다.

이 드라마는 사이타마의 한 인권센터에서 인권 계발용 교재로 만들어졌고, 이 센터는 드라마 상영 후 각자 감상을 이야기하는 시간을 마련하기도 했다. 〈11PM〉은 이 센터의 감상 시간을 취재하고, 일본의 민족 차별이 얼마나 심각한지를 이야기하는 소재로 드라마의 일부를 방송했다. 한국이 임현일의 죽음에 주목한 것은 그가 죽은 지 1년이 지난 1980년이었는데, 1980년 당시 한국의 국내 상황에 대해서는 굳이 언급하지 않아도 될 것이다. 당시 한국정부는 그의 죽음을 정치적으로 이용하려 했고, KBS는 그것을 드라마화했던 것이다. 드라마는 시종일관 임현일의 누나 유미의 시점에서 이야기되고 진행된다. 임현일의 부모는 여기서 방관자일 뿐이다. 유미도 재일조선인이기는 하지만, 드라마 속에서는 유일하게 민족 차별을 받지 않는 등장인물이다.

〈터질 듯한 이 가슴을〉

유미의 일기와는 다른 차원에서 재일조선인을 주제로 삼은 영화가 〈터질 듯한 이 가슴을〉(이상언, 1979)이다. 이 영화의 일부는 일본에서 1982년에 〈서울의 하늘에 흰 공이 날다(ソウルの空に白球が飛んだ)〉라는 제목으로 〈NHK 스페셜〉에서 소개되었다. 이 프로그램은 제목 그대로 서울에서 드디어 프로야구 개막식이 열리는 광경을 담은 방송이었는데, 입장료가 결코 싸다고 할 수 없음에도 불구하고 3만 명의 관중이 몰린 사실과, 경찰들이 관중들의 소지품을 일일이 체크하는 장면, 일본의 프로야구 스타인 나가시마 시게오(長島茂雄)가 개막식에 초대된 모습 등을 전했다. 또한 이 프로야구 개막에 공헌한 재일조선인들의 인터뷰와, 일본에서 중계방송을 보며 기뻐하는 재일조선인들의 모습을 전하기도 했다. 오사카의 한 번화가, 한복을 입고 다소곳이 앉아 있는 여성의 사진을 클로즈업한 간판 아래 재일조선인들이 텔레비전을 통해 야구 중계를 보는 모습으로 시작하는 이 프로그램의 주인공은 장훈이다.

장훈은 일본 이름으로는 하리모토 이사오(張本勳)라고 불린다. 한국 프로야구 창립에 지대한 영향을 미쳤다고 전해지는 장훈은 당시 한국 프로야구협회 고문으로 활약하며 일본 프로야구 시리즈에서 활약하던 재일조선인 선수들과 한국에서 일본으로 건너간 프로야구 선수들을 대거 스카우트해 한국으로 데려왔다. 그중에는 백인천(당시 MBC청룡 소속)도 포함되어 있었다. 백인천은 1963년부터 일본 프로야구에서 활약하였고, 39살이 되던 1981년에는 일본 킨테츠의 플레잉 코치를 역임하고 있었다. 백인천이 한국으로 돌아온다는 소식은 그 자체가 빅뉴스였으나 당시 그의 나이는 벌써 마흔을 넘기고 있었다. 그는 선수 겸 감독이란 지위로 한국에 돌아와 한국 프로야구 개막 시합에서 안타와 홈런을 치며 팀을 승리로 이끌었다. 1983년에는 억대 연봉을 받으며 삼미슈퍼스타즈에 입단한 재일조선인 장명부를 선두로 재일조선인 선수들의 국내 영입이 시작되었고, 이후 이영구와 이호균 등이 삼미에 영입되었다. 1984년에는 삼성라이온즈가 투수 김일융을 스카우트했다. 그리고 한국에서 프로야구가 출범한 1982년, 한국야구 대표팀은 세계야구선수권대회에 출전해 일본을 물리치고 우승을 차지했다.

영화에서 장훈을 재현하기 위한 에피소드들

〈터질 듯한 이 가슴을〉에서 장훈은 마지막 장면에 직접 출연하여 홈런을 날리며 피날레를 장식한다. 영화 이외에도 허영만의 만화《질 수 없다》가 장훈의 일대기를 소재로 하고 있다. 이 텍스트들 속에서 장훈이 일본에서 프로야구 선수로 성공하는 과정에서 쓰이는 모티프는 일본에서 차별받는 재일조선인이라는 신분과, 조국을 상징하는 어머니다.

예를 들면, 장훈은 히로시마에 원자폭탄이 떨어졌을 때 큰누나와 아버지를 여의고 어머니와 큰형을 의지하며 야구에 대한 꿈을 불태운다. 만화의 표지에도, 그리고 영화 속에서도 야구방망이를 휘두르는 장훈의 모습과 한복을 차려입은 그의 어머니의 모습이 병치되어 있다.

〈터질 듯한 이 가슴을〉에 등장하는 에피소드에서 장훈은 원자폭탄에 의해 장애를 입게 된다. 실제로 장훈은 4살 때 화상을 입어 오른쪽 약지와 새끼손가락이 붙어버리는 장애를 입었다. 그러나 이 장애를 겪게 되는 과정이 영화에서는 원폭 피해로 둔갑한다. 이는 장훈이 히로시마 출생이라는 점이 크게 작용한 것으로, 영화 제작 당시 재일조선인이 차별받는 상황을 강조하기 위한 장치 중 하나로서 바뀐 것이다.

또 하나의 에피소드는, 항상 한복을 입었던 장훈의 어머니가 2차 세계대전이 끝난 직후 히로시마의 암시장에서 먹을거리를 사기 위해 줄서서 기다리던 중 상인으로부터, 일본인도 먹을 게 없는데 너희 같은 사람들에게 팔 건 없다는 말을 듣는 장면이다. 상인은 그 한복을 벗고 오면 식료품을 팔아주겠다고 비아냥거리는데, 장훈의 어머니는 그에 굴하지 않고 먹을 게 이렇게 있으니 좀 팔아달라고 애원한다. 간신히 약간의 식료품을 마련한 그의 어머니는 어린 아들의 손을 잡고 집으로 돌아오는데, 그 길에서 장훈은 어머니에게 한복을 안 입으면 안 되느냐고 부탁한다. 한복을 입지 않으면 사람들이 비아냥거리지도 않을 테고, 먹을거리도 팔아줄 것이며, 무엇보다 한복을 입은 어머니가 창피하다고 어린 장훈은 울먹거리며 부탁한다. 이 말을 들은 그의 어머니는 그의 따귀를 때리며 호통을 친다. 한복이 왜 창피한가? 한복은 우리의 얼이며 정신이며 긍지이다. 우리는 이를 자랑스럽게 여겨야 한다며 그의 어머니가 큰소리로 야단치는 장면이 영화에서 중요한 에피소드로 삽입되었다. 한복과 조국과 그의 어머니는 언제나 같은 위치에서 장훈을 지배한다.

이 영화를 소개한 다큐멘터리에서 내레이터는 "3년 전 한국에서 장훈 선수의 반생을 그린 영화가 만들어졌습니다. 이 영화는 차별과 편견에 찬 일본에서 민족의 긍지를 실현한 영웅 장훈 씨의 모습을 소개하고 있습니다"라고 설명한다. 그리고 암시장에서 집으로 돌아오는 길에 장훈과 그의 어머니가 나눈 긴 대화는 일본어 자막을 통해 "치마저고리는 우리들의 조국이야. 우리는 일본인 앞에서 열등감을 가져서는 안 돼. 가슴을 펴고 당당하게 살아야 해, 알겠니?"라는 몇 마디로 압축되어 일본 시청자들에게 전달되었다.

그 암시장에서 장훈의 어머니가 사려고 한 것은 소의 내장이었다. 일본에는 소의 내장을 먹는 풍습이 없어서 버려지는 부분이었다. 소의 내장은 돈이 없어 먹을거리를 사지 못했던 재일조선인들이 정육점에서 공짜로 얻어 구워 먹기 시작했다고 하는데, 일본어로 호르몬(ホルモン)이라고 불리는 그 이름의 유래도 원래는 필요가 없어 땅에 묻는 것(掘るもの)이란 뜻을 지닌다고 전해진다. 장훈의 어린 시절을 말하는 에피소드에서 소의 내장이라는 먹을거리와, 그의 어머니가 입은 한복은 재일조선인들이 차별과 수난을 받으면서도 조국에 대해 얼마나 큰 긍지와 자부심을 가지고 있는지를 대변하는 메타포다. 이 메타포는 한국뿐만 아니라 일본에서 인용될 때도 효과가 있었다. 일본에서는 재일조선인들이 한국에 대한 향수와 내셔널리즘을 지닌 존재라는 인식이 일반적이었는데, 이 영화는 한국이 재일조선인을 어떻게 인식하고 있는가를 보여줌과 동시에 일본인의 재일조선인 인식이 잘못되지 않았음을 보여주는 증거가 되었다.

이런 인식은 재일조선인에 대한 한국의 인식과도 상통하는 부분이기도 했다. 일본에서 만든 방송 프로그램에 한국 영화가 인용돼도 일본 시청자들이 아무런 위화감 없이 받아들일 수 있었던 배경에는 한국과 일본의 재일조선인 인식에 일치하는 부분이 있었기 때문이다. 장훈은 일본에서 태어나 일본에서 활약한 재일조선인 2세 프로야구 선수였지만, 일본과 한국 양쪽에서 한국의 영웅으로 여겨졌고 한국을 대표하는 재일조선인으로서 역할을 수행했다. 한일 간의 재일조선인 인식의 일치를 보여주는 소재로서의 장훈은 1970년대와 80년대의 일본사회와 한국사회, 그리고 양국 미디어의 단골소재로 등장했다. 그때마다 항상 그는 어머니와 함께였다.

한국 붐과 한류 사이에서

해방 후 일본에 소개된 한국의 영상들은 주로 열심히 전쟁고아들을 돌보는 일본인 여성의 이야기, 아니면 민족 차별을 당하는 피지배자 재일조선인들의 이야기였다. 한국에서 만들어졌으면서도 한국 내에서 주목받지 못한 이런 이야기들이 일본에 소개되어, 한국을 인식하는 하나의 도구로 활용되었다. 이 영상물들은 일본이 한국을 어떻게 인식하고 어떻게 해석해야 하는가에 대한 기준을 제시하고 역사 문제에 대해 다시 한 번 생각하게 하는 작품들이었다. 그리고 이 작품들은 어머니와 누나들의 이야기였다. 〈유미의 일기〉라는 제목에서 보듯, 이 작품의 주제는 임현일의 자살이지만, 유미의 시점에서 이야기가 전개되고 한국에서 치러지는 극장을 서술할 수 있는 화자도 누나다. 육영수 여사가 저격당한 한국 땅에서 영부인이 되었던 박근혜는 어머니가 아닌 누나였다. 한국의 퍼스트레이디는 딸이었고 누나였다. 그리고 또 하나, 장훈의 이야기를 다룬 영화에서 주인공은 장훈의 어머니였다. 장훈의 어머니는 한복을 입고 한국어로만 발화하는 한국 내셔널리즘의 상징이었다. 일본의 텔레비전 안에서 장훈은 한국 내셔널리즘을 대표하는 재일조선인의 상징이었고, 그 상징을 가능하게 하는 것은 그의 어머니였다. 또한 한국에서 고아들을 돌보며 일생을 보낸 나가마츠 가즈의 이야기가 일본에 소개되는 방식은 '엄마'로서의 인생이었다. 나가마츠는 장훈의 어머니와는 반대로 한국에 살면서도 항상 일본식 게다를 신고 기모노에 몸뻬를 입고 있었다. 나가마츠는 한국에 묻히기를 원하는 장훈의 어머니와 대조적으로 일본에 묻히기를 원했다.

　한국 붐과 한류가 이어지는 방식은 여기에 있을 것이다. 모성이 주요 테마와 주제인 텍스트들이 한국 붐에서 주를 이루었다면, 지금 일본 내에서 소비되는 한국 대중문화의 경우는 남성들이 주체고 일본의 여성들이 이를 소비한다. 이는 한국영화가 변화[4]해버린 탓도 있지만 일본의 소비 주체들이 중년 여성들로 변했기 때문이기도 하다. 한국 붐은 한국과 일본의 정치적 의도가 만들어낸 결과였지만, 한류는 대중이 만들어낸 붐이다. 그러나 여기서 정치성과 역사성을 배제하고 문화 면을 강조하면서 기존의 한국 붐에서 다루어졌던 정치적 테마들은 한류 붐 속에서 사라졌다. 기존의 한국 붐을 이룬 영상들이 한국을 어떻게 해석하고 인식할 것인가에 초점을 맞췄다면, 지금의 한류는 어떻게 소비되고 어떻게 상품화할 것인가에만 초점을 맞추고 있다. 소비와 상품화에 주력하는 한류에서는 역사도 소비문화의 대상일 뿐이며, 딱딱한 역사물은 더 이상 관심의 대상이 되지 못한다. 그 속에서 한일 간의 해결되지 않은 역사―재한일본인들과 재일조선인들―는 잊혀지고 있다.

마르크스주의,
모더니티, 민족주의

- 현대 중국영화의 아버지 형상과 문화의 구축

천시허 ┃ 상하이대학 영상기술예술대 교수

여기서 말하는 아버지는 단순히 영화 속에 나타나는 생물학적 의미의 아버지 형상이 아니라, 영화가 보여주고 있는 정신분석학적 혹은 사회문화학적 의미의 아버지 형상을 주로 가리킨다. 그들은 가족과 사회에서 정신적인 지도자이며 권력을 장악하고 있고 제도를 엄호하고 운명을 결정하는 이들이다. 나의 생각으로는 아버지는 중국영화 속에서 가족과 국가, 사회, 문화 상상의 중요한 기표이며, 아버지 역할에 대한 자리매김과 평가는 현대 중국문화의 자기 정체성을 파악하는 중요한 지표이다.

머리말 – 시각, 패러다임, 방법론

나는 이 글에서 중국영화를 현대 중국문화의 중요한 부분으로 보고 논의를 진행하려 한다. 또한 1949년 이래 중국영화가 발전하고 변화하는 과정과 함께, 현대 중국의 문화 건설의 의의에 대하여 탐구해보고, 이러한 논의를 통하여 중국 대륙의 현대(1949년 이래) 영화 문화(창작과 비평을 포함하여)의 발전과 변화에 대한 이론적 패러다임을 구축하고자 시도할 것이다.

지금까지의 중국영화 연구에는 이미 사람들에게 잘 알려진 이론적 패러다임들이 있어 왔다. 전통적인 계급과 정치를 주요 축으로 삼는 패러다임이 그 가운데 하나다. 이러한 패러다임은 프롤레타리아/부르주아, 혁명/반혁명 등의 이원 대립을 핵심 개념으로 삼는다. 문화대혁명 이후 '신시기(新時期)'[1]가 시작되고 이러한 이론적 패러다임이 회의적인 질문을 받게 되면서 새로운 패러다임에 대한 해석이 등장했다. 예를 들면 그림자극(影戲)/영상(影像)이라든지 신시기/포스트 신시기 등의 이원 모델이나 주선율(主旋律)[2]/오락영화/예술영화 등과 같은 삼원 모델 등의 패러다임이 그것이다. 서구에서 중국영화를 연구하는 과정에서, 어느 학자는 상하이(上海)/옌안(延安)의 지리 정치적 개념으로 1949년 이래 대륙 영화의 변화를 설명하거나(폴 클라크), 또 다른 경우는 사회주의/포스트 사회주의의 역사·정치 모델로 신시기를 전후한 대륙 영화의 발전을 서술하기도 했다

(폴 피코위츠).

나의 패러다임 해석은 혁명성, 모더니티, 민족성이라는 세 가지 핵심 개념을 포함한다. 이러한 패러다임에서 삼자는 영원히 상호 배척하는 관계가 아니라 때로는 충돌하고 교차하며 협상하고 공모한다. 시기에 따라 그들이 중국영화와 문화에서 차지하는 중요성은 서로 달랐다. '17년'[3] 시기와 문혁 시기에는 마르크스주의의 계급과 혁명에 대한 개념이 주도적 지위를 차지하고 있었다. 신시기에는 모더니티 개념이 계급과 혁명을 대신하여 주도적 지위를 차지했다. 1990년대 이래로는 민족주의가 점차 수면에 부상하여 모더니티와 혁명성을 누르고 최근 현대 중국영화와 대중문화의 '주선율'을 이루고 있다.

나는 각 시기별로 영화의 창작 사조, 운동, 대표적인 인물 및 작품의 터전 위에서 영화 속의 아버지 형상을 주요 입구로 삼아 그와 같은 문화적 전환과 그 특성 및 의의에 대하여 논의하고자 한다. 여기서 말하는 아버지는 단순히 영화 속에 나타나는 생물학적 의미의 아버지 형상이 아니라, 영화가 보여주고 있는 정신분석학적 혹은 사회문화학적 의미의 아버지 형상을 주로 가리킨다. 그들은 가족과 사회에서 정신적인 지도자이며, 권력을 장악하고 있고 제도를 엄호하고 운명을 결정하는 이들이다. 내 생각에 아버지는 중국영화 속에서 가족과 국가, 사회, 문화 상상의 중요한 기표이며, 아버지 역할에 대한 자리매김과 평가는 현대 중국문화의 자기 정체성을 파악하는 중요한 지표이다. 그 표현과 변화는 현대 중국의 문화 가치의 기본적인 지향과 중요한 전환을 보여주었다. 따라서 이 글이 논의하고자 하는 세 번째 층위는 현대 중국영화에 나타난 아버지 형상의 변화와 그 문화적 의의다. 이러한 탐구를 통해 나는 각 시기의 주도적 이론과 비평 모델의 전환을 결합함으로써 창작과 이론 양자의 상호 대응과 영향 관계를 논의할 것이다.

'17년'과 문혁─혁명성의 주도 시기

우쉰(武訓)에서 훙창칭(洪常靑)까지

우리는 아마 신중국[4] 영화사는 낡은 아버지 형상을 비판하는 것으로 시작되었다고 말할 수 있을 것이다. 1951년 5월 20일 마오쩌둥(毛澤東)은 《인민일보(人民日報)》에 사설 〈영화 〈우쉰전〉에 대한 논의를 중시해야만 한다(應當重視電影"武訓傳"的討論)〉를 직접 기고함으로써 〈우쉰전(武訓傳)〉 비판의 서막을 열었다.

우쉰은 역사적으로 실재했던 인물이다. 스스로 자신이 배움이 없음을 힘들어한 그는 삶 속에서 많은 고난을 겪었다. 그러나 우쉰은 빌어먹기를 마다하지 않는 등 갖가지 방법으로 돈을 마련하고 의숙(義塾)을 설립하여 가난한 학생들이 배울 수 있도록 도와주었다. 이로 인하여 그의 삶과 운명이 바뀐다.

영화 〈우쉰전〉은 1930년대 상하이에서 진보적인 영화 운동에 뛰어들었던 쑨위(孫瑜)가 감독을 맡고 자오단(趙丹)이 주연을 맡았다. 영화는 1950년 말에 개봉한 후 당시 신문 잡지 등의 매체로부터 호평을 받았다. 그러나 마오쩌둥은 〈우쉰전〉과 우쉰이라는 사람에 대하여 다른 관점을 품고 있었다. 그는 이렇게 묻는다. (영화가 표현하고 있는 것은) "계급투쟁으로 응당 뒤엎어야 할 반동 봉건 통치자를 뒤엎는 것이 아니라, 피압박 인민의 계급투쟁을 부정하면서 반동 봉건 통치자에 투항하는 우쉰과 같은 인물이다." "그러한 추악한 행위를 우리가 설마 칭송해야 하겠는가?" 이어서 그는 분노하며 질책한다. "영화 〈우쉰전〉의 등장, 특히 우쉰과 영화 〈우쉰전〉에 대한 칭송이 뜻밖에도 이토록 많이 나타난 것은 우리 문화계의 사상적 혼란이 어느 정도에 이르렀는지를 설명해주고 있다!"

〈우쉰전〉에 대한 칭송과 비판은 당시 두 가지 영화 문화의 충돌을 드러내고 있다. 1949년 이전, 중국 연해안에 위치한 대도시 상하이는 중국 영화 제작의 중심지였으며, 진보적이고 민주적이며 인문적인 영화 전통을 수립하였다. 그러나 그러한 전통은 1949년 이후 새로운 옌안 영화 문화의 도전에 직면하게 되었다. 옌안 영화 문화는 내륙의 농촌 혁명 근거지인 옌안에서 성장해왔다. 그것은 5·4 신문화운동의 또 다른 분기(分岐)였으며 혁명과 군사적 필요의 긴밀한 결합이었다. 옌안 영화와 상하이 영화를 비교해보면 다음과 같은 차이를 알 수 있다. 즉 기본적인 문화 특성상 전자는 혁명적이고 정치적이며, 후자는 민주적이고 인문적이라는 사실이다. 또한 경제 체제의 특성상 전자는 계획 경제이고 후자는 시장 경제적이다.

상하이 영화는 20세기 후반기 동안 주변화 과정을 겪어왔다. 1949년 이후 창춘(長春), 베이징(北京), 상하이 등 3대 영화 기지가 확립되고 정치 문화의 중심이 북쪽으로 옮겨가자, 상하이 영화는 중국영화를 구성하는 실체적 의미에서 그 중심적 지위가 점차 약화되었다. 동시에 문화 미학적 의미에서도 상하이 영화는 철저히 개조되었다. 〈우쉰전〉에 대한 비판은 그러한 개조의 첫 걸음으로 1949년 이후 현대 중국문화의 중대한 전환이었고, 개량에 대한 혁명의 비판을 대표하는 일이었다. 그것은 또한 인문적 관점에 대한 계급적 관점의 비판이었으며, 문화 입국(立國) 관념에 대한 정치 입국 관념의 비판이었다. 〈우쉰전〉을 비판하는 글에서 마오쩌둥은 다음과 같이 말한다.

우리의 작가들은 역사 속에서 중국 인민을 억압한 적이 어떤 사람들인지, 그러한 적들에게 투항하고 그들을 위해 봉사하는 사람이 칭송할 만한 가치가 있는지 없는지 연구하지 않는다. 우리의 작가들은 또한 1840년 아편전쟁 이래 100여 년 동안 중국에서 낡은 사회 경제 형태와 그 상층부(정치·문화 등)를 향하여 투쟁해온 새로운 사회 경제 형태, 새로운 계급 역량, 새로운 인물과 새로운 사상들

을 연구하지 않는다. (연구를 한-옮긴이) 뒤에야 무엇을 마땅히 칭찬하고 노래
할 것인지, 어떤 것은 칭찬하거나 노래하면 안 되는지, 어떤 것을 반대해야만
하는지를 결정해야 한다.

이상의 비판 속에서 마오쩌둥은 사실상 신중국의 영화에 대한 구체적
인 요구를 제기한 것이다. 즉 "새로운 사회 경제 형태와 새로운 계급 역량,
새로운 인물과 새로운 사상"을 노래하고 "중국 인민을 억압한 적"과 "낡은
사회 경제 형태 및 그 상층부"에 반대해야 한다는 것이다. 이후 중국영화
의 창작은 곧바로 그가 지적한 방향대로 나아갔다. 마오쩌둥의 문예 사상
주도에 따라 17년 시기 중국영화에 두 가지 중요한 장르가 등장한다. 그
하나는 혁명역사 제재 영화이고 다른 하나는 혁명현실 제재 영화이다. 〈남
정북전(南征北戰)〉, 〈붉은 깃발의 계보(紅旗譜)〉, 〈폭풍(風暴)〉, 〈붉은 낭자
군(紅色娘子軍)〉 등 일련의 '홍색 고전 영화(紅色經典電影)'들이 그 예다.
더욱 상징적인 의미가 있는 사실은 이 영화들이 완전히 새로운 혁명의 아
버지 형상을 창조했다는 점이다. 〈붉은 깃발의 계보〉의 주라오중(朱老忠),
〈청춘의 노래(靑春之歌)〉의 루지아촨(盧嘉川), 〈불꽃 속의 영생(烈火中永
生)〉의 쉬윈펑(許雲峰), 〈붉은 낭자군〉의 홍창칭 등이 바로 그들이다. 이러
한 형상은 신중국 문화 정체성의 중요한 지표가 되었다.
　　한편 이론과 비평의 전선에서는 〈우쉰전〉 비판을 통하여 사회주의 리
얼리즘이라는 창작 방법과 프롤레타리아 및 사회주의의 새로운 인간(新
人)을 창조하자고 제창하면서, 〈영화의 징과 북〉, 〈독백을 새롭게〉 등과 같
은 일련의 문화 정치 운동을 비판하였다. 신중국영화는 옌안의 영화 문화
를 터전으로 하는 혁명 영화 문화를 수립한 것이었다. 1960년대 초 출판
된 《중국영화 발전사(中國電影發展史)》는 그 시기 혁명 영화 문화의 이론
적인 대표작이라 할 수 있다. 이 책은 계급과 정치의 이분법으로 1949년

이전 중국영화의 역사를 서술하고 있다.

이로써 우리는 다음과 같은 결론을 얻을 수 있다. 17년 시기에는 마오쩌둥 사상을 대표로 하는 계급, 혁명 등의 중국 마르크스주의 사상이 중국영화에서 주도적인 지위를 차지하고 있었다. 이러한 사상은 근대성을 포함하며 대표하고 있었다고 여겨진다. 왜냐하면 그것이 사회의 진보와 생산력의 해방(즉 혁명적 모더니티)을 대표했기 때문이다. 민족 문화의 전통은 계급과 정치의 이분법 아래서 영화 〈우쉰전〉에 관한 논의가 보여주는 바와 같이 그 부정적인 측면이 비판되었다. 영화 이론 중에는 1960년대에 일찍이 영화의 민족화에 관한 논의도 있었으나(뤄이쥔(羅藝軍)) 반향은 미미했고 주로 예술 형식의 층위에 대한 논의에 치중되어 있었다.

문화대혁명 기간에 이러한 정치와 문화의 경향은 진일보하며 발전하다 못해 극단을 향해 나아갔다. 계급투쟁, 노선 투쟁, 세계 혁명이 그 예들이다. "고통 받는 세상의 삼 분의 이를 해방시켜야 한다"는 원칙이 당시 절대적 위치를 차지하고 있었다. 문예와 영화라고는 모범극(樣板戱)[5]과 삼돌출(三突出)[6] 원칙만이 천하를 통일하고 있었다.

신시기-모더니티의 발양

1970년대 말에 문화대혁명이 종식되고 11기 3중전회[7]가 개최됨에 따라 중국의 현대문화는 중대한 전환을 맞이하였다. 개혁(계급투쟁을 강령으로 하는 정치 노선) 개방(사회주의 시장경제 체제)과 4대 현대화가 계급투쟁과 정치 혁명의 중심적 지위를 대체하였고, 중국 사회는 '신시기'로 진입하였다. 이 시기는 3세대, 4세대, 5세대 감독들이 공존하면서 중국영화사에서 가장 번영을 맞이한 단계이기도 했다.

'상흔 영화'와 아버지의 빈 자리

이 시기에도 17년 시기에 창조되었던 고전적이고 혁명적인 아버지 형상이 여전히 중국영화의 스크린에 존재했다. 예컨대 〈시안 사변(西安事變)〉, 〈난창 기의(南昌起義)〉 등이 빚어낸 혁명 지도자 형상이 그들이다. 그러나 이러한 영화들은 같은 시기 '상흔 영화'들에 비하여 사회적으로 관심을 불러일으키지 못했다. 문화대혁명에서 벗어난 상흔 영화는 처음으로 아버지에 대한 신념에 관한 혼란을 보여주었다. 이 영화들 속에서 아버지 역할은 대부분 직접 등장하지 않는다. 그러나 주인공들은 모두 극좌적인 아버지의 그림자 밑에서 살아가고 있다. 영화의 주인공들이 직면한 불공정한 운명에 대한 묘사를 통해 우리는 그들이 혁명적 아버지에 대하여 의문과 곤혹을 느끼고 있음을 알 수 있다. 〈거리(小街)〉, 〈골치 아픈 이의 웃음(苦惱人的笑)〉 등과 같은 영화에서는 전통적인 혁명적 아버지가 사라졌다. 또 다른 영화들 가운데서 혁명적 아버지의 형상은 〈푸룽전(芙蓉鎭)〉의 구옌산(谷燕山)과 같이 주변으로 밀려나 있거나, 〈톈윈산의 전설(天雲山傳奇)〉의 우야오(吳遙)와 같이 아예 비판을 받는 인물이 되어버렸다.

이 시기에 가장 영향력이 컸던 '시에진(謝晉) 모델' 가운데 사회와 역사를 위해 도덕과 가치의 지속을 제공하는 쪽은 혁명적 배경을 갖춘 아버지가 아니라 민간에서 온 어머니 형상이었다. 예컨대 〈톈윈산의 전설〉에서 펑칭란(馮晴嵐, 평범한 군중의 신분)은 남주인공인 뤄췬(羅群)의 아내로, 어떤 측면에서는 남편의 정신을 지탱하고 신체를 부활하게 하는 어머니라고 할 수 있다. 그녀는 사회에서 쫓겨난 뤄췬을 어머니의 사랑으로 돌아오게 하여 맞아들이고, 정신적으로나 신체적으로 그를 치료하고 보살핀다. 뤄췬이 복권되자 펑칭란은 마치 '불꽃이 사그라들 듯' 말없이 쓰러진다. 〈말몰이꾼(牧馬人)〉의 리시우즈(李秀芝, 민간을 떠도는 농촌 처녀)도 아내나 어머니 같은 선량함과 온유함, 따뜻함으로 쉬링쥔(許靈均)의 영혼이 입은 정치적 트라우마를 치료한다. 〈푸룽전〉의 후위인(胡玉音, 노동으로 부를 이룬 평범한 농촌 여성)도 친디앤쯔(秦癲子)와 함께 서로 의지하며 살아간다. 이처럼 보호 본능을 갖춘 어머니 형(型)의 여성 형상은, 문화대혁명이 막 끝나고 전통적인 부권의 권위가 와해된 후 새로운 정신적 지주를 찾고 이데올로기의 진공을 메우고자 했던 사람들의 요구와 맞아떨어진 것이었다. 또한 이는 당시 민족 심리의 깊은 상처를 치료하고 위로받으려는 정신적 요구와도 맞아떨어졌다. 기호학의 층위에서 독해하면, 그녀들은 민간에서 온 인문적이고 전통적이며 도덕적인 가치를 대표한다. 정치적이고 폭력적이며 계급적이고 혁명적인 부권의 가치관과는 다른 것이다. 이러한 여성 형상이 신시기에 폭넓게 수용되고 긍정된 까닭은, 그것이 당시 사회와 수많은 관객의 심층적인 심리와 문화적 필요를 크게 만족시켜주었기 때문이다. 그녀들은 시에진 영화에서 가장 독특하고 개인화된 표지를 이루었다.

아버지의 측면에서 보면, 그러한 여성 형상은 전통적인 아버지의 권위를 부정하긴 했으나 결코 그에 대해 직접적으로 도전하지는 않았다. (아마 바로 그러한 이유 때문에 시에진 영화가 당시 일부 급진주의 사조의 비판을 받았을 것이다.) 전통적인 부권에 정면으로 도전하는 주제는 이후 5세대의 영화에 이르러서야 등장하여 이 세대의 기치가 되었다. 천카이거(陳凱歌), 장이머우(張藝謀)가 함께 찍은 첫 번째 영화 〈황토지(黃土地)〉부터 〈붉은 수수밭(紅高粱)〉, 〈국두(菊豆)〉, 〈홍등(大紅燈龍高高掛)〉 등을 보면 전통적 아버지 형상에 대한 도전과 전복이 초기 5세대 영화의 기본 주제로 줄곧 자리 잡고 있음을 볼 수 있다.

5세대 영화에 나타난 아버지

5세대 영화인들의 초기 영화 속에서 아버지의 역할은 대부분 소극적이거나 변태적 혹은 반면적이다. 〈황토지〉에서 순박하지만 우매한 아버지는 자신의 손으로 딸을 막다른 골목으로 내보내고, 〈붉은 수수밭〉에서 나귀를 대가로 '우리 할머니'(지우얼, 九兒)가 시집온 스바리언덕(十八里坡) 술집의 주인 리다터우(李大頭)는 문둥병 환자이며, 〈국두〉의 염색 공장 주인인 양진산(楊金山)은 성적 불능 상태이자 성 학대자로 등장하며, 〈홍등〉에 나오는 대저택의 자오(喬) 나으리는 여러 처첩을 거느리며 아침저녁으로 여성을 놀잇감이자 사적 재산으로 간주하는 가장이다. 그들은 예외 없이 봉건적 부권을 대표한다. 여주인공은 그들에 의해 마음대로 팔아넘겨지거나 유린당하거나 짓밟히고 심지어 미치거나 죽음에까지 이르게 된다. 그녀들의 비극적 운명은 봉건적 부권에 대한 강렬한 고발이자 비판이다. 〈붉은 수수밭〉에서 약간의 예외가 보이긴 한다. 이 영화는 주로 부권을 타도(리다터우를 죽임으로써)한 이후의 '축제'를 보여주고 있다. 그러나 이 또한 부권에 대한 비판인 것이다. (물론 이 영화는 강렬한 남성의 나르시시즘과 남성 숭배의 경향도 보이고 있다.) 이러한 작품들 속에서 우리는 봉건 부권 문화에 대한 장이머우의 분노와 폄훼의 뜻을 느낄 수 있다. 그는 영화라는 허구 세계 속에서 봉건 부권의 대표적 인물에게 다양한 징벌을 행사한다. 리다터우를 죽이고, 양진산에게 녹색 모자를 씌우고[8] 비명에 죽게 하는 것이다. 〈붉은 수수밭〉에서 우리는 장이머우의 주인공들이 부권의 그림자를 몰아내고 해방의 용기와 격정을 추구하고 있음을 볼 수 있다.

무엇보다 이와 같은 비판 속에서 5세대 영화가 중국문화에 가져온 큰 충격은 전통적인 아버지 형상의 와해라는 점이다. 5세대 영화들은 아버지 형상에 대한 회의와 수천 년 동안 이어온 봉건 전통을 연관 지었다. 전통적 아버지 형상에 대한 이러한 와해는 새로운 문화적 정체성을 구축하기 위해서였다. 이 영화들은 마치 역사를 표현하고자 하는 것 같았지만, 사실상 현대적 삶에 대한 사고와 반응이었다. 그들은 역사를 다루었을 뿐 아니라 개방 이후의 현실에도 화답했다. 마치 천카이거가 자신의 영화 〈황토지〉를 두고, 이 영화가 중국 전통문화와 그 문화의 중복이자 연속인 문화대혁명을 비판하고 있다고 말한 것처럼 말이다. 바로 근대적 의식을 보여주고자 한 그 점에서 5세대는 자신들의 선배들을 극복했고, 신시기 중국 문화의 발전에 화답하며 이를 추동했다.

그러나 서구에서 상당한 영향력을 행사하고 있는 '인종학'('민족지'로도 번역됨) 이론이 5세대 영화를 해석하는 관점은 오히려 그 민족적 요소를 강조하는 데 초점이 맞춰져 있거나 심지어 5세대 영화를 민족주의적인 것으로 인식하기도 한다.[9] 그러한 입장은 〈황토지〉나 〈붉은 수수밭〉 등이 중국문화에 대한 일종의 '인종학'을 보여준다고 해석한다. 나는 중국영화에 대한 그러한 해석이 5세대 영화의 모더니티에 대한 시야를 낮게 평가할 뿐 아니라 지나치게 오만하고 자아 중심적이라고 생각한다. 그 해석은 문화를 넘어서는 독해 속에서 동서양의 문화적 공간의 차이에 시간화를 덧붙이고 있다. 즉 알게 모르게 서양을 '현대적'이라는 쪽에 위치시키고 동양(중국)은 '원시적'인 쪽에 배치함으로써, 중국영화가 단지 서양인을 위해 만든 '동양의 신기한 볼거리'일 뿐이라는 의견인 것이다. 천카이거 등이 애초에 〈황토지〉 등을 찍을 때는 서양인들의 동양에 대한 상상에 영합할 필요를 생각하지 못했다. 그들의 근본적인 목적은 '현대' 중국인의 고정적인 중국 상상 모델에 충격을 가하는 데 있었다. 많은 중국 내 연구자들의 관점은 5세대 영화의 중요성이 중국문화에 대한 '인종학'적 전시에 있는 것이 아니라 그들이 현대 중국문화 속의 역사와 전통이 빚어낸 폐단에 대하여 '모더니티'적 관찰과 비판을 가한 데 있다고 여기고 있다. 이른바 '인종학'적 관점은 5세대 영화를 현대 중국의 역사와 사회적 맥락에서 격리시킬 뿐이며, 서양 관객의 손안에서 놀아나는 동양의 '옛 놀잇감' 쯤으로 변모시키고 있다.

전통적인 아버지 형상에 대한 5세대 영화의 강렬한 근대적 비판 의식은 일부 평론가들에 의해 '살부의 시대' 혹은 '아들 시대의 예술'이라고 불리기도 했다(다이진화〔戴錦華〕). 사실 진정으로 '살부의 시대' 혹은 '아들 시대의 예술'이라는 이름을 붙여줄 작품들은 〈나날들(冬春的日子)〉, 〈북경 녀석들(北京雜種)〉, 〈봉두난발(頭髮亂了)〉, 〈우산운우(巫山雲雨)〉, 〈햇빛 찬란한 날들(陽光燦爛的日子)〉 등과 같은 6세대 영화들이다. 이들 영화는 대부분 아버지의 자리가 비어 있는 청춘의 나르시시즘을 특징으로 한 성장 경험을 보여주고 있다. 6세대 영화는 이전의 5세대 영화나 상흔 영화와 달리 아버지의 플롯 혹은 부권의 그림자에서 벗어나 있다(혹은 벗어나고자 시도했다). 〈북경 녀석들〉은 제목에서부터 아버지에 대한 '포기'를 은유하고 있다.[10] 영화는 시작하자마자 남녀 주인공이 낙태에 관해 의논하는 장면을 보여줌으로써 그들 스스로가 아버지가 되고 싶지 않다는 사실을 암시하며, 또한 아버지 형상과 부권의 가치에 대하여 더욱 극단적인 태도를 보여준다. 대부분 1990년대 전반에 나온 이러한 영화들은 1980년대의 5세대 영화가 아버지 형상에 대해 보여준 비판과 전복을 계승하였다. 그러나 그들은 더 멀리 나아갔다.

창작의 측면이 모더니티 사조와 호응했다면, 이 시기 이론과 비평 또한 모더니티가 주도한 시기였다. 서구 영화 이론이 끼친 영향을 그 속에서 찾아볼 수 있다. 거울 이론이나 작가 이론, 장르 이론, 기호학, 구조주의, 정신분석, 페미니즘, 이데올로기 비평 등이 이론과 비평 담론을 잇달아 선도했고, 중국 비평가들 역시 이를 폭넓게 수용하여 응용했다. 서구 이론의 충격과 영향 속에서 일부 중국영화 이론가들은 심지어 "중국에는 영화 이론이 없다"(장쥔시앙〔張駿祥〕)고까지 말하기도 했다(陳犀禾, 2004). 일부 학자들은 모더니티의 관점으로 민족영화 이론을 새롭게 발견하고 평가하고자 하면서 '그림자극'론을 내세우기도 했다(陳犀禾, 1986; 鐘大豊의 관련 글). 또한 급진적 비평가들은 서구의 모더니티 관념을 통해, 전통적 색채를 띤 중국의 인문 사상과 예술 형식을 비판하기도 하였다. 예를 들면 '시에진 모델'에 관한 논의가 그것이다. 이러한 이론과 비평 사조의 공통된 특성은 모더니티의 충격과 발양 속에서 중국영화 문화 속의 민족 이론과 미학이 늘 '질문'당하는 위치에 놓이게 되었다는 점이다.

결론적으로, 이 시기에는 영화 창작과 이론의 층위에서 모더니티라는 주제가 크게 부각되었다. 문화대혁명의 극좌 사조로 대표되는 계급과 혁명 관념, 전통 정치문화로 대표되는 민족성이 공모 관계로 인식되었으며, 이들이 함께 근대 중국 사회의 진보와 생산력의 발전을 저해하고 중국영화의 건강한 발전을 가로막았다며 모더니티의 안목으로 신랄하게 파헤치고 비판한 것이다.

90년대 전반기-혼합과 협상

1990년대 초의 중국에서는 1989년 사태[11]와 동유럽 해체 이후의 정치적 안정과 경제 발전 문제가 주요 고려 대상이었다. 이 시기 중국 사회에서는 다시 마르크스로 돌아가자는 입장과 시장경제를 계속 발전시켜야 한다는 입장이 공존했다. 즉 경제의 현대는 여전히 계속되어야 하지만, 문화와 정치는 다시 전통적 혁명성을 확립해야 한다는 것이었다. 모더니티라는 주제는 여전히 폐기되지 않았지만 경제와 도구 이성의 측면에 집중되어 있었다. 그러한 배경하에서 중국영화의 국면과 아버지 형상에도 중대한 변화가 일어났다. 영화의 국면이라 함은, 1990년대 주선율, 예술영화, 오락영화가 공존하게 되었음을 말한다. 아버지 형상의 중대한 변화란, 1980년대에 주변화되었던 혁명적 아버지 형상이 새롭게 스크린의 중심으로 귀환한 것을 가리킨다. 이 시기에 수없이 등장한 주선율 영화가 그 현상에 크게 이바지했다.

주선율 영화 - 혁명적 아버지의 귀환

이른바 주선율 영화는 이전부터 국가의 주류 정치문화를 모범적으로 표현한 영화를 가리켰다. 이들이 새롭게 '주선율'이라 명명된 것은, 새로운 형세 속에서 그 중심적 지위를 다시 강조하기 위함이었다. 그들은 현재로서는 사실상 '유일한' 주류 영화가 아니기 때문이다. 신시기의 사상 해방 운동 이후 다양해진 영화 창작 주제와 스타일은 이 영화를 '수많은 장르' 영화 가운데 하나로 변화시켰을 뿐 아니라 시장에서도 오락영화에 눌리고 미학적으로는 예술영화에 압도당하는 형국에 처하게 만들었다. 이러한 상황에서 1987년 3월 중국영화국은 스스로 개최한 전국 극영화 창작 회의에서 처음으로 "주선율을 부각시키고 다양화를 지켜나가자"는 구호를 제기하였다. 같은 해 7월 4일에는 중앙[12]의 승인을 거쳐 베이징에서 딩챠오(丁嶠)가 혁명역사제재 영상창작 지도소조(나중에 '중대한 혁명역사제재 영상창작 지도소조'로 정식 개명함)의 조장(팀장)을 맡게 되었다. 촬영 경비를 전폭적으로 지원하기 위하여 1988년 1월에는 국가 방송영화텔레비전부와 재정부가 중대한 제재 극영화 촬영 기금을 마련하여 "1987년부터 1991년까지 4년 동안 〈개국대전(開國大典)〉, 〈백색 기의(白色起義)〉 등 6편의 영화에 총 1천5만 위안을 지원했다. 그러나 실제로 중점 영화에 대해 규범적이고 제도적인 자금 지원이 이루어진 것은 1991년 5월 국가 영화사업 발전 전문자금이 창립된 이후부터였다"(林黎勝, 1996). 1996년 3월 후난(湖南) 창사(長沙)에서는 사회주의 중국 수립 이래 최대 규모의 최고위급 전국 영화인회의가 개최되어, 수준 높은 영화를 만들려는 '9550' 계획을 통해 주선율 영화 제작에 정책과 자금을 지원하자는 안건을 공식적으로 추진하기 시작했다. 이렇게 주선율 영화는 혁명적 아버지 형상을 재건하고 보수하였다. 여기서 '재건했다' 함은 이 시기의 주선율 영화들이 혁명 지도자 형상과 모범적인 공산당원 형상을 새롭게 창조함으로써 80년대의 아버지 형상에 대한 반역적 사유를 교정했다는 것을 말한다. '보수했다' 함은 이러한 주선율 영화들이 전통적인 혁명 아버지 형상을 개조함으로써, 사랑도 할 줄 알고 가족도 돌보는, 심지어는 영광스러운 상처를 입지 않은 채 결점과 개성을 보여주는 등 인간적인 색채를 주입했다는 뜻이다.

5세대 영화인들은 1980년대 아버지에 대한 사고를 지속했으나(장이머우, 천카이거), 그들의 운명은 이미 80년대와 같이 '첨단을 걷지'는 못하게 되었다. 일부 영화들은 상업화로 빠져들면서 거짓 민속영화로 중국인의 형상에 흠집을 내고 있다고 비판받기도 했다. 6세대는 그런 면에서 5세대를 이어받았지만, 한편으로는 5세대를 배반했다. (그들은 아버지 플롯을 포기하고 자신들의 경험에 주목했다.) 이 시기의 수많은 오락영화들, 예를 들면 쿵후 무협영화의 아버지에 대한 태도는 민간과 전통에 대한 가치에 경도되어 있었다. 남성적인 민간의 협사(俠士)와 영웅들이 남성 폭력과 부권의 가치를 숭상함과 아울러 정의와 양심, 애국주의 등을 대표했다. 그러나 시장의 오락영화는 더욱 현대적인 경제 의식을 갖추고 있었다.

1990년대 중국영화의 전반기는 혁명성과 모더니티, 민족성이 뒤섞이며 협상한 시기라고 볼 수 있다. 한편으로는 아버지 형상이 재건되고 보수되면서, 다른 한편으로는 오락영화가 경제적으로 운용되며 시장을 향해 나아가고 내용적으로는 전통문화와 가치에 경도되었던 것이다. 동시에 4세대, 5세대, 6세대의 예술영화들은 여전히 전통적인 아버지와 부권에 대한 현대적 비판을 고수하고 있었다. 이 시기에 현대 서구 비평담론의 엘리트 비평(예를 들면 이른바 '포스트식민 비평')이 5세대 영화에 대하여 격렬한 공격을 퍼부었다는 점은 매우 풍자적이다. 그들의 포스트식민

담론은 사실상 민족주의와 제3세계 담론이었기 때문이다.

1990년대의 첫 번째 단계에서 중국영화는 중국의 사회, 문화, 정치의 발전상과 궤를 같이하면서 전통적인 혁명성을 다시 확립하고자 했다. 그러나 모더니티라는 주제는 여전히 폐기되지 않았고, 민족성이라는 담론이 엘리트 비평과 오락영화 속에서 나타나기 시작했다.

1990년대 후반기 - 민족주의의 강화

1990년대 전반기를 혁명성, 모더니티, 민족성의 혼합과 협상의 시기로 본다면, 90년대 후반기에는 그 협상이 더욱 명확한 결과를 가져왔음을 알 수 있다. 즉 냉전 종식이 가져온 최초의 충격을 받아들이고, 전 지구화가 가속화하며, 타이완 해협의 정세가 불안해지거나, 홍콩과 마카오가 반환되는 과정 속에서 중국의 현대문화가 새로운 방향, 즉 민족주의라는 방향으로 나아가고 있음을 알 수 있는 것이다. 이러한 방향은 지고한 국가의 지위와 민족의 통일과 발전, 전통적 문화를 강조한다. 한때는 전 지구화의 과정 속에서 대국의 패권에 대하여 "'노(No)!'라고 말할 수 있는 중국"이 유행하기도 했다. 영화 역시 혁명성을 강조하는 주선율이나 모더니티로 가득한 예술영화 모두 약속이나 한 듯 민족주의 사조를 향해 나아갔다.

여기서 나는 민족주의와 민족성에 대해 잠시 변론하고자 한다. 내가 보기에 민족성이란 객관적이고 자연적으로 존재하는 특성이어서 창작자들의 의도에 따라 혹은 무의식 중에도 표현될 수 있는 것이다. 그러나 민족주의는 주관적이며 지향에 따라 실현되는 주장으로서 창작자가 적극적이고 의식적으로 노력하는 목표이기 때문에 사상운동과 늘 결합한다. 1990년대 전반에서 후반에 이르기까지 중국영화문화는 이러한 자각적인 민족주의의 변화를 경험했다.

정치적 민족주의

1990년대 중반 홍콩 반환 전야에 시에진은 거대 서사시 영화인 〈아편 전쟁(鴉片戰爭)〉에서 린쩌쉬(林則徐)를 통해 민족주의적 아버지 형상을 창조했다. 이는 당시 인기가 하늘을 찌르던 펑샤오강(馮小剛)의 3부작과 〈홍허 계곡(紅河谷)〉, 〈황허의 사랑(黃河絶戀)〉, 〈보랏빛 태양(紫日)〉 등이 혁명성과 민족주의를 결합하도록 영향을 주었다. 비록 아버지 형상이 구체적인 물리적 표현으로 등장한 것은 아니었으나 그 법칙과 정신은 도처에 나타났다. 이 영화들은 중화의 아들딸들이 "민족과 국가, 정치의 가장 큰 이익을 위하여" 몸을 바치는 이야기로서, 정치적 민족주의를 보여주었다. 또한 장이머우나 천카이거도 전통으로 회귀하면서 아버지를 동일시함으로써 문화적 민족주의를 드러냈다.

5세대의 전향

당시 5세대 또한 아버지의 형상에 대한 해석에서 중요한 조정안을 내놓았다는 점은 더욱 중요한 의미를 띤다. 1999년 장이머우는 〈집으로 가는 길(我的父親母親)〉[13]을 찍었다. 부모 세대의 젊은 시절 사랑을 직접적으로 그린 영화 속에서 장이머우는 완전히 새로운 아버지 형상을 창조한다. 이 영화는 아들의 시점에서 출발하여 아버지와 어머니 사이의 감동적인 사랑 이야기를 그려낸다. 그 이야기 속에서 전통적인 부권의 그림자는 이미 사라졌고, 사람들은 평민화된 아버지만을 볼 수 있다. 그 아버지는 다음 세대에게 매일 지식과 사람됨의 도리를 전수할 뿐이다. 그러한 아버지에 대한 기억 속에서 장이머우는 낭만적 청춘에 대한 정서를 기탁하면서 마음속 깊은 온정과 사랑을 표현하고 있다. 아버지와 어머니의 변함없이 성실하고 의지 깊은 사랑 이야기 속에서, 그리고 다음 세대에 대한 아버지의 가르침 속에서, 장이머우는 아버지의 역할에 대한 새로운 사고와 더불어 전통에 대한 새로운 사고를 보여주고 있다.

사실 장이머우의 그런 전향은 우연이 아니다. 5세대의 또 다른 주장인 천카이거도 2002년에 〈투게더(和你在一起)〉를 선보였다. 제목을 처음 보면 남녀 사이의 사랑 이야기인 것으로 여겨지지만, 영화를 보고 나면 바로 부자 사이의 사랑을 다룬 영화임을 알게 된다. 여기서 말하는 2인칭 대명사(你)[14]는 곧 아버지를 가리킨다. 영화는 실제로 세 명의 아버지 역할(계부 한 명과 '사부(師父)' 두 명)을 창조했다. 영화는 아들의 성장과 훈련 과정을 통해 아버지의 '양육'과 '가르침'의 중요성을 강조하고, 아버지의 희생과 헌신 정신을 노래했다. 영화 속의 다음 숏은 매우 고전적이라고 할 수 있을 것이다. 가난하면서도 음악에 성실한 지앙(江) 선생은 샤오춘(小春)의 성공을 위하여 더 훌륭한 선생님에게 그를 보내기로 결정하고, 마지막으로 그를 위해 피아노를 연주한다. 황금빛 조명이 위쪽에서 비스듬히 쏟아지면서 피아노를 연주하는 지앙 선생을 뒤덮는다. 이것이 바로 오늘날 천카이거의 마음속에 있는 아버지의 형상이다. 〈황토지〉의 어두컴컴한 동굴 속에 있던, 선량하기는 하나 우매하고 무지하여 딸아이를 죽음의 길로 내몬 아버지 형상과는 한참 멀리 떨어진 것이다.

바로 여기에 의미심장한 절합이 있다. 장이머우와 천카이거의 두 영화에서, 초기에 봉건 가장으로 묘사되었던 아버지 역할이 이제는 가르침에 성실한 교사로 창조되고 있는 것이다. 5세대의 초기 영화들과 비교해 보면 이러한 변화의 의미는 매우 크다. 이 새로운 아버지 속에서 장이머우와 다른 5세대 감독들이 일찍이 보여주었던 봉건적 부권에 대한 분노는 이미 사라져 있으며, 아버지와 전통에 대한 동일시, 그리고 현실에 대한 화해가 표현되고 있다. 그러나 또 다른 차이 또한 무시할 수는 없을 것이

다. 부권을 공격했던 5세대 초기 영화가 정치와 체제의 측면에 치우쳐 있
다면, 이후의 영화들은 윤리와 인정의 측면에 대한 동일시에 치우쳐 있는
것이다. 이를 문화적 민족주의라 부를 수 있을 것이다.

　이러한 문화 민족주의의 흐름에 일부 6세대 감독들도 동참했다. 장양
(張揚)의 〈샤워(洗操)〉는 당시 유행하던 이른바 '신주류 영화'의 주장에 꽤
가까이 다가가 있다. 그는 현대적 시야로 전통문화(주류문화가 아닌)를 관
찰한다. 그 태도는 전통을 비판하고 새롭게 인식하는 것이다. 영화는, 선
전(深圳)에서 돌아온 아들이 베이징의 목욕탕에서 평생 동안 일해온 아버
지와 곧 사라질 목욕탕 문화를 이해한다는 설정을 알게 모르게 포스트모
던한 회고풍과 결합시켰다. 물론 〈수쥬(蘇州河)〉, 〈북경 자전거(十七歲的單
車)〉, 〈소무(小武)〉 등의 잔혹한 청춘영화에는 여전히 청춘의 나르시시즘과
아버지의 플롯을 벗어나려는 시도가 남아 있지만 상대적으로 주변화되어
있음을 볼 수 있다.

　이 단계에서 쟁점이 된 것은 산업 이론이었다. 그러나 그 방법론은 순
수 경제학적인 학리적 연구가 아니라 실용적인 전략에 대한 연구였다. '시
장화'(영화의 성공을 정의하는 경제적 척도로서의)는 새로운 개념으로 이론
적 쟁점을 형성했으며, 시장의 관점은 민족문화의 생존 공간에 대한 주목
을 두드러지게 했다. 이는 민족주의 담론의 이론적 변주라 할 수 있다. 아
울러 세계 영화 탄생 100주년과 중국영화 90주년을 기념하면서 중국영화
사와 민족 이론 연구도 이전에 비하여 더욱 중시되었다. 새로운 이론 가
설, 즉 "더욱 민족적인 것이 더욱 국제적"이라는 가설도 꽤 유행했다. 요
컨대, 이론과 비평의 형식이 다양화했으나, 그 입장은 오히려 더욱 본토화
했던 것이다.

　결론적으로 1990년대에는 문화와 정치의 모더니티와 혁명성이라는
주제가 한데 어울려(협상) 민족주의로 나아갔다. 혁명성의 주선율과 민족

주의가 결합하고(펑샤오강, 시에진), 정치적 민족주의가 나타났으며, 모더니티를 추구하는 예술영화도 민족주의와 한데 어울리면서(《샤워》, 〈집으로 가는 길〉 등) 문화적 민족주의가 나타났다. 이론적으로도 본토 의식이 더욱 강조되었다. 민족주의가 진정한 의미에서 중국영화 문화의 주선율이 된 것이다.

민족주의─새로운 세기, 가장 힘센 소리

이상의 서술을 통해 우리는 민족주의가 1990년대에 주도적인 이데올로기가 된 과정을 알 수 있다. 그 과정은 다시 두 시기로 나눌 수 있다. 즉 전반기의 주변을 맴돌던 상태와 후반기의 주도적인 상태가 그것이다. 10여 년의 발전 및 다른 담론들과의 협상을 통해 민족주의(문화적이든 정치적이든)는 점차 정부와 민간, 산업계의 공통된 인식으로 자리 잡았다. 새로운 세기에 들어서면서 그것은 막아낼 수 없는 시대의 가장 힘센 소리가 되었다.

〈영웅〉 현상

중국 내외에 큰 영향을 미친 장이머우의 〈영웅〉은 가장 유력한 예증이다. 〈집으로 가는 길〉과 〈투게더〉가 아버지에 대한 낭만적이고 따뜻한 서정시였다면, 〈영웅〉은 아버지 형상에 대한 장엄하고도 엄숙한 송가(頌歌)이다. 아버지 역할을 보여준 등장인물 진시황은 영화 속에서 '평화'와 '통일'의 창건자로 빚어진다. 많은 평론가들은 진시황이 역사 속에서 봉건적인 폭군이었지 '평화'나 '통일'의 창건자는 아니라고 여겼다. 그러나 영화 홍보팀은 영화가 평화와 통일, 공포에 대한 저항이라는 주제를 표현하고 있다고 강조했다. 그들은 예술 창작으로서 영화 텍스트를 역사 텍스트와 동일시하고 싶지 않았던 것이다. 그러나 이 영화 텍스트가 역사 텍스트와 유리되어 존재하기는 힘들다. 무협영화로서 〈영웅〉이 직접적으로 진시황의 통치를 표현하지는 않았다 해도, 실제 존재했던 역사적 인물로서 진시황의 의의와 그 기의는 그 전체가 영화 텍스트에서만 연유하는 것이 아니라 관련된 역사적 텍스트에 빚지고 있기 때문이다. 기호학은 이를 상호텍스트성(intertextuality)이라고 불렀다. 〈영웅〉의 이야기도 그러한 상호텍스트성을 취하고 있으며, 진시황과 그 암살에 관한 이야기 역시 풍부한 역사적 함의를 이용하고 있다. 내가 보기에 중국 밖에서 〈영웅〉이 성공한 이유는 이 영화가 빛나는 중국의 무술과 무협영화로 시장에서 소비되었기 때문이다. 그러나 중국 내의 현대 문화적 의미에서 가장 중요한 점은 이 영화가 국가적(정치적) 민족주의 사상을 두드러지게 보여주었다는 사실일 것이다.

전통에 대한 동일시를 문화적 층위(《집으로 가는 길》)에서 정치적 층위로 확장시킨 장이머우의 〈영웅〉은 현대 중국 사회 및 문화와 동일한 구조적 관계를 맺고 있다. 즉 민족주의를 기본 주제로 삼고('체용지변〔體用之辯〕' 중의 '체〔體〕'), 모더니티를 민족주의라는 주제를 실현하는 수단과 도구로 삼았던('체용지변〔體用之辯〕' 중의 '용〔用〕') 것이다. 장이머우의 영화 언어는 테크놀로지와 디지털화된 기법으로, 새로운 영웅의 시각적 형상과 민족 상상의 도구 혹은 수단을 창조한 것이다.

시에진과 장이머우

현대 중국영화에서 가장 대표적인 두 감독이 어떻게 아버지 형상을 창조했는가를 통해 중국영화 문화 발전의 발자취를 살펴볼 수 있을 것이다. 그 하나는 시에진이다. 시에진의 영화는 혁명의 아버지 문화(홍창칭을 대표로 하는)에서 아버지의 빈자리와 그 비판에 이르고(〈톈윈산의 전설〉, 〈말몰이꾼〉, 〈푸룽전〉을 대표로 하는) 다시 아버지 문화(린쩌쉬를 대표로 하는)를 재건하는 데까지 나아간다. 이러한 발전의 자취는 현대 중국문화의 총체적 변화를 반영하고 있다. 이는 1960년대의 혁명 담론이 민족주의 담론으로 변화하고 혁명성이 민족성으로 전환하고 있음을 함의한다.

또 다른 감독은 장이머우이다. 초기에 보여준 아버지 문화에 대한 전복과 혁명(〈붉은 수수밭〉에서 리다터우를 죽이고 〈국두〉에서 양진산을 없애는 등)에서 아버지와의 화해(〈집으로 가는 길〉)에 이르기까지, 다시 오늘날 진시황에게 머리를 조아리기까지(〈영웅〉) 그의 생각은 급진적인 모더니티에서 전통적인 민족성으로의 변화를 보여주었다. 두 감독은 비록 영화 스타일이나 주제는 상이하지만 특별한 길을 함께 걷고 있다. 함께 민족주의로 나아가고 있는 것이다. (여기서는 자세히 분석하지 못하지만 물론 둘 사이에는 차이가 드러난다.)

그리하여 현대 중국영화 문화에서 민족주의의 지위는 1949년 이래로 주변에서 중심으로 나아가는 과정을 거쳐왔다. '17년' 시기에 중국문화의 민족성과 민족 전통은 마르크스주의의 그림자 아래서 무정하게 해부되어야만 했다. 신시기에 중국문화의 민족성과 민족문화는 모더니티의 그림자 아래서 낙후한 보수적인 면모로 여겨져야 했으며 (5세대 영화를 대표로 하는) 맹렬한 공격을 받았다. 시에진의 영화가 극좌 문화와 정치를 비판하면서 민족문화의 인문과 도덕 전통으로 돌아가고 있지만, 그의 '시에진 모델' 또한 모더니티 비평 사조의 맹렬한 공격을 받았다. 그러나 오늘날 민족주의는 마침내 그림자를 걷어내고 마음껏 발양되면서 혁명성과 모더니티를 휘하에 통솔하고 있다.

맺음말 – 역사, 현실, 그리고 그 성찰

"International(잉터나슝나얼, 인터내셔널)은 반드시 실현되어야 한다!"는 중국 사람이라면 누구나 잘 아는 〈인터내셔널가(歌)〉의 마지막 가사다. Internationl은 '국제적', '세계적' 등으로 직역된다. 가사 속에서 이는 '국제적 프롤레타리아 혁명'을 가리킨다. 1949년에 신중국이 수립된 이후 〈인터내셔널가〉는 〈국가〉, 〈동방홍(東方紅)〉과 함께 현대 중국문화에서 극히 중요하고 숭고한 지위를 차지해왔다. 우리는 〈인터내셔널가〉가 소리 높여 부르는 국제 프롤레타리아 혁명의 이상이 실현되는 그날, 세상에서 국가가 사라지고 사유제도 사라지고 심지어 가족도 사라질 것이라고 믿어왔다. 그러나 이 노래가 중화의 대지에 울려퍼진 지 수십 년이 지난 오늘에도 국가와 민족을 상징하는 용에 대한 토템과 만리장성의 표지, 올림픽에서 국기가 게양되고 국가가 울려 퍼지는 순간, 황제릉(黃帝陵) 제사, 병마용 전시, 공자에 대한 제사, 경서를 읽는 소리, 제왕의 형상은 여전히 우리의 현실 삶과 미디어 세계를 가득 채우고 있다. 심지어 옌안 혁명의 근거지에 세워진 인민대학 같은 대학도 최근에 '국학원(國學院)'을 세웠다. 국제·양안 정치에서 우리는 중국의 '평화로운 도약(和平崛起)'이라는 구호를 제기했다. 타이완의 리엔잔(連戰)과 쑹추위(宋楚瑜)[15]의 대륙 방문에 "양안의 동포는 한가족"이라며 ('이즘'의 문제는 한켠에 제쳐두고) 환호했다. 우리는 국가가 통일되고 민족은 그 누구보다도 발전하리라고 굳게 믿는다. 요컨대 오늘날은 International(인터내셔널)이 아니라 National(내셔널 : 국가적, 민족적)이 우리 시대의 가장 힘센 소리가 된 것이다. 그리하여 나는 〈인터내셔널가〉를 부를 때마다 그것이 미래의 전망을 제시하는 것이 아니라 역사의 메아리 같다고 생각하곤 한다. 이러한 생각이 나로 하여금 1949년 이래 현대 중국문화의 전환과 대중문화로서 현대 영화의 전환 사이의 관계에 대해 탐구하도록 이끌었다.

사실 역사적으로 보면, 민족주의는 근대 중국문화와 이데올로기에서 기본적인 구성 요소였다. 1949년에 마오쩌둥이 톈안먼(天安門) 성루에서 "중국 인민이여, 이제 일어섭시다!"라고 선포했을 때 우리는 분명히 강렬한 민족주의적 정서와 그 외침을 들었다. 물론 그의 민족주의 정서는 주로 정치적·혁명적·국가적 민족주의였다. 그것은 오랫동안 마르크스주의의 거대 서사에 순응했으나, 국가 정치의 잠재의식이라고 볼 수도 있을 것이다. 신시기(1980년대)에 그러한 잠재의식은 전통적인 마르크스주의와 계급혁명 관념이 사회적 진보와 생산력 발전을 해결하지 못했다는 초조함과 민족 국가의 경제 발전에 대한 높은 관심으로 표현되었다. 그리하여 중국은 모더니티를 강조하는 데로 나아가 4대 현대화를 제창했던 것이다. 1990년대에 세계는 전 지구화와 국가를 넘어서는 시대로 접어들었는데, 중국에서는 오히려 민족주의가 공공연히 수면 위로 부상하여 현대 중국영화와 대중문화의 주선율이 되었다는 사실은 아이러니컬한 면이 있다.

1950년대에 우리는 혁명화된 국제성을 꿈꾸었으나, 오늘날 우리가 마주하고 있는 것은 자본화된 국제성이다. 이 또한 우리가 미처 생각지 못했던 바다. 그러나 우리는 이러한 새로운 현실적 맥락을 마주하고서야 중국 민족주의의 발흥을 더욱 명징하게 인식할 수 있었다. 그때 민족주의가 (아마도) 현대 중국문화에서 가장 현실적이고 합리적이며 전략적인 선택이었기 때문일 것이다. 그것은 정치적, 문화적으로, 또한 국제적인 전 지구화 추세에 있어 균형을 유지하는 필수적인 요소이자 전 지구화의 배경 하에서 중화 민족의 지역을 뛰어넘는 통일(여기서 '지역을 뛰어넘는다'는 표현은 영어의 'transnational'로 '국가를 뛰어넘는'이라고 번역될 수도 있다. 영어로 글을 쓰는 많은 학자들은 종종 대륙과 타이완, 홍콩 사이의 관계를 transnational한, '국가를 뛰어넘는' 관계로 파악한다)이라는 현실적 선택을 실현하려는 것이다. 따라서 그러한 민족주의의 도약은 현대 중국문화와 전 지구화, 트랜스내셔널 사조가 대화한 결과물이다. 그런 의미에서 오늘날 민족주의는 중국이 전 지구화 경제와 트랜스내셔널한 정치에 개입하는 전략이자 수단으로 강력한 정치성을 갖추고 있으며, 전통적 혁명성과 일종의 암묵적 관계를 맺고 있는 것이다.

그러나 민족주의 사조가 발흥하는 역사적·현실적 원인이 있다고 해서 중국이 아무렇게나 민족주의라는 브랜드 상품을 무조건적이고 맹목적으로 받아들여야 한다는 뜻은 아니다. 혹은 민족주의의 기치 아래 낙후하고 부패한 것들을 유지시켜야 한다는 뜻도 아니다. 양전닝(楊振寧)은 일찍이 2004년 중국문화 정상 포럼에서, 근대적·과학적 사유 발전을 저해한 《주역》의 부정적 영향과 중국의 전통적 사유의 결함을 논한 바 있다. 물론 양전닝의 의견에 동의하지 않는 많은 사람들이 있으나, 그 또한 민족 전통에 대한 우리의 변증적 사고에 장애가 될 수는 없다. 우선, 민족은 고정적이고 정지해 있는 범주가 아니라, 시대의 진전과 변화에 따라 발전해온 개념이다. 베네딕트 앤더슨의 관점은, 민족이 변화하며 상상적이며 차이를 지닌 채 구축되는 것이지 원시적으로 태어난 본질이 아니라는 것이다(베네딕트 앤더슨, 2003). 또한, 민족성은 외래문화의 영향을 배척하지 않는다. 사실 전 지구화의 배경 아래서는 외래문화를 배척할 수도 없다. 핵심은 그러한 영향을 취사선택함으로써 능동적이고 진보적인 민족문화를 건설하는 것을 목적으로 삼아야 한다는 것이다. '가져오기주의(主義)'를 취하되, 중국인 자신이 활용해야 하는 것이다. 그저 단순하고 협애하게 배척하면 또 다른 오류로 빠져들 수밖에 없기 때문이다. 현대 중국의 민족문화도 바로 마르크스주의라는 서구 문명의 기초를 받아들인 기초 위에서 발전한 것이다.

이쯤에서 시에진 감독이 홍콩 반환 직전에 촬영한 〈아편전쟁〉이 민족

과 역사문제를 어떻게 이해하고 있는지 이야기를 꺼내봐도 무방할 것이
다. (이 영화는 기존 아편전쟁을 제재로 한 영화인 〈린쩌쉬〉와는 분명히 다르
다.) 이 영화는 영국 식민주의와 중화민족 사이의 갈등을 정면으로 표현하
면서도 다른 한편으로는 적극적으로 외부를 향하여 확장하는 서구 자본주
의 산업 문명과 폐쇄적이고 쇄국적인 동양 봉건주의 농업 문명 사이의 갈
등을 보여주고 있다. 이처럼 두 세력을 비교하는 가운데 성패의 관건적인
요소는 바로 문명의 선진과 낙후였다. 이로써 시에진은 민족주의를 발양
하면서도 모더니티적 시각에서 민족 전통에 대한 성찰 또한 보여주고 있
는 것이다. 그 점에서 시에진의 관점과 태도는 깊이 생각할 만한 가치가
있다.

임대근(한국외대 대학원 문화콘텐츠학과 및 중국어통번역학과 교수) 옮김

여성과 도시

― 차이밍량의 〈청소년 나타〉, 〈애정만세〉, 〈하류〉, 〈구멍〉에 나타난 도시적 여성성과 신체의 정치학

펑핀치아 ┃ 타이완 자오퉁대학 영문학과 교수

차이밍량의 영화는 젠더 경계를 가로질러 여행하며, 이 메트로폴리스적인 지역에서 여성의 육체적 존재를 묘사한다. 이 과정에서 그는 1990년대의 포스트모던한 자본주의 도시 경제의 맥락에서 그 여성들의 욕망을 표현하는데, 이는 특히 〈청소년 나타〉(1992), 〈애정만세〉(1994), 〈하류〉(1997), 〈구멍〉(1998) 등 그의 초기작 네 편에 집중되어 있다.

차이밍량(蔡明亮)은 타이완 뉴웨이브의 두 번째 물결을 이루는 영화감독 가운데 도시적 감성과 신체성에 기반한 미니멀리즘적 영화 언어로 독보적 위치를 차지하고 있다. 비평적으로 환호받는 그의 영화들은, 타이완의 수도 타이베이가 새롭게 변화하고 건설되어 글로벌 도시로 만들어지는 과정을 붙잡아 예술적으로 그려낸다.[1] 허우샤오시엔, 에드워드 양과 같은 초기 타이완 뉴웨이브 감독들에게 개인적이면서 민족적인 역사를 다시금 배치하고자 하는 나르시시즘적 매혹이 있었다면, 차이밍량의 영화는 정반대로 그러한 종류의 "원시적 열정"으로부터 떨어져 나와, 현재와 가능한 미래를 서술하는 데 집중한다.[2] 말레이시아 출신 화교로서 20살이 되던 해에 대학 때문에 타이완으로 건너온 차이밍량의 디아스포라적 경험 역시 그의 작가성에 커다란 영향을 미쳤다. 디아스포라적 경험을 겪은 그는, 타이베이를 외부자의 감정 구조로 읽고 경험하고, 이를 통해 글로벌한 자본의 흐름 위에 건설된 도시의 의식과 무의식을 매우 세심하게 해석하여 그 '경제 기적'의 비전을 영화적 이미지로 옮겨낸다. 그와 동시에 차이밍량의 영화는 젠더의 경계를 가로질러 여행하며, 이 메트로폴리스적인 지역에서 여성의 육체적 존재를 묘사한다. 이 과정에서 그는 1990년대의 포스트모던한 자본주의 도시 경제의 맥락에서 그 여성들의 욕망을 표현하는데, 이는 특히 〈청소년 나타〉(1992), 〈애정만세〉(1994), 〈하류〉(1997), 〈구멍〉(1998) 등 그의 초기작 네 편에 집중되어 있다. 나는 이 네 편의 영화를 통해, 차이밍량이 타이베이의 여성들을 시각적으로 재현하는 방식을 조명하고, 여성 관객의 입장에서 도시 여성성의 재현을 읽어내려 한다.

결핍의 재현

타이베이의 도시 공간은 항상 차이밍량의 영화 작업에서 중요한 구성 요소다. 그의 캐릭터들은 각각 다른 정도의 소외를 보여주며, 지루하면서도 환상적인 도시의 일상생활을 어떻게 볼 것인지에 대해 다중의 시선을 제시한다. 그의 영화는 이 도시 거주민들의 삶의 이미지를 교차편집하여 소외감을 강화시키는 한편, 타이베이 도시성의 포스트모던한 동시성을 체현한다. 차이밍량이 타이베이를 다루는 방식이 독특하다는 것은 도시 군중의 요란스러운 욕망과 소통하기 위해 침묵을 활용한다는 데 있다. 여기서 침묵은 거의 언제나 폭발 지점에 이른 심리적 긴장 상태와 함께한다. 종종 침묵이 깨지고 나면 욕망의 목소리가 폭발한다. 〈애정만세〉에서 여주인공인 린메이메이(양구이메이[楊貴媚] 분)가 4분 동안 아무 말 없이 울음을 터뜨리는 마지막 신은, 이 캐릭터의 억압된 심리를 들여다보는 과정을 통해 관객들이 쾌락과 고통을 마주하도록 허락된 순간이다. 그녀의 흐느낌은, 스크린이 암전되고 감독의 이름이 하얀 글씨로 나타난 후에도 계속 들려온다. 여기서 여성의 육체와 목소리의 분리는 불과 몇 초에 지나지 않지만, 이렇게 육체로부터 분리된 여성의 흐느낌은 차이밍량 영화에서 매우 중요한 문제를 절합한다. 즉 '어째서 여성은 우는가?'라는 질문 외에, 또한 다른 해석의 공간을 열어놓는다.

정말 어째서 메이메이는 우는 것인가? 차이밍량은 그녀가 부조리와 허탈을 느껴 우는 것이라는 양가적 대답을 내놓는다. 우는 것 또한 그녀 삶의 일부로서, 다른 육체적 기능과 마찬가지라는 것이다(Hsieh, 47). 이

신을 성화(sexualize)시켜 읽자면, 이는 게이 주인공인 샤오강과 비교해볼 때, 가벼운 섹스를 찾아다니는 도시 여성 메이메이가 사랑할 대상이 없기 때문에 헤테로섹슈얼리티를 비워내는 것이 된다. 자기가 욕망하는 남자를 가질 수 없는 게이는 울지 않지만, 그 남자와 섹스한 여자는 운다. "왜냐하면 그녀는 한 번도 사랑했던 적이 없었다는 것을 알기 때문이다."(Tsai Kang-yung, 163) 또한 메이메이의 기분이 상한 것은 차가 고장나서, 즉 도시 공간에서 중요한 이동 수단을 잃어버렸기 때문이라고 생각할 수도 있다. 이동할 수 없기 때문에 재정적 손실을 입었을 뿐만 아니라 돈을 벌 수도 없게 되어서, 제7공원, 즉 '타이베이의 허파'여야 하지만, 촬영 당시에는 아직 공사 중이었으며 주민들의 강제 이주에 대한 기억이 새겨져 있는 그 장소로 걸어 들어가는 것 말고는 아무런 할 일도 없게 된 것이다.[3] 차이밍량은 공원 개장일의 가망 없는 전망을 보고서는 영화의 결말을 희망적인 것에서 절망적인 것으로 바꾸기까지 했다.[4] 그렇다면 운명론적으로 말하자면, 울음을 터뜨리기 전에 씩씩하게 공원에 들어갔다고 해도 그녀는 어디로도 갈 수 없었을 것이다. 동시에 이 신은 "민족적/도시적 알레고리"로도 읽힐 수 있다. 이때, 메이메이의 눈물은 구멍이 팬 경관이 단지 "도시적 트라우마 모티브의 연장"(Chiang, 150~152)에 지나지 않기 때문에, 타이완의 번영 이면에 있는 슬픔을 표현하는 것이다.

이 신에 대한 나의 해석은, 메이메이가 영화적 기술로 만들어진 자신의 정체성이 항상 역설적으로 영화적 스펙터클에서 결핍의 상태로 재현된다는 것을 알고 있기 때문이라는 것이다. 이 결핍은 치유될 수도, 치유되지도 않을 상처처럼 끊임없이 도시를 구성하는 욕망의 심연으로 이끈다. 그리고 여성의 육체는 더 밝은 미래에 대한 이루어지지 않은 약속처럼, 항상 욕망하는 상태에 유예될 뿐이다. 〈애정만세〉의 이 마지막 신은 차이밍량의 영화 텍스트에서 타이베이, 여성 캐릭터들과 그 캐릭터들의 관계를 살펴보는 데 훌륭한 패러다임이 된다.

욕망의 신체화

차이밍량의 영화에서 여성의 시각화라는 문제적 임무가 진행됨에 따라, 그 도전적 특성에 대한 자각이 나타나기 시작한다. 페미니즘 영화 비평에서 보자면 절시증(schopophilia)과 성상혐오(iconophobia) 사이의 중간 입장의 위치란 힘든 것이기 때문이다. 절시증이라는 개념은 로라 멀비가 광학적 무의식의 작동 메커니즘을 분석했던 시각적 쾌락 이론과 밀접히 관련되어 있다. 로라 멀비는 〈시각적 쾌락과 내러티브 시네마〉에서 "영화의 매혹이 개별 주체와 그를 개별화시킨 사회적 구성 내에 이미 작동 중인 선험적 패턴에 의해 강조되는 장소와 방법을 분석"(14)하는 데 정신분석을 정치적으로 활용할 것을 주장했다. 로라 멀비는 절시증, 혹은 "보는 즐거움"에 두 가지 모델이 있다고 주장한다. 우선 페티시적 모델은 "다른 사람을 시각을 통한 성적 자극의 대상으로 사용하는 데서 유발된다. 두 번째 모델은 나르시시즘과 자아 형성에서 발전한 것으로, 보이는 이미지와의 동일시로부터 유래한다"(18). 로라 멀비 주장의 취약점은 관객으로서 여성을 분석하려 하지 않았다는 데 있다. 그래서 멀비는 1981년에 다시 쓴 〈시각적 쾌락과 내러티브 시네마에 대한 후기〉에서 '내러티브 문법'으로 남성의 응시를 넘어서며 이를 수정하려 한다(32). 이 시도는 여성 젠더 정체성의 구성에 관한 프로이트의 이론을 받아들여 여성 관객의 복장도착적 시각 쾌락을 설명하려 했던 것이다. 그러나 멀비가 여성 관객과 캐릭터들의 "남성화"에 대해 논한 것은(37) 여전히 남성중심적이며, 바로 그렇기 때문에 전적으로 설득력을 발휘하지는 못한다.

　　이와 함께, 레이 초우의 성상혐오에 대한 경고 역시 재고해봐야 한다. 레이 초우는 영화 이론의 발전을 역사적으로 개괄하며, 앵글로-아메리카 세계에서 페미니즘 영화 이론이 성공적으로 영화 이론의 확산을 촉발시켰으나, 그 이론의 전반적인 이론적 틀은 미셸 푸코가 "억압 가설"이라 불렀던 것에 뿌리를 두고 있다고 정리한다. 레이 초우는 "그러나 이 경우 독특한 것은 억압 가설이 시각장에서 작용해왔고, 성상혐오의 형태를 취했으며, 억압의 내적 작인(이기 때문에 결핍의 기원인)은 역설적으로 다른 무엇도 아닌 (매우 풍부한) 영화적 이미지 그 자체라는 것이다"라고 말한다("A Phantom Discipline", 1390). 영화 이론의 이러한 패러다임 이동은 영화·문화 비평가들 모두를 "영화적 이미지의 자연성(naturalness)"을 문제시하도록 이끌어 "차이에 대한 연구"를 하게 했다(1390). 예컨대 페미니즘 영화 이론가들은 영화에서 여성의 페티시화된 위치에 가장 민감하며, "다른 종류의 응시, 역사, 목적으로 내부로부터 스며든 이미지(혹은 시각장)에 기초하여 생산된" 영화적 페티시즘을 전복하려 하고, 이는 레이 초우에 따르면 "확장 일로의 유령 같은 장에 또 하나의 새로운 페티시즘적 해석 방식"을 만들어줄 뿐이다(1392).

　　성상혐오의 기원과 지배에 대한 레이 초우의 분석은 중요한 질문을 일깨운다. 즉 시각 이미지가 차이의 담론에 의해 와해된다면 무엇을 찾아야 할 것인가, 라는 질문이다. 이 글은 그 질문에 답하기 위해, 차이밍량이 여성을 보는 방법을 관찰하는 여성 관객들에 집중하여 살펴보고자 한다. 내 생각에, 여성 관객은 시각적 쾌락을 즐길 권리가 있고, 그 관객의 비평적 위치는 항상 유동적이며, 다른 문맥들에 따라 변화할 수 있다. 다시 말해, 여성 관객이라 함은 정체성의 정치학에 제한된 것이 아니며, 그 비평의 기반 역시 미리 정해져 있기보다는, 서술해나가야 할 무엇이다. 이 경우, 차이밍량의 영화가 클레어 존스톤이 페미니즘적 "카운터 시네마"라

부를 영화적 산물이 된다 하더라도, 그 영화들은 극소수의 대만 영화들만
이 견주어 볼 수 있는 타이베이 여성들의 심상뿐만 아니라 일상생활에 대
한 통찰을 제공할 것이다.

레이 초우는 또한 정체성의 정치학의 실천으로 인해 "신인동형적 리
얼리즘"에 함몰되는 것 또한 경고한다(1392~1393). 영화 비평에서 '축자
적·육체적 동일시'의 경향은 물론 거짓된 것이다. 그러나 차이밍량의 도
시 여성성의 영화적 재현을 바라보는 하나의 방법은 그가 영화에서 보여
주는 인간 육체에 대한 매혹을 고려했을 때, 육체의 정치학적 관점에서 바
라보는 것이다. 육체적인 의미에서 차이밍량 영화의 내러티브는 거의 언
제나 신체화되어 있다. 피터 브룩스는 "인체의 기호화"와 "스토리의 신체
화"를 통해 근대 서사가 육체를 의미의 기원이자 장소로 만들었다고 주장
한다(xii). 피터 브룩스는 성적 욕망의 관점에서 육체를 정의하는데, 그럼
에도 불구하고 이 욕망은 물리적 차원을 넘어선다. 사실 지적 호기심이란
물리적 충동보다 더욱 중요하며, 내러티브 역학을 지탱하는 것은 브룩스
의 용어로 "에피스테모필리아(epistemophilia)"(xiii)라 불리는 것이다. 이
에 비추어 볼 때 차이밍량의 영화는 그의 캐릭터들이 행하는 육체적 접촉
을 통해 욕망의 깊이를 탐구하고자 하는 에피스테모필리아의 한 예시다.
그는 자신만의 독특한 '바디 랭귀지'를 만들어내기 위해 캐릭터의 육체를
기호화하고, 그 캐릭터들의 욕망과 영화적 텍스트들을 다양한 영화적 장
치를 사용해 신체화시키려 한다고 할 수 있다.

차이밍량의 영화에서 신체의 정치학은 외적 차원과 내적 차원 모두에
서 작용한다. 차이밍량은 자신이 연출하는 영화 속 캐릭터들의 포스트모
던한 소외감을 강조하기 위해 그들이 거주하는 도시 공간과의 관계에 그
캐릭터들을 위치시키려 한다. 피오나 A. 빌레라는 이렇게 말한다.

차이밍량의 미학 가운데 주목할 만한 것은 캐릭터 그 자체에 대한 정돈되고 예리한 강조이며, 거의 모든 프레임은 그 캐릭터들의 (보통 침묵 상태에서 행해지는) 육체적 액션이나 그 자체의 존재감만으로 지배된다. 클로즈업을 거의 사용하지 않는 차이밍량은 신을 자르지 않고 캐릭터들을 멀리 위치시켜놓고, 커다란 환경이라는 배경 앞에 선 그들의 조용하고 작은 몸짓을 미드 숏 혹은 와이드 숏으로 압축해 넣은 채 관찰한다. 이 스타일은 환경에 갇혀 사로잡혀 있다는 느낌을 배가시키는데, 이는 차이밍량이 말하고자 하는 근대 도시 생활의 한 조건인 것이다. 수많은 사람들이 그 어느 때보다 대단한 물리적 밀접성 속에서 살아가지만, 그들의 감정적·심리적 분리란 심원한 것이다.

인물의 물리적 근접성과 심리적 소외 사이의 거리가, 어째서 차이밍량이 남루한 서민 주거지역에서 영화를 촬영하는지에 대한 설명이 될 것이다. 여기서 차이밍량은 도시적 피폐에 대한 정확한 느낌을 잡아낼 수 있었던 것이다. 따라서 자연주의적 결정주의가 스며들어 있는 영화 내적 논리는 타이베이를 소외와 와해의 도시공간으로 관찰하는 차이밍량의 시선이 육체화하도록 기계적으로 재생산된다.

차이밍량은 외적 소외로부터 내부로도 움직여 들어온다. 올리버 조이아드(Oliver Joyard)는 차이밍량 영화의 육체 전개에 관한 논의에서, 자연적인 것과 기계적인 것의 병치와 내부의 중요성을 강조하며 그의 영화에 나타난 육체 재현의 정치학을 말한다.

차이밍량 영화에서 육체는 무엇을 할 수 있는가? 음식과 다른 물질을 삼키고, 소화시키고, 얻어맞고, 쓰러지고, 마치 기계처럼 순환회로를 형성한다. 바로 이것이 변화 수용기가 중요한 이유다. 화장실, 소변, 구토, 욕조, 자위행위, 교성, 동물적 체위 등 수많은 신들이 그러하다. 이상적 대상의 내부를 들여다볼 수 있는 것이다. 즉 이는 고뇌, 사랑, 쾌락 등 미지의 공간으로의 방문이며, 실재의 욕망들과 감정들이 드러나는 그 내부 공간으로의 방문인 것이다. 아마도 크로넨버그를 제외하고 그처럼 가장 미세한 인간 행위, 사물의 가장 작은 움직임을 받아들이는 최종 감각기로서 육체를 믿고 그에 집착을 보이는 동시대 영화인은 없을 것이다. 그의 세계는 특히 세계와, 지구와, 차이밍량의 특권화된 상징적 공간, 개별적이며 구제 불능의 친밀감에 대해 접근 가능케 한다. 차이밍량의 이미지는 육체를 열어 보이지는 않는다. 그의 영화는 해부의 이미지가 아니며, 피도 거의 등장하지 않지만, 산의 정상에서 바라보듯 새로운 관점을 열어 보인다(Tsai Ming-liang 71, 74).

그럼으로써 차이밍량은 다중의 문맥에서 반복된 육체에 대한 탐사를 통해 욕망의 작동을 분리해내고, 그의 에피스테모필리아적 기획을 끝마칠 수 있게 된다.

차이밍량 영화에서 리얼리스틱하게 나타나는 기호화와 신체의 상호작용은 다른 한편으로 알레고리적인 양극화된 독해로 이끌 수도 있다. 〈청소년 나타〉의 경우, 차이밍량은 끊임없이 감춰진 카메라에서 잡힌 것처럼 보이는 '실제의 삶'인 듯한 미장센, 즉 네오리얼리즘적 스타일을 사용한다. 화장실에 가거나 목욕을 하고, 자위하거나 섹스를 하는 등의 육체적 기능들이 현실이라는 환상을 만들기 위해 영화에서 반복적으로 보인다. 이러한 '사실주의적' 관객성의 축에서, 성적 작인이 되거나 '실제' 삶에서 성적 판타지의 대상, 혹은 핀업 걸이 된 여성의 육체는 항상 욕망의 구성과 순환에 있어 필수적인 것이다. 동시에 차이밍량은 그 미니멀리즘적인 단순화를 통해 거의 원형적으로까지 보이는 '대표적' 캐릭터를 효과적으로 만들어냈다. 이러한 미니멀리즘적 영화 언어 사용은 철학적이며 알레고리적인 해석을 요구한다. 작품 목록이 쌓여갈수록 차이밍량의 영화는 학자들이 자신의 분석 틀로 탐구할 만한 범위를 더욱 많이 제공하고 더욱 상징적이 되어가고 있으며, 그가 고심하여 표현하려 했던 사실주의적 차원은 비워진다. 차이밍량의 영화에서 '바디 랭귀지'와 '신체의 정치학'에 관심을 기울이는 것은 알레고리화라는 지금의 비평 모습을 되돌리기 위해서이다. 이는 상징적이거나 알레고리적인 관객성은 여성을 추상화시키기 쉽고, 영화적 실천에서 텅 빈 기표만을 생산할 공산이 크기 때문에 여성 이미지 독해에 있어 특별히 중요해지는 것이다.

차이밍량이 보여주는 육체의 정치학에 대해 명확히 해야 할 지점은, 그가 여성의 육체만큼이나 남성의 육체, 특히 게이의 육체에도 관심을 보이고 있다는 것이다. 차이밍량의 모든 영화에 반복하여 등장하는 배우 리캉셍(李康生, 혹은 샤오강이라 불리는)은 가장 확실한 예이다. 또한 차이밍량 영화에 반복적으로 출연하는 먀오티엔(苗天)이나 천차오중(陳昭榮)과 같은 배우들은 작품이 바뀔 때마다 성적 성향 또한 점진적으로 이동하는 듯하다. 차이밍량의 세 번째 장편영화인 〈하류〉의(이전 두 편의 영화에 출연했던) 모든 남자배우들은 게이다. 〈청소년 나타〉에서 아체(천차오중 분)에 대한 샤오강의 무의식적이고 전치된 동성애적 욕망은, 열정에 못 이겨 잠든 아중(역시 천차오중 분)에게 키스하는 〈애정만세〉의 신으로 연장된다. 이러한 지점은 〈하류〉의 게이 사우나 신에서도 전개된다. 여기서 샤오강은 극중 아버지인 먀오티엔과 근친 섹스를 하게 된다. 또한 첫 번째 영화에서 이성애적 남성 역할을 했던 천차오중은 먀오티엔과 같은 게이 사우나에서 섹스를 하게 되는 게이로 잠깐 등장한다.

차이밍량 영화에 나타난 여성들

그럼에도 불구하고 여성의 육체는 차이밍량의 영화에서 타이베이와 같은 도시 환경 속의 욕구불만적 욕망의 스토리를 해설하는 데 탁월하다 싶을 정도로 강력한 내러티브를 구성한다. 차이밍량의 영화에 나타난 도시의 여성성을 읽을 때 가장 생산적인 방법은 여성을 재현하는 그의 '문법'을 이해하는 것이다.[5] 차이밍량이 초기작 네 편에서 도시의 여성성을 재현한 기본적 문법은 다음과 같이 요약할 수 있을 것이다. 언제나 이동성이 높고, 경제적으로 독립해 있으며, 성적으로 적극적인 도시 환경에 위치한 여성들. 그들은 타이베이와 같은 글로벌 도시의 리듬에 잘 적응한 듯 보이고, 스스로 선택한 삶에 완전히 몰두하고 있다. 이 도시 여성들은 공격적이기도 하다. 네 편에 등장하는 거의 모든 이성애 장면에서 우리는 지배적인 성적 입장에 있는 여성을 보게 된다. 하지만 차이밍량의 여성이 스스로 성적으로 즐기는 데 자유롭다는 사실에도 불구하고, 그들은 물리적이며 심리적인 불만의 상태에 유예되어 있다. 게다가 〈청소년 나타〉에서 〈구멍〉에 이르기까지 차이밍량의 여성은 항상 이성애적 육체로 재현된다.

여성 캐릭터에 이성애를 설정하는 것은 차이밍량이 게이의 욕망을 그려내고자 용감히 돌진한 것에 비춰볼 때 문제적이다. 그의 초기 장편영화 세 편은 전체적으로 보아 타이베이 게이 문화에 대해 드문 시각을 제공하며 커밍아웃하는 과정이라고 할 수 있다. 그러나 레즈비언 문화나 욕망을 그려내는 것은 비교적 최근작인 〈지금 거긴 몇 시?〉(2001) 이전까지는 그가 재현한 도시 풍경 속에 부재했다. 새로운 밀레니엄을 맞이한 이 영화에서 차이밍량은 레즈비언 플롯에도 불구하고, 여전히 이성애적 욕망에 압도되어 있는 스토리를 다룬다. 디아스포라인 두 중국 여성은 소외라는 압도적인 느낌에서 벗어나기 위해 파리의 한 호텔에서 침대를 같이 쓴다(이 만남은 성적 욕망을 충족하는 것과는 거의 상관이 없다). 이와 같이 차이밍량이 타이베이에서 레즈비언의 만남을 그려내지 못한다는 것은 그가 인지하는 도시 지도에 중요한 결핍이 있음을 증거하는 것이다.

차이밍량이 인지하는 타이베이의 지도에서 레즈비언의 공간이 부재한다는 것은 또한 그가 세심하게 묘사한 게이의 공간과 날카로운 대비를 보인다. 〈하류〉의 한 신이 차이밍량의 놀라운 게이 공간 구성에 대한 좋은 예가 될 것이다. 이 영화에서 아버지인 먀오티엔은 섹스 파트너를 찾아 도시를 헤매는데, 한 신에서 그는 맥도날드 앞에서 젊은 게이(천차오중)와 마주친다. 서로의 의중을 확인하는 이 신 전체에 걸쳐 직접적으로 눈이 마주치는 순간은 존재하지 않지만, 욕망의 물결이 네온사인으로 장식된 맥도날드 입구 복도에 흘러넘친다.[6] 차이밍량이 롱 숏과 극단적으로 다채로운 조명 효과를 통해 표현한, 꿈의 판타지에 맞닿아 있는 풍부한 시각적 관능성은, 그가 평상시에 사용하는 미니멀리스트적 스타일과는 거의 극과 극이라 할 만큼 비교된다. 이 두 캐릭터는 어두운 사우나실에 들어가기 전까지 거리를 유지하지만, 조심스레 프레임된 복도는 영화에서 커밍아웃의 공간이다. 여기서 고삐 풀린 욕망은 아들 샤오강이 호텔 창문을 열고 햇살이 내리쬐는 발코니로 걸어 나가는 엔딩 신과 공명하는데, 이는 커밍아웃, 말 그대로 옷장 문을 열고 나오는(out of closet) 상징적 행위가 되는 것이다.

차이밍량의 초기 장편 영화 네 편에 레즈비언의 욕망과 공간이 부재하는 것은 사실이지만, 이를 두고 여성을 하위-재현한다(under-representing)는 혐의를 씌울 수는 없을 것이다. 사실 그가 공들인 여성 캐릭터들은 도시의 경제 템포에 남성들보다 훨씬 잘 적응하는 듯 보인다. 예컨대 〈하류〉의 자기반영적 영화 촬영 시퀀스에는 차이밍량의 얼터에고임이 분명한 무자비한 여성 감독으로 홍콩의 영화감독 쉬안화(許鞍華)가 특별출연한다. 영화 촬영 과정을 재현하는 데 여성 영화감독을 쓰기로 한 결정은, 차이밍량 자신이 타이베이에 대해 아웃사이더인 것처럼 홍콩 여성으로서 쉬안화 역시 그러할 것이라는 생각에 내린 결정이었다고 한다

(Rayns, 16). 그러나 이 선택에서 보이는 젠더적 측면은 자신의 작업에 대한 여성의 헌신, 즉 차이밍량의 영화에서 일반적이라 할 수 있는 측면을 보여준다. 말하자면 남성 캐릭터들이 흥분과 만족을 찾아 아케이드와 패스트푸드 체인점을 어슬렁거리는 반면, 여성들은 거의 항상 일만 하고 있는 것이다. 〈청소년 나타〉에서 아귀(왕유웬 분)는 아이스 스케이트장에서 망치로 구부러진 날을 고치고, 〈하류〉에서 샤오강의 어머니(루샤오링 분)는 그녀가 일하는 딤섬 집에 고객을 끌어 모으기 위해 엘리베이터를 오르내린다. 또한 〈구멍〉에서 아래층의 이름 없는 여성(양구이메이 분)은 항상 상태가 좋지 않은 아파트를 청소한다. 모두 결국 똑같은 종류의 심리적 공허에 이를 것이라 해도, 삶에서 여성의 목적성은 남성의 무목적적 생활양식과 날카로운 대비를 보인다. 움직여야만 하는 강한 동기가 없는 남성과 달리, 여성의 바쁜 이동은 삶을 무의미한 반복처럼 보이게 한다. 샤오강의 어머니가 엘리베이터에서 하는 일은, 특히 〈하류〉의 후반부에서 그녀가 탄 엘리베이터에 손님이 아무도 없을 때 더욱 이러한 종류의 텅 빈 반복을 가장 잘 보여준다. 그 노동의 모든 목적은 부조리한 것이며, 바로 그 '노동'의 의미란 심문해야 할 것이 된다.

항상 일을 하는 차이밍량의 여성 캐릭터들은 대부분 이동성이 매우 높다. 도시 주위를 움직여 다니는 이 여성들은 그들이 후기-자본주의적 메트로폴리스의 상업적 정신과 더욱 근접해 있는 존재임을 보여준다. 한 평론가는 〈애정만세〉에 대한 평에서, 이 영화에 상징적 '성적 전도'가 존재한다고 주장했다. 다시 말해 여성인 메이메이가 두 명의 남성 캐릭터보다 더 꾸준한 부양자(bread-winner) 같고, 남성 캐릭터들은 그녀를 놓고 다투는 듯 보이기 때문이라는 것이다(Chang, 185). 이러한 분석은 그 기반을 가부장적 가족, 경제 구조에 두고 있으며, 영화 속의 동성애적 서브텍스트를 무시하고 있지만, 여성과 자본주의 경제 사이의 밀접한 관계를 짚어내고 있다. 〈하류〉에 등장하는 어머니 역시 가족을 부양한다. 몇 박스의 재고 딤섬이 그녀의 게으른 남편을 먹여 살리는 것이다. 그녀와 그녀가 사랑하는 사람 사이의 가장 일반적인 상호작용은 먹는 일이다. 너무 바빠서 샤오강을 의사에게 데려가지 못하자, 어머니는 그에 대한 보상으로 값비싼 열대 과일 두리안을 사 온다(Rayns, 17). 비록 여성이 전통적으로 음식을 만드는 사람이기는 하지만, 차이밍량의 영화에서 그들은 음식을 공급하고 대개 가족의 수입 대부분을 책임진다. 〈하류〉에서 아파트에 물이 샐 때 남편이 할 수 있는 일은 그저 가구를 옮기는 정도인 반면, 물이 새는 파이프를 고치려 벽을 기어오르는 사람은 바로 그 아내다. 여기서 문제를 해결하는 여성의 적극적 방식은 아이러니하게도 남편의 수동성과 불성실함에 대한 설명이 되는 것이다.

'기어오르는 것' 역시 성적 함축을 지닌다. 이는 차이밍량 영화에서 여성들이 보이는 일반적 행동 중 하나다. 〈하류〉에서 여성들 아귀, 메이메이, 어머니는 '그들의 남자를 오르고' 섹스 중 상위 자세를 취한다. 한 인터뷰에서 차이밍량이 메이메이에 대해 언급한 바는 재정적 측면과 성적 측면에서 독립적인 여성에 대한 그의 시각을 잘 보여준다. 차이밍량은 자신은 메이메이를 스스로의 신체를 미끼로 사용해 침실을 포함한 어떤 상황에서도 주도권을 잡는 여성이라고 본다고 말했다. 오직 육체적 쾌락만을 원하는 메이메이는 섹스를 위해 거리에서 고른 젊은 남자 아중의 키스를 거부한다. 메이메이는 아중이 아직 침대에 있는 동안 곧바로 떠나는데, 이는 그녀를 '남성적'인 듯 보이게 한다(Hsieh, 43). (〈귀여운 여인〉에 등장하는 성매매 여성들 중 한 사람이 말하는 교훈인) "섹스만 되고, 키스는 안 돼요"는 도시를 특징짓는 가벼운 소비주의라는 맥락 속에 섹스 신을 위치짓는다. 이처럼 사랑이 존재할 틈이 거의 없으니, 영화의 제목인 〈애정만세〉는 거짓말인 것이다. 차이밍량이 언급한 메이메이의 '남성적' 특성은,

작동 중인 권력 구조가 여전히 젠더 역할의 본질주의적 구성에 기초하고 있기 때문에, 일정 부분 그의 영화 속 여성의 작인을 손상시킨다.

앞서 언급했다시피, 젠더 역할의 해석에 있어 차이밍량은 전통적이지 않다. 사실 그의 영화들은 전통적 가족이나 젠더 담론에 대한 패러디인 경우가 많다. 차이밍량의 실천은 대개 전통적 담론을 영화적 텍스트로 옮겨, 그 자체의 공허함을 드러내는 방식으로 전통적 담론의 가면을 벗기는 것이다. 예컨대, 그의 영화 모티프 중 가장 중요한 것 중 하나는 도시 환경에서 가정의 의미를 묻고, 이 가족 담론에서 여성의 위치를 심문하는 것이다. 그는 도시 공간의 이동성을 강조하여, 뿌리 없고 집도 없는 도시 정체성에 대한 자신의 이론을 전개하는 것이다. 그의 영화적 문법에서 스스로의 전통적 역할이 가정주부인 여성은 역설적으로 도시적 가정 없음(homelessness)의 표식이 된다. 차이밍량의 초기 장편 영화들 속에 등장하는 유일한 전통적 주부는 〈청소년 나타〉에 나오는 샤오강의 어머니다. 그녀는 남편과 아들의 불화 속에서 아무런 목소리도 내지 않으며, 자신의 가족이 무너지는 것에 대해 기도하고, 부적을 태운 잿가루로 음식을 양념하는 것 외에는 아무것도 할 수 없는, 곧 잊혀진 여성이다. 흥미롭게도 여기서 침묵을 지키던 주부 상을 〈애정만세〉에서 샤오강이 모사한다. 그는 메이메이가 팔려고 애쓰는 빈 아파트에서 아정과 함께 쇼핑을 하거나 요리, 빨래를 하며 소꿉장난을 하는 것이다. 두 남성과 (아중과 간혹 섹스를 하러 들르는) 판매원 메이메이의 즉흥적 가족 단위는 전작에서 실패했던 가족에 대한 패러디 버전이다.

이동성과 가정 사이의 연결고리는 비관습적인 여성 캐릭터들을 생각해볼 때 명백해진다. 〈청소년 나타〉의 아귀는 잘 모르는 사람의 침대에서 깨어나 텅 빈 침대에 홀로 남겨졌음을 깨닫게 된다. 시골에서 올라온 이 소녀는 도시에서 자유로이 섹스를 즐기는 듯 보일지도 모르지만, 실은 그녀의 삶은 공허와 부재로 특징지어진다. 영화 마지막 부분에서 남자친구 아체의 부탁을 받은 그녀는 자신의 육체를 탐했던 죽어가는 친구를 안아 준다. 이는 포옹 속에서 강력한 모성 본능을 보이는 동시에, 관객들에게 그녀가 여전히 전통적으로 성화되었고 모성화된 육체에 갇혀 있음을 보여 준다. 아체의 방에 걸려 있는 여성의 누드 핀업 사진은 그러한 여성 육체 의 '피가시성(to-be-looked-at-ness)'의 역할을 강조한다. 방 안의 아귀는 핀업걸의 육화와 유사하며, 그녀는 욕망의 대상의 상태로 되돌려진다. 아 귀는 어머니이자 창녀이며, 남성의 유대를 강화하기 위해 남성들끼리 공 유해야 할 대상인 것이다. 어떤 의미에서 물이 새는 아파트에서 흘리는 아 귀의 눈물은 〈애정만세〉의 마지막 신에 나오는 메이메이의 울음에 대한 전례가 된다.

여성들의 욕구불만을 재현한 것 가운데 가장 직접적인 장면 중 하나 가 〈하류〉에서 어머니와 바이브레이터의 관계를 전개하는 신이다. 주인공 샤오강은 목이 돌아가는 이상한 병에 걸리고, 아들을 위로하기 위해 두리 안을 사 온 어머니는, 자신의 바이브레이터를 가지고서 아들의 목을 마사 지해준다. 이 장면은 영화에서 어머니와 아들이 진정 무언가를 함께 나눌 수 있음을, 즉 처음에는 음식을, 나중에는 남근적 대체물을 나눌 수 있음 을 보여주는 드문 순간이다. 관객은 이 성적 연속에서 이 둘의 섹슈얼리티 에 나타나는 하나의 통찰을 본다. 즉 어머니와 아들 모두 남성을 욕망한다 는 것이다. 이 시퀀스 이후, 샤오강은 곧바로 게이 사우나로 향하게 된다. 그는 아무 일도 일어나기 전에 도망쳐 나오긴 하지만, 관객들은 이 지점에 서 그의 동성애적 지향을 확인하게 된다. 이 도시의 게이 공간에서 다음 방문지는 영화에서 클라이맥스에 해당하는데, 샤오강은 어둠 속에서 아버 지와 섹스를 하고 상징적으로 아버지/남근에 대한 동경을 성취하게 된다. 남편에게 소외당하고 애인에게서 무시당한 듯이 보이는 어머니는 모성애에 자신의 성적 위안이 되는 마지막 기구를 양보한다. 그러고는 침실에서 애인이 준 포르노 영화를 본다. 거울에 비친 모습을 통해서이기는 하지만, 그녀는 침대에 앉아 베개를 안은 채 마치 그녀의 인생이 거기에 달려 있기라도 하다는 듯 TV 화면을 바라본다. 그 뒤로 샤오강이 거실에서 혼자 바이브레이터를 사용해 마사지하는 소리가 마치 어머니의 끝없는 욕망과 성적 좌절을 반향이라도 하듯 들려온다. 여성의 이루지 못한 욕망에 대한 시각적 이미지는 〈애정만세〉의 엔딩에서도 다시 한 번 육체를 잃어버린 사운드 효과로 강조된다. 어머니는 메이메이처럼 눈물을 흘리지는 않지만, 이 마지막 신에서 우리는 그녀의 조용한 비명 소리를 듣게 된다.

〈하류〉의 침실 장면에서 보이는 성적 결핍과 거세는 매우 확고하며, 생물학적인 방식으로 〈구멍〉에서 반복된다. 제작사인 오 에 쿠르(Haut et Court)와 라 세타르테(La Sept-Arte)의 지원을 받아 밀레니엄 시리즈의 일환으로 기획된 〈구멍〉은 세기말적 크로노토프(시공간)로부터 '도망가려는' 시도를 강조하기 위해 '문, 복도, 계단의 모티프'를 끊임없이 사용하는 의사-SF 영화다. SF 팬이라면 〈구멍〉에서 장르를 특징짓는 도시적 디스토피아적 세팅을 알아차리는 데 별 어려움이 없을 것이다. 영화 속 도시에는 이름이 붙어 있지 않지만, 엔트로피적인 글로벌 도시로서 타이베이라는 것은 명백해 보인다. 페기 차오는 지적하기를, "이 영화에서 '신체'는 지배적 이미지이며, 수도관으로 연결된 위층과 아래층 아파트는 두 방을 나누는 바닥에 구멍이 생겼을 때 공통의 육체적 의식을 나누기 시작한다"라고 말한다(11). 어떤 의미에서 이 영화의 아파트 단지는 미지의 전염병과 도시 당국의 유기로 인해 외상을 입어 기능장애에 처한 거대한 육체와 같은 것이다. (또다시 리캉셩이 연기한) 위층의 남성 주인공이 구멍을 통해 훔쳐보는 행위와, 다리로 그 구멍을 뚫어보려 시도하는 것은 그 구멍을 '여성적' 의미에서 보이게 한다. 또한 그 구멍에 대한 아래층의 여성 주인공의 반응(바퀴벌레를 잡으려고 살충제를 써보고, 테이프로 막아보는)은 노출된 여성적 섹슈얼리티와 마주했을 때의 공포와 두려움을 보여준다. 아이러니하게도 누군가 구멍을 고치도록 하기 위해 그녀는 자신의 육체를 미끼로 사용해야만 한다. 그녀는 배관공과 의사-포르노그래픽적 전화 통화를 나누며 자신의 아파트에 와서 구멍을 고치도록 그를 유혹하려 한다. 그러나 다시 한 번 아이러니하게도, 그녀는 자신이 내뱉은 말들에 자신의 성적 욕망이 어떻게 촉발되는지 보게 된다. 그녀가 반복적으로 자신의 몸을 화장지로 닦아내는 것은 〈하류〉에서 베개를 붙잡고 있던 어머니의 신과 반향한다. 이 두 신 모두 성공하지 못한 자위를 암시하며, 이루어지지 못한 성적 욕망을 절합하는 것이다.

차이밍량 영화의 모든 여성들이 그러하듯, 〈구멍〉의 이름 없는 여자 주인공 또한 눈물을 흘린다. 그러나 〈구멍〉에서는 눈물 이외에 여성의 욕망을 표현하기 위해 노래가 사용된다. 구멍을 통해 앨리스와 같은 위치에 있는 관객들을 이상한 나라로 이끌어줄 하얀 토끼가 없는 반면, 차이밍량은 무의식의 검은 구멍으로 관객을 이끌어, 욕망의 환상적인 꿈의 세계를 탐구하도록 한다. 이 묵시록적 우화의 영화적 공간은, 희생자를 바퀴벌레와도 같은 존재 상태로 운명 지울 미지의 질병이 주는 위협으로 얼룩져 있다. 이상하게도 이 황폐한 미래주의적 비전과 평행하게 제시되는 것은 할리우드 스타일 뮤지컬의 그 좋았던 옛날 시절에 대한 '감상적 회귀'다.[7] 아무런 사전 경고 없이, 차이밍량은 1950년대와 60년대에 활동한 홍콩 배우이자 가수 그레이스 창의 노래를 삽입한 뮤지컬 시퀀스로 주인공들의 '실제 삶'을 강조한다. 이러한 감상적 회귀는 차이밍량이 어렸을 적부터 숭배해온 그레이스 창에 대한 개인적 오마주일 뿐만 아니라, 그의 디아스포라적 정체성을 드러내는 것이기도 하다. 이는 그가 어린 시절의 말레이시아로 '회귀'하는 순간이며, 조부모의 보호 아래 어린 아이로서 영화를 청각적으로, 또한 시각적으로 마주한 순간을 되살리는 노스탤지어의 순간이다. 그러한 노스탤지어는 한 예술가의 성장에 있어 '원초적 장면'으로의 회귀를 특징지으며, 자전적 형태로 욕망의 역사성을 한정 짓는다. 그러나 이 귀환이란 모든 것이 판타지적인 것과 꿈의 논리 내에서 작동할 때만 가능하다.

차이밍량은 조심스럽게 이 뮤지컬 시퀀스의 꿈의 논리를 유지하며, '실제 세계'와의 차이점 또한 유지한다. 즉 화사한 의상을 입고, 다채롭고 화려한 춤을 추는 인물과 '실제 삶'의 칙칙한 캐릭터들은 날카로운 대조를 이루는 것이다. 페기 차오는 바로 이 점을 지적하며, 차이밍량이 "감정이 솔직히 표현되는 유토피아와 실제 삶에서도 내적 감정의 가장과 거리두기가 없는 곳을 재창조하려 한다"고 말한다(12~13). 그러나 차이밍량이 '사실주의적' 세팅을 고집스럽게 사용하여 이 감상적 회귀에 대한 개인적 몰입뿐만 아니라, 그러한 시퀀스의 도피주의적 아우라 역시 훼손한다. 그레이스 창의 노래가 상기시키는 '순수의 시대'는 남루한 아파트 내부의 고정된 세팅에 의해 항상, 그리고 이미 문제시된다. '현실'과 판타지 사이의 경계는 할리우드 스타일 의상을 차려입은 인물과 좁은 엘리베이터와 지저분한 복도, 재래시장의 축축한 비탈과 대비되어 끊임없이 무너져내린다. 이렇게 판타지의 세계를 짓는 동시에 그 판타지 세계의 도피주의적 특성을 효과적으로 붕괴시키는 이중의 작업은 서사극에서 브레히트적 의미의 소외를 불러온다. 한편 이 영화가 재현하는 현실은 포스트모던한 시뮬라크르로서 와해된다.

더욱 중요한 것은, 판타지의 논리 안에서 생산된 이러한 뮤지컬 시퀀스가 여성의 육체와 주체성을 다중으로 소외시키며 파편화시킨다는 것이다. 뮤지컬의 장식들은 여성 주인공의 초자아와 이드 사이의 전투를 암시한다. 그리고 관객은 끊임없이 위층의 여성이 생존하기 위해 겪는 엄청난 정신적 부담과 냉혹한 외부 환경을 상기하게 된다. '실제' 삶에서의 중년 여성은 결벽증에 화장실 휴지를 모으며, 전화로 배관공을 유혹할 때를 빼고는 조신한 것처럼 보인다. '사실의' 세계에서 그녀가 할 수 있는 일은 기껏 그녀의 보이지 않는 대화자인 배관공에게 전화를 걸어 "여자가 원하는 게 뭔지 알아요?"라고 물어보는 것이 고작이다. 그러나 이 여성은 꿈/뮤지컬 시퀀스에서는 마음껏 춤춘다. 꿈속의 노래 제목들은 그녀의 '여성적 질문'들에 가능한 답변들을 제공하는 이정표인 듯이 보인다. 즉 여자는 이국적인 '칼립소(卡力蘇)'에서는 스스로에게 몰입하길 원하고 남자에게 그다지 관심을 갖지 않는 '암호랑이'가 되길 원하며, "나는 당신의 사랑이 필요해(我要你的愛)"라는 노래를 부르며 자신의 욕망을 크게 소리쳐 말하고, 자신이 "깔보는(打噴嚏)" 그 많은 남자들에게 욕망되길 바라며, "당신이 누구든 상관없이(我不管你是誰)" 사랑을 즐기고 싶어 하는 것이다. 사실주의와 꿈 시퀀스 사이에서 끊임없이 움직여 두 세계의 거리를 강조하는 이 영화는, 시의 행정청이 전염병이 창궐하는 상황에서 그녀를 버려두었을 때 캐릭터가 소외된 상태임을 강조한다. 게다가 춤추는 장면의 립싱크는 여성 육체의 목소리와 시각적 이미지의 연속성을 깨놓는다. 이 시퀀스를 단순히 여성의 소망 충족으로 읽는 것은 지나친 단순화가 될 것이다. 자신의 꿈에서 자신이 주인공이 되어 등장할 때, 관객들은 그 무엇보다 전통적 할리우드 뮤지컬 장르에서 여성 스타가 응시해야 할 스펙터클로 제시되는 방법을 떠올리게 된다. 〈구멍〉의 경우는 춤추는 장면에 들리는 여성 주인공의 목소리가 예전의 스타, 즉 차이밍량이 잃어버린 시절의 감상적 추억으로부터 온 것이기 때문에 훨씬 복잡하다. 차이밍량은 춤추는 육체와 노래하는 목소리가 다른 소스로부터 왔다는 사실을 감추려는 어떠한 시도도 하지 않는다. 그렇기 때문에 우리가 기계복제라는 영화적 과정에서 여성 주체성이 어떻게 파편화되는지 살펴볼 수 있는 것이다. 또한 이는 차이밍량의 이미지 세계에 존재하는 여성의 불완전성을 다시금 강조하기도 한다.

그러나 〈구멍〉의 엔딩에서 차이밍량은 남자 주인공에게 병에 걸린 여자 주인공을 구하도록 허락하는, 매우 드문 상냥한 순간을 집어넣는다. 남자 주인공은 여자 주인공에게 물 한 잔을 건네고, 구멍을 통해 자신의 방으로, 그들이 함께 춤출 수 있는 최후의 판타지 세계로 끌어올린다. 부엌의 문을 통해 프레이밍된 구출 신은 여기서 여주인공의 탈출을 가능케 하는 갑작스러운 데우스 엑스 마키나를 자기반영적으로 질문하는 프레임 내의 프레임을 만들고 있다. 이 커플은 꿈/댄스 시퀀스에서 선보인 화려한 복장 대신, 이번에는 평범하게 잘 차려입었다. 이 마지막 시퀀스는 마치 칙칙한 디스토피아로부터 출구를 제공하는 듯한 '고양'의 의미에서 매우 암시적이라고 할 수 있을 것이다. 그러나 이 시퀀스는 다시 한 번 꿈의 세계로 빠져나갈 뿐이다. 비록 여주인공이 예전의 곤충이 끓던 상태에서 인간적인 상태로 돌아왔지만, 그 치료법은 여전히 확실치 않다. 차이밍량은 가장 좋은 경우라고 해봐야, 단지 관객들에게 열린 결말을 보여주고 그레이스 창의 매혹적인 노래와 함께 일시적인 안도를 제공할 뿐이다.[8] 사운드트랙에서 흘러나오는 그레이스 창의 노래에 맞춰 남녀 주인공이 느리게 춤을 출 때, 노래의 목소리는 시각 이미지가 사라지고 크레디트가 오를 때까지 계속 들려온다. 여기서 차이밍량은 그레이스 창의 아름다운 목소리가 우리와 함께 새로운 밀레니엄을 맞이할 것이라고 감사를 표한다. 여기서 제시된 그 모든 상냥한 감상과 함께, 우리는 여성의 육체가 다시 한 번 자신의 목소리로부터 분리되어 심지어는 교체되었으며, 여성의 욕망하는 육체는 차이밍량이 사용하는 페티시즘적인 여성 목소리의 활용에 의해 전치돼버렸음을 간과할 수 없다.

차이밍량의 초기작 네 편에서 신체화된 영화 공간은 후기 자본주의 경제 모델에 잘 들어맞는 여성의 이동성과 작인을 그려낼 수 있었다. 그러나 이러한 영화들에서 여성들은 강압적 이성애주의라는 제한으로부터 벗어날 수 없었으며, 거의 항상 그 이성애자들의 욕망에 갇히게 되었다. 비록 남성 캐릭터들 또한 결핍 상태에 있긴 하지만, 적어도 차이밍량은 그들에게 〈청소년 나타〉, 〈애정만세〉, 〈하류〉 등에서 반복적으로 등장하여 게이의 욕망이 마침내 커밍아웃하게 되는 연속체를 이루는 샤오강이라는 캐릭터를 통해 출구를 마련해주었다. 남성이 적어도 순간적이나마 커밍아웃 후 발코니에서 내리쬐는 빛을 즐기고 그 자신의 퀴어 정체성을 고백한 데 대해 축복받을 수 있는 반면, 삶의 부조리에 노정된 여성은 오직 눈물을 흘릴 수밖에 없다. 따라서 눈물 흘리는 여성의 이미지는 1990년대 도시의 여성성에 대한 차이밍량의 육화된 코멘트이다. 결국 살펴볼 것은 여성이 차이밍량의 영화 언어와 미학의 발전에 있어 욕망하는 육체 이외의 무엇인가가 될 수 있는가의 여부이다.

전민성(한국예술종합학교 영상원 강사) 옮김

트랜스문화와
인터미디어

김무규 ㅣ 부경대 신문방송학과 교수

PC방 방문자는 두 가지 이질적인 형태의 커뮤니케이션과 미디어 활용을 하게 된다. 즉 인터넷을 이용하여 지구 반대편의 사건을 여과 없이 받아들이거나 혹은 컴퓨터 게임을 하며 가상현실에 빠져든다. 그와 동시에 옆에 앉아 있는 친구와 그러한 인터넷의 경험에 대하여 대화를 나눌 수 있게 된다. PC방 이용자는 동일한 주체로서 기능하는 것이 아니라 두 가지 서로 다른 유형의 주체 사이를 오고 간다. 즉 시공간이 존재하지 않는 글로벌한 상황에 놓여 있는 주체에서 방이라는 로컬한 장소에서 친구와 함께 있는 주체로의 움직임이다.

미디어의 의미

아시아 문화 사이에서 발생하는 문화적 상호작용의 문제를 분석하고 이해하는 작업에는 다양한 유형의 과제들이 있을 텐데, 이 글에서는 그 가운데 특히 미디어가 지니는 의미에 대하여 고찰해보고자 한다. 이와부치 고이치(Goichi, 2006)는 《트랜스 : 아시아 영상문화》에 기고한 글에서 '트랜스 아시아 미디어 연구'를 제안한 바 있다. 그리고 연구의 과제는 "대중문화를 통해 위장된 경계를 가로지르는 교섭의 중요성을 수용하고, 세상을 진짜로 다르게 만들기 위해 다중면을 가진 교섭들을 비판적으로 조사"(94)하는 일이라고 하였다. 이해하기 쉬운 말은 아니지만, 대중문화를 비롯하여 현재 우리가 접하고 있는 미디어 현상은 아시아 문화권 내부에 설정된 경계를 넘어서고 있으며, 또한 이러한 현상은 소비적 대중문화의 이면에, 그리고 글로벌한 정보교환 이면에 존재하는 더욱 중요한 '교섭'으로 인지되어야 한다는 의미로 해석된다. 고이치가 말하는 미디어는 따라서 단순히 소비적 대중문화를 폭넓게 지칭하는 말도 아니며 문화적 정보의 소통수단을 의미하는 것도 아닐 것이다. 다시 말해서 소위 '문화 콘텐츠'나 '한류'에 관한 연구가 문화적 정보를 상업적으로 포장하고 타문화권에 유통시키는 것에 관한 논의로 축소된다면, 이는 그가 생각한 트랜스 아시아 미디어 연구가 아닐 것이다. 주지하다시피 예전에 발터 벤야민(Benjamin, 1991)이 새로운 미디어인 영화에 관하여 논했을 때, 그는 영화가 어떻게 대중들에게 인기를 끌게 되었는가 하는 문제점을 다룬 것이 아니라, 오히려 대중적 영화에서 미디어의 특별한 의미를 포착하려 하였다. 고이치의 미디어 연구에 대한 요구도 바로 이러한 새로운 의미를 발견하고자 하는 제안으로 이해된다.

이 글은 이러한 연구의 중요성을 의식하고자 한다. 그러나 직접적으로 새로운 의미를 찾기에 앞서 기초 작업을 수행하고자 하는데, 즉 미디어 개념을 우선 생각하려 한다. 미디어란 일반적으로 문화적 상호작용의 문맥에서 타자의 문화적 특색을 정보화하여 다른 문화에 전달하는 일종의 도구로 이해되어왔다. 그러나 필자는 이제 고이치의 말대로 새로운 형태의 '교류'를 행하는 적극적 의미의 미디어 개념이 필요하다고 생각한다. 그리고 바로 이 지점에서 인터미디어(intermedia)라는 개념의 구성이 필요하며, 그것으로 여러 가지 문화 교류에 나타나는 미디어 현상에 관한 연구가 심화될 수 있을 것이라고 생각한다. 따라서 이 글은 인터미디어의 개념이 필요한 배경에 관한 설명에 주력할 것이고, 이 개념이 변화된 문화 상호작용의 상황에서 어떠한 의미를 지니는지 알아보고자 한다. 이러한 취지를 바탕으로 서술되어야 할 것들은 다음과 같다. 첫째, 변화된 문화 상호작용의 의미에 관하여 특히 구성주의적 문화론을 중심으로 서술해보도록 하겠다. 둘째로는 그러한 상호문화적 관점에서 인터미디어의 개념이 어떻게 성립될 수 있는지 알아보고, 마지막으로 한두 가지 예를 들어보면서 과감하게 디자인된 개념 모델의 체계가 과연 정합할 수 있는가 하는 문제를 생각해보고자 한다.

미디어문화는 재현이 아니라 활동을 의식한다

변화된 문화적 문맥에서 미디어의 의미를 생각해보는 작업은 당연히 미디어학이라는 분야의 이론적 결과물의 도움을 받아야 할 것이다. 여러 학문 담론에서 미디어와 문화의 문제를 진지하게 다루려고 하며, 그 중요성은 점차 커지고 있다는 사실을 아무도 부인하지 못할 것이다. 이러한 상황에서 필자는 언어 장벽을 뚫고 독일의 연구 성과를 살펴보는 일이 도움이 될 수도 있다고 생각한다. 예를 들면 지그프리트 슈미트(Siegfried J. Schmidt)는 이미 1980년대 후반부터 '미디어문화학(Medienkulturwissenschaft)'이라는 새로운 학문 분야의 중요성을 강조하였다. 그는 문예학이나 영화학 같은 예술 미디어를 다루는 인문학적 방향과 커뮤니케이션학과 같은 사회학적 방향을 포괄하면서도 그것들이 논의할 수 없는 새로운 대상에 대한 연구를 제안하였다. 물론 그와 의견을 같이하는 여러 독일 인문학자들의 진지한 논의의 결과 덕분에 보수적 전통의 독일 여러 대학에 '미디어학과(Fach Medienwissenschaft)'가 신설될 수 있었다. 즉 독일에서는 미디어와 문화에 관한 학문적 논의의 결과가 학문제도적인 변화를 유발시켰다고 볼 수 있다.

슈미트가 품고 있었던 기본적인 생각은 구성주의적 사고방식을 바탕으로 한 것이다. 그는 미디어가 재현하는 현실과, 재현되기 이전의 본래적 현실에 대한 구분이 이제 의미가 없어졌다고 진단하고, 이에 학문적 연구가 주체의 적극적인 문화 구성이나 활동에 초점을 맞추어야 한다고 설명하였다. 따라서 미디어란 재현이나 전달의 수단이 아닌 구성이나 활동을 의미하는 것으로 이해되고 또한 이러한 미디어의 개념 확장에서 미디어문화의 의미가 파생된다. "미디어문화는 인지와 커뮤니케이션의 구성적 특성과 미디어를 다루는 우리의 활동을 의식하도록 한다"(Schmidt, 1992: 86).

하지만 그렇다고 해서 구성주의적 사고방식이 현실이나 정체성을 전 적으로 부정하는 것은 아니다. 오히려 이미 존재하는 '정체성'보다 '구성' 이나 '활동'을 더욱 '현실'적인 것으로 이해하고 학문적·인식론적으로 대 상화되어야 할 것으로 이해한다. 그리고 이에 기존의 학문분과에서는 이러 한 작업을 위한 개념적·방법론적 준비가 부족하다는 생각이 새로운 학문 분과를 제안하게 된 계기가 되었다. 따라서 미디어와 문화의 문제를 고찰 하기 위하여 슈미트를 포함한 독일 미디어문화학자들의 견해에 귀를 기울 일 필요가 있다. 나 역시 이 글에서 슈미트의 견해를 충분히 감안하였다.

트랜스문화성

우선 문화적 상호작용의 의미에 대하여 조사해보고자 한다. 클라우스 한센(Hansen, 2000)은 문화적 상호작용을 이해하고 그 유형을 분류하는 데 크게 두 가지 기준점이 있다고 하였다. 상호작용이 균형을 이루는 경우 와 그렇지 않은 경우, 자발적인 경우와 그렇지 않은 경우로 구분할 수 있 을 것이다. 혹은 일방이 영향력을 행사하는 형식에 따라 통합(integration), 동화(assimilation), 순응(acculturation)으로 구분할 수도 있을 것이다. 그 러나 한센은 이러한 상호작용의 이해가 최근에 특별히 중요하지 않다고 진단한다. 왜냐하면 최근 상호작용 현상에 있어 주도성(domination)에 관 한 기준점이 더 이상 중요한 논제가 될 수 없다고 생각하였기 때문이다. 그는 오히려 '문화적 다원주의(cultural pluralism)'나 '다중 문화주의 (multi-culturalism)'(346)와 같은 동등한 양자 간의 문화적 상호작용을 이 해하는 것이 더 중요해졌다고 본다.

이러한 현안적인 상호작용의 개념을 말끔하게 정리한 이론가는 필자의 짧은 지식으로 보기에 볼프강 벨슈(Welsch, 1999)다. 그는 여러 유형의 상호작용 가운데 '상호문화성(interculturality)', '다중문화성(multi-culturality)', '트랜스문화성(transculturality)'에 대해 논하며, 현대적인 문화 상호작용을 설명하였다. 그는 특히 트랜스문화성 개념에 주목했다. 트랜스문화성이 탈현대적 시대의 문화를 이해하기 위하여 적합한 개념이라고 생각하였기 때문이다. 상호문화성이란 하나의 문화가 다른 문화를 이해하고 인정하는 경우를 말한다. 그리고 폭넓은 의미에서 상호작용이나 커뮤니케이션이 발생할 수 있는 가능성을 의미한다. 그러나 두 문화 사이에서 발생하는 커뮤니케이션의 형식과 방법에 대해 구체적으로 설명해주는 개념은 아니다. 한편 다중문화성은 다른 유형의 이질적인 문화들이 하나의 공동체 속에 혼성적으로 존재하는 경우를 말한다. 이 개념은 다른 형태의 문화를 관용하고 흡수한다는 의미가 내포되어 있다. 따라서 상호문화성에 비하여 진보적인 개념이기는 하지만, 역시 하나의 공동체 속에서 다양한 문화들이 혼재할 때 발생하는 문화 간의 이질성과 비교불가능성(incommensurability)의 문제를 구체적으로 어떻게 해결해야 하는가 하는 의문에 대한 답을 주지는 않는다. 즉 상호문화성이 상호작용의 가능성의 상태, 다중문화성이 혼성의 상태를 의미하기는 하지만, 그러한 상호작용이나 혼성을 어떻게 실현할 수 있을 것인가 하는 문제, 그리고 어떻게 그러한 복합적 문화가 만들어질 수 있는가 하는 문제를 적극적으로 다루지는 않는다. 즉 구성이나 과정에 관한 구체적인 내용은 없다(Welsch, 1999: 196~197).

바로 이 지점에서 벨슈의 대안은 트랜스문화성이다. 상호문화성과 다중문화성 개념의 가장 큰 문제점은 동질적 단일성과 같은 특정한 정체성에 기반한 전통적 문화 개념을 그대로 유지하고 있다는 점이다. 그럴 것이 상호문화나 다중문화는 이미 정체성이 확고한 문화들의 존재를 전제로 하며, 그것들 사이의 접촉과 혼성을 의미하고 있다. 바로 이 때문에 한계가 있을 수밖에 없다는 것이 벨슈의 생각이었다. 반면에 트랜스문화는 이러한 동질적, 다시 말해서 배타적 문화 개념을 부정한다. 그 이유는 다음과 같이 설명된다. "생활양식은 더 이상 민족문화의 경계선에서 종결되지 않고 오히려 그것을 넘어선다. 더 이상 절대적으로 낯선 것은 존재하지 않을 뿐더러 모든 것은 접근 가능한 범위에 놓여 있다. 따라서 배타적인 자신의 것도 존재하지 않는다"(Welsch, 197~198). 트랜스문화는 이러한 문화적 동질성이 사라진 연후에 "내부적인 차별성과 외면적 네트워크화"로 특징지어지며 오히려 이러한 차별성과 네트워크 자체가 이미 문화적인 것으로 규정되기도 한다. 벨슈는 이렇게 커다란 범주의, 즉 거시적 단계의 트랜스문화성뿐만 아니라 나아가 미시적인 트랜스문화성도 언급하는데 그것은 주체의 문제이다. 말하자면 가능한 몇 가지의 이질적 정체성을 순차적으로 실현하는 행위, 즉 "크로스 커팅 정체성(cross-cutting identities)"(Bell, 1980)을 주체의 한 형식으로 제안한다. 이것은 하나의 커다란 문화권에서 다양한 문화를 허용할 수 있다는 다중문화보다도 더 급진적인 개념으로, 하나의 문화나 주체가 여러 가지 이질적 문화를 동시에 지니고 있으며 또한 그렇게 이중적으로 활동할 수 있다는 의미로 이해된다. 탈현대성의 철학자로서 벨슈는 이렇게 이중적·모순적 자아에 대한 문제를 문화적인 관점으로 과감히 확장할 것을 제안한다.

성찰과 관조의 공간

이러한 탈정체성적 문화관은 언제나 고유함과 전통을 중시해온 우리에게는 낯설다. 그렇지만 이는 문화의 다른 면모에 대한 성찰을 불러오는

데, 그것은 앞에서도 언급되었던 구성주의적 사고방식이다. 즉 혼성화 (hybridization)의 문제는 구성, 혹은 형성(formation)과 연결되어 있다. 벨슈 스스로도 말하기를, "다중적 문화의 연동은 우리의 문화 형성에 결정적이다"(198). 즉 다양한 문화의 접촉과 혼성을 말하는 '인터(inter)'와 '멀티(multi)'의 경우와 달리 '트랜스(trans)'는 그러한 것들이 문화를 구성하는 지속적 발전에 존재하는 일종의 문화 구성의 과정이라고 설명한다. 즉 탈정체성을 말할 때 정체성이 사라진 결과를 염두에 두는 것이 아니라 정체성이 다른 것으로 변화하는 과정으로 이해된다. 하나의 문화가 여러 문화의 영향으로 인하여 다른 문화로 이행되는 순간의 모습은 특정한 정체성을 지니고 있는 폐쇄적 문화라고 볼 수 없을 것이다. 왜냐하면 다른 것으로의 변형(transformation)[1]은 본래적인 것의 파괴를 동시에 의미하기 때문이다. 본래적인 것과 변화된 것의 혼합으로 이루어진 그것은 그 둘의 중간 정도에 위치할 것이다. 이러한 변형도 하나의 작업이고 활동인 만큼 공간과 시간을 필요로 하며 이에 하나의 문화적 범주를 차지할 수밖에 없다.

정체성과 관련된 전통적 문화관이 우리의 시야에서 멀어지면 다른 공간이 더 중요한 것으로 부상한다. 몇몇 이론가들의 도움을 받아 그것을 '제3공간(the third space)'이라고 부를 수도 있을 것이다. 즉 구성이 이루어지는 공간, 새로운 문화가 생겨나는 공간, 문화적 작업이 수행되는 공간을 우리는 가정할 수 있는데 이것은 바로 하나의 기존 문화와 작업으로 재생산된 새로운 문화의 사이에 존재하는 제3공간이다. 이러한 공간의 특징은 '친숙한 낯섦' 상태에 놓여 있다는 점이다. 트랜스문화성에 관한 논의와 유사하게도 이러한 공간에서 문화 정체성은 상상하기 어려운데, 그 이유는 그러한 문화가 완결된 모습을 띄고 있지 않고 무엇인가가 변화하면서 만들어지고 있는 장소, 중간적인 장소(space-in-between), 경계선상에 놓여 있는 장소(liminality)이기 때문이다. 그리고 여기서는 문화적인 차이와 정체성이 혼돈되어 있는 현상을 발견할 수 있을 것이다. 바흐만-메딕의 설명을 인용하자면 "과거의 정체성이 전이되고 중첩됨으로 인해, 다중적인 문화적 귀속성들을 통하여, 그리고 차이의 획일적인 특성을 배제하여 (그것은 낯설음을 유발시키기는 하지만) 새로운 통합성과 정체성의 순간이 생겨난다"(Bachmann-Medick, 1998: 23). 그렇게 본다면 제3공간에서 발생하는 사건이란 하나의 정체성이 다른 것으로 변형되는 것이다. 배타적 정체성을 규정하기 위하여 형성된 경계선이 허물어지고 다른 경계선이 설정되는 것이다. 따라서 정체성과 경계선은 존재하지 않고 다른 여러 가지 이질적인 요소들이 혼란스럽게 위치하고 있는 공간, 다시 말해서 헤테로토피아(heterotopia)의 공간이라고 할 수 있을 것이다(Foucault, 1998).

호미 바바(Bhabha, 1994)를 비롯한 탈식민주의 이론가들이 제안하는 개념 가운데 하나가 바로 제3공간이다. 그런데 그들은 제3공간 내부에 존재하는 주체의 형식을 탈식민적 문학가들의 태도에서 발견한다. 왜냐하면 그들은 제3공간에서 단순히 타자의 문화를 피동적으로 수용하거나 그것에 몰입(immersion)되지 않기 때문이다. 그렇다고 자신의 정체성도 유지하지 않는다. 즉 그들은 자신의 문화를 고수하거나 타자의 문화에 동화되지 않는 중간적 위치에 존재한다. 우리는 그것을 일종의 메타 차원을 의미하는 성찰적(reflexive) 위치(Beck, 1994: 5~8)라고 할 수 있을 것이다. 그리고 탈식민적 문학은 문화를 기록하는 미디어가 아닌 중간적 위치에서의 성찰을 가능하게 해준다. 즉 어느 문화에도 속하지 않는 고향 없는 상태에 머물러 있는 탈식민적 주체(postcolonial subject)는 따라서 자신의 문화를 포기하지만 다른 문화에도 흡수되지 않는 위치를 점하게 된다. 그러나 단순히 어느 곳에도 소속되지 않았다거나, 혹은 벨슈가 제안한 '이중적 자아'가 되었다는 것만이 중요한 것이 아니라 자신의 것에 거리를 두고 그것을 다른 것으로 변형시킬 수 있는 위치를 점하게 되었다는 의미로 받아들여질 수 있다. 바바는 이렇게 '집을 나가 길을 떠난' 주체가 취하는 태도에 대해 다음과 같이 설명한다. "이론적으로 혁신적이고 정치적으로 핵심적인 것은, 근원적이고 기원적인 주체성의 서사들을 넘어서서 사고하면서, 문화적 차이들의 분절에서 생산되는 계기들과 과정들에 초점을 맞춰야 한다는 사실이다. 그 같은 사이에 낀 공간들은 자아성―단수적이든 공동적이든―을 고찰하는 전략을 위한 어떤 영역을 제공하는데, 그 전략은 사회사상 자체를 정의하는 행위 속에서, 새로운 정체성의 기호들과 혁신적인 협동 및 경쟁의 위치들을 창시한다"(Bahbha, 1994, 1).

이 글은 그러나 약간은 진보적인 문화 개념에 대하여 더 이상 깊이 들어가지 않을 것이다. 왜냐하면 트랜스문화성이나 제3공간 이론의 문맥하에서 사용되는 미디어의 개념 이해에 더욱 많은 관심을 기울이고자 하기 때문이다. 한가지 언급해둘 수 있는 점은 특히 바흐만―메딕이 이러한 제3공간 이론을 전개하면서 탈식민적 문학이나 제3세계 영화에 대하여 설명을 시도하고 있다는 점이다. 여기서 그녀는 미디어를 어떻게 형용할 수 있을까, 혹은 어떻게 미디어 이론적으로 정리할 수 있을까 하는 문제를 언급한다. 그녀는 문학은 한마디로 정보와 소비를 지향하는 미디어에 대하여 "대항미디어(Gegenmedien)"(28)의 역할을 한다고 설명한다. 그리고 영화는 존 아콤프라(Akomfrah, 1989)의 말을 빌려 "성찰과 관조의 공간"(27)이라고 규정한다. 이러한 숙고는 자신의 고향인 한쪽의 문화를 포기하면서도 다른 문화에 동화되지 않는 상태, 그러한 중간적인 상태를 어떻게 미디어학적으로 규명할 수 있을 것인가의 문제이다. 이는 다음에 구체적으로 설명되어야 할 것이다.

확장되는 미디어 이론

우선 문화상호적 커뮤니케이션의 차원에서 미디어의 개념을 생각해 볼 필요가 있다. 상당히 관습화되어 실제적으로 사용되고 있는 미디어 개념이 여기에 해당된다. 그리고 벨슈가 정리한 대로 이해하자면 트랜스문화성이 아닌 상호문화성의 문맥에서 형성된 미디어의 의미라고 할 수 있을 것이다. 리처드 포터와 래리 세이모버(Porter/Samovar, 1976)에 따르면 "상호문화적 커뮤니케이션이란 메시지 생산자가 하나의 문화구성원이고 또한 메시지 수용자가 다른 문화의 구성원일 때 발생하는 커뮤니케이션 형태를 말한다"(4). 이러한 생각은 사실상 문화적 상호작용을 이해하기 위하여 클로드 섀넌과 워런 위버(Shannon/Weaver, 1976) 이래로 쓰이고 있는 다양한 정보기술적 커뮤니케이션 모델(McQuil, 1981)을 염두에 둔 것이라고 생각할 수밖에 없다. 그리고 그것은 정보의 효율적 전달을 목적으로 고안한 모델이다(Brislin, 1981). 그렇다면 미디어는 상호문화적 커뮤니케이션의 과정에서 메시지를 담아 다른 방향의 문화구성원에게 전달해주는 컨테이너와 같은 도구로 이해될 수 있다. 크게 문제가 없는 모델로 생각되지만 이것은 사실상 전통적인 실체론적 관점으로 문화 개념과 그것 사이의 상호작용을 이해하는 경우다. 왜냐하면 메시지화 혹은 정보화되는 확정적 문화가 이미 존재하고 미디어는 그것을 또 다른 확정적 문화로 전달한다고 생각하기 때문이다. 그러나 앞서 설명한 문화의 상호작용에 대한 논의는 모두 이러한 실체론적 관점을 넘어서는 것이었음을 상기할 필요가 있다.

그럼에도 불구하고 이렇게 상호문화적 커뮤니케이션의 관점으로 살펴본 미디어에 관한 이론들은 계속 확장된다. 즉 미디어는 실체적 문화를 표시하는 도구이고, 또한 최근의 미디어 발전은 빠르고 또한 견고한 컨테이너가 개발된 결과라고 설명할 수 있을 것이다. 그리고 두 가지 이상의 미디어가 결합되는 일은, 즉 멀티미디어화는 미디어의 도구적 기능을 향상시키기 위해서 이루어졌다고 설명할 수 있을 것이다. 예를 들자면 다른 지역의 문화적 사실을 정보화하여 알기 위해서 이미지와 사운드를 연계시키는 것이 더 효과적일 것이다. 한편 디지털 미디어, 혹은 뉴미디어의 개발은 더욱 경제적이고 효과적인 전달과 수용을 위한 것이다. 혹은 완벽한 전달과 수용이 가능하게 되면 미디어에 의해 매개되었다는 생각이 들지 않을 정도의 수준에, 즉 비매개화(immediacy)(Bolter/Grusin, 1999)의 단계에까지 도달할 수도 있을 것이다. 예를 들어 모바일 미디어(mobile media)는 원하는 장소와 시간에 정보를 주고받을 수 있도록 하여 유비쿼터스 환경을 상상할 수 있도록 해준다. 그러나 이것은 모두 상호문화적 커뮤니케이션 모델로 미디어를 이해하였을 때 전개될 수 있는 멀티미디어론, 혹은 뉴미디어론의 논리적 흐름이다.

그러나 그러한 미디어 이해는 소극적이다. 그 역할이 미미할 뿐만 아니라 특정한 시대의 역사적 근거로 만들어진 커뮤니케이션 모델의 관점에서 파생된 것이기 때문이다. 그리고 서두에도 언급하였듯이 이제는 더 이상 문화적 상호작용을 이렇게 직선적인 커뮤니케이션 모델(발신자/메시지/수신자)로 설명할 수 없게 되었기 때문이다. 커뮤니케이션 이론 내부에서 전통적 모델의 문제점을 지적하고 이에 새로운 모델을 개발하려는 노력이 그렇게 다른 설명을 요구한다(Grant, 2003). 그리고 같은 맥락에서 그러한 전통적 모델로 설명할 수 없는 현상들이 증가하고 있는 현실도 다른 이론이 필요하게 된 직접적 원인이라고 할 수 있을 것이다.

상호문화적 커뮤니케이션론의 가장 큰 문제점은 커뮤니케이션을 행하는 양측을 하나의 완결되고 구성이 결정되어 변화하지 않는 것으로, 즉 고정된 것으로 전제한다는 데 있다. 즉 하나의 문화는 그 정체성 형성이 완성되어 다른 문화에 의해 그 본질이 관찰될 수 있는 것으로 이해된다. 이러한 관찰을 위해 미디어가 필요할 것이다. 그러나 커뮤니케이션에 참여하는 문화나 주체도 구성되어야 하는 불확정적인 것이라고 생각할 수 있는데, 혹은 그렇게 생각하여야만 하는데 이것은 상호문화적 커뮤니케이션론을 정면으로 비판할 수 있는 근거를 제공한다. 이는 벨슈가 문화적 상호작용의 문제를 다루며 독자적이고 개별적인 문화공동체에 대한 구상을 비판하는 것과 맥을 같이한다. 또 다른 문제점으로 언급할 수 있는 사항은 메시지나 그것을 감싸고 있는 미디어가 완결된 문화를 정확히 재현하고 전달할 수 있을 것이라는 믿음과 관련되어 있다. 그러나 언어가 다른 두 문화가 서로 소통하기 위해서는 우선 번역과 같은 작업이 필요한 것과 마찬가지로 미디어도 이미 주어진 것이 아니라 만들어져야 한다. 그리고 번역과 같은 중간 단계의 창조는, 즉 미디어의 구성은 상호문화적 의사소통의 모델에서는 크게 관심을 기울이지 않는다. 왜냐하면 재현되는 문화적 정보와 미디어의 관계를 초월적(transcendental)이라고 전제하였기 때문이다. 이러한 문제점은 미디어와 메시지, 미디어와 콘텐츠를 명확히 구분하려는 이원론적인 생각에 근본적인 원인이 있다. "미디어는 메시지"라고 혹은 "미디어의 내용은 항상 다른 미디어"라고 말한 마셜 맥루한의 말이 생각나는 부분이기도 하다(Mcluhan, 1962).

단위가 주체가 되었든 문화공동체가 되었든, a) 구성이 완결된 단위성에 대한 불신과 b) 재현적 기능에 대한 회의는 이러한 상호문화적 커뮤니케이션 모델을 거부하게 되는 중요한 이유다. 한마디로 말해서 이것은 너무나 깨끗한 이상적 모델이기는 하지만 많은 문제들을 수렴하지 못한 단점이 있었다. 예를 들어 콜린 그랜트(Grant, 2003)는 다음과 같이 정리한다. "대화, 의미교환, 혹은 대화성, 상호주관성, 합의와 같은 개념으로 작동하는 모델의 경향은 커뮤니케이션 과정의 이원론적 관점으로 이끈다는 것이 큰 문제점이고 또한 잘 되어봐야 결국 사회적 관계와 견고성 자체를 문제시하지 않는 일종의 전제로 기능하게 될 것이다. 마찬가지로 커뮤니케이션의 내재성이나 합리적인 구조완결성은 사회 내부에서 커뮤니케이션의 구성에 둔감한 채로 남아 있을 것이다. 그리고 또한 이러한 커뮤니케이션 코드를 만들고 교섭하는 역할을 지닌 구성자에 대해서도 둔감하게 될 것임에 틀림없다"(99).

정리해보자면, 필자가 생각하기에 전통적 커뮤니케이션의 모델은 대중을 위한 도구로 매스미디어(Malezke, 1963)가 역사적으로 요청되던 시기에 만들어진 것이다. 이는 권력을 지닌 확정된 주체가 지니고 있던 정보를, 권력이 없고 피동적인 일반 대중에게 신속하게 유포시키는 일이 필요하였던 시기에 구성된 모델이었을 것이다. 바꾸어 말하면 그것이 정확히 언제인지는 확신할 수 없으나 아마도 문화의 이전이 신속하게 이루어져야 하고 또한 주입되어야 하는 시기에 적합한 모델일 것이다. 여기서 우리는 상호문화성, 다중문화성, 트랜스문화성 개념들 모두 상호작용의 양자가 불균형적인 위치에 놓이게 되는 경우를 배제하고 있다는 점을 생각해볼 필요가 있을 것이다.

멀티미디어와 인터미디어

이러한 비판에서 구성주의적 사고방식과 연관된 다양한 커뮤니케이션 모델들이 대안적으로 제기되었다. 예를 들어 그랜트(Grant, 2003)는 커뮤니케이션의 요인들의 전제된 안정성을 거부하며, 이러한 요인들도 역시 작동하고 있으며 변화한다는 비안정화된(destabilizing) 커뮤니케이션 모델을 제안한다. 이러한 모델에서 중요한 것은 개방성을 의미하는 '다공성

미디어(porous media)' 개념이다(101~105). 이러한 관점에서 미디어는 커뮤니케이션 요소들인 수신자/발신자/메시지를 안정화시켜주는 역할을 하는 것이 아니라, 그러한 요소들로 이루어지는 시스템을 파기하고 다른 시스템을 만들도록 하는 역할을 한다. 따라서 미디어는 "개방된 혼성상태와 동적인 과정"(104)을 야기시킨다. 결국 기본적인 생각은 양자 사이의 정보 흐름을 위한 도구로서 미디어를 전제하기보다 미디어 또한 특정한 작동을 하고 있으며 이것이 바로 구성의 작동(constitutive operation)이라는 점이다. 그리고 그러한 구성을 통하여 기존의 커뮤니케이션 시스템이 변화하여 새로운 시스템이 만들어진다. 그랜트의 설명을 통해 미디어의 개념도 달라지면서 동시에 미디어의 중요성도 상당히 확장되었다는 점을 이해할 수 있다.

커뮤니케이션 일반론에서 벗어나 우리가 관심 있는 문화적 커뮤니케이션으로 시선을 돌려보자. 앞서 언급한 슈미트의 구성주의적 미디어문화 모델, 벨슈의 트랜스문화 개념이나 바바와 바흐만-메딕의 제3공간과 같은 개념들은 시대착오적 커뮤니케이션 모델에서 비롯된 문화 상호작용의 의미를 수정하려 했던 시도로 보아야 할 것이다. 그리고 이러한 시도에서 수단으로의 미디어에서 작동과 구성으로의 미디어 개념을 파악할 수 있다. 슈미트는 구성주의적 관점에서 비롯한 미디어문화 모델을 제시하게 된다. 이 모델은 근본적으로 실체론적 관점을 부정하며 출발하고 있으며 따라서 문화적인 구성이 완결되어 민족적 동질성과 같은 것에 근거한 문화공동체를 전제로 받아들이지 않는다. 오히려 문화란 과정이나 구성이며 따라서 이러한 문맥에서 미디어란 정보교환의 수단이 아니라 특정한 과정과 구성을 위한 수단으로 이해된다(Schmidt, 1992: 67~90). 그리고 미디어를 활용하는 것이 특정한 구성을 행하는 것인 만큼 문화적인 것은 항상 미디어의 활용과 연계되어 있다고 생각한다. 슈미트의 미디어문화론도 역시 상호문화적 커뮤니케이션 모델의 난점을 극복하기 위한 시도 가운데 하나임은 분명하다. 확정된 문화정체성보다는 미디어를 통한 문화의 의미 구성에 더 많은 관심을 기울이고 있기 때문이다.

따라서 중요한 점은 미디어가 다른 문화를 내용으로 하여 특정한 의미를 전달해주는 도구로 이해되는 것이 아니라 문화적 변형을 가능하게 해줄 수 있는 것으로 파악되어야 한다는 것이다. 즉 하나의 확정된 문화적 의미에 몰입되지 않고 그것을 다른 각도에서 성찰적으로 바라볼 수 있도록 해야 한다. 다시 말해서 미디어는 다른 문화를 독해를 통해 수용하려는 주체를 비판적으로 성찰하는 주체로 바꾸어줄 수 있는 기능을 수행할 수 있는 것으로 이해된다. 그리고 성찰적으로 되기 위해서는 하나의 미디어 환경 내부에 자신의 위치를 결정하지 않은 "크로스-커팅 정체성"이 혹은 노마드(nomade)적인 주체가 활동할 수 있는 제3공간이 실현되어야 할 것이다. 이러한 제3공간의 실현은 두 가지 이질적인 미디어들의 결합으로, 즉 그랜트의 말대로 "혼성상태(hybrid state)"에서 가능하며 이러한 특별한 결합의 결과를 우리는 인터미디어라고 할 수 있을 것이다. 즉 인터미디어는 이질적 미디어의 결합으로 문화정체성의 안정된 상황을 불안정한 상태로 바꾸어주며 확정된 상태를 다시 불확정된(indeterminate) 상태로 바꾸어준다. 그리고 결정된 문화정체성의 배타적 테두리를 깨뜨리고 다른 것으로 변화하는 순간을 체험하도록 해준다. 이러한 상황에서 미디어의 활용은 시스템의 전환을 의미하고, 미디어를 활용하는 사람은 정보전달을 위해서 만들어진 안정된 기존의 시스템을 다른 형태의 시스템으로 바꾸는 행위, 즉 새로운 것을 구성하는 행위를 하기 때문이다.

이제 우리는 구성주의적 문화관에서 비롯된 트랜스문화의 문맥에서 미디어란 수단이 아닌 성찰적 미디어임을 이해할 수 있다. 미디어 사이의 연계는 수단으로서 여러 미디어들이 정보교환이라는 특정한 목적을 위하여 조합된 것이 아니다. 그와는 반대로 다른 문화에 몰입되도록 하는 미디어의 작동을 거부하고 그러한 작동을 관찰하기 위하여 이질적인 미디어가 투입된다. 그것이 멀티미디어와 인터미디어의 차이다(Spielmann, 2001). 결국 정체성을 벗어난 성찰을 하기 위하여 하나의 시스템에서 그것의 다음 질서에 위치하는 시스템으로 이동하고 또다시 원래의 시스템으로 돌아올 수 있는 움직임이 필요하다. 그리고 이질적 미디어 사이의 조합은 그러한 불안정한 움직임을 가능하게 해주는 환경을 마련해준다. 다음에 하나의 예를 들어보면서 이 같은 특별한 미디어의 조합이 쉽게 발견될 수 있음을 알아보겠다.

대립적인 미디어들의 혼합

이제 두 가지 예를 들어볼 텐데, 이를 통해 경험적 검증을 시도하고자 하는 것은 아니다. 그것은 양의 문제이거나 경험적 현상의 문제가 아니기 때문이다. 여러 가지 사례를 언급할 수 있지만 우선 영화와 관련된 것을 언급하자면, 필자는 얼 잭슨 주니어(Earl Jackson Jr., 2005)가 2005년 부산국제영화제 학술제에서 영화 〈올드보이〉에 대하여 발표했던 것을 기억해 보고자 한다. 그는 일본의 망가가 한국의 영화로 차용(adaptation)되었다는 점에 주목하였다. 그리고 한국의 영화는 일본의 망가가 가지고 있던 몇 가지 서사적 진행상의 의문점을 풀어주는 역할을 한다고 주장하였다. 즉 한국영화는 일본망가를 읽으면서 제기되는 질문에 대한 대답이고, 따라서 일종의 다른 관점, 정확히 말하면 메타 차원에서의 관찰이다. 즉 미디어가 전환되면서 동일한 서사적 내용이 다른 문화권에 더 유행하는 미디어에 그대로 적용된 것이 아니라는 견해이다. 이러한 상황에서 영화는 망가에

대해 성찰적이고, 한국의 영화 미디어는 일본 망가문화에 대하여 성찰적
이다. 시스템이론의 용어로 바꾸어 말하자면, 그것이 관찰하고 논평하는
'2차질서(die zweite Ordnung)'에 놓여 있기 때문이다. 바로 이러한 미디
어 사이의 관계, 즉 망가와 영화의 관계를 필자는 인터미디어라고 부르려
한다. 다시 말해서 한국의 영화는 다른 문화권에서 생산된 정보를 유입하
기 위하여 수단적으로 존재하는 것이 아니다. 오히려 그러한 유입의 과정
에서 벌어지는 차이점, 그 사이에 존재하는 변형의 과정, 즉 망가에서 영
화로, 혹은 일본에서 한국으로의 변형 과정을 재현하는 미디어로 보아야
할 것이다. 물론 영화 〈올드보이〉에 나타난 인터미디어의 형식, 즉 인터미
디어로서 영화의 미학적 형식(Paech, 2002)에 관한 길고 긴 논의는 중요하
지만 여기서 할 수는 없을 것이다.

　　다만 필자는 더 흥미로운 예를 생각해보고 싶다. 그것은 사이버카페
나 인터넷카페로 번역될 수 있는 PC방의 경우이다. 이는 다른 많은 사례
가운데 필자가 가장 좋아하는 것인데, 그 이유는 PC방이란 묘한 이름 때
문이기도 하다. 우선 PC는 외래어이고 방은 우리말이다. 이러한 이질적인
것의 조합은 다만 이름에만 나타나지 않는다. PC는 서구의 발명품이고,
방은 한국에 고유하다. PC는 소위 말하는 컴퓨터 매개 커뮤니케이션, 즉
CMC(computer mediated communication)의 '수단'이고 방은 면 대 면 커
뮤니케이션(face to face communication)과 관련이 있다. 또한 PC는 뉴미
디어이고 방은 일종의 올드미디어, 그것도 상당히 '올드'한 미디어다. 아
마도 PC방은 정확히 그 모든 것들의 사이(in-between)에 놓여 있는 미디
어로 이해할 수 있을 것이다. PC방 방문자들은 두 가지를 동시에 경험하
거나, 정확히 말해서 한 가지에서 다른 한 가지로 재빨리 이동하는 움직임
을 경험한다. 즉 경계를 넘어서는 것이 PC방에서 이루어지는 행위이다.
문제는 이러한 상상할 수 없을 정도로 이질적이고 대립적인 두 미디어가

왜 하나로 혼합되었는가 하는 점이다. 그리고 이러한 혼합이 왜 뉴미디어 라고 생각되는 디지털 미디어보다 더 '뉴'한가 하는 점이다.

우선 방이 커뮤니케이션과 관련 있다는 말은 이상하게 들릴 수도 있 겠으나, 한국 사람들에게 방은 공간 이상의 의미를 지닌다. 이경(Lee, 1984)에 의하면 "사랑방은 항상 다양한 주제에 관한 공동의 관심사나 의 견들을 논의하는 포럼이었다. 그리고 문제에 대한 해결책이 강구되는 곳 이다. 특정한 의미에서 사랑방은 아이디어의 시장과 같은 곳이고, 공동체 의 여론은 그곳에서 형성되었다"(232). 여기에 근거하여 방은 일종의 토착 적 커뮤니케이션(indigenous communication) 형식(Wang/Dissanayake, 1982: 3)이나 (진보된 의미에서) 토착적 미디어로 간주할 수 있을 것이다. 우리는 아직까지도 상당히 중요한 의사결정이나 정보교환이 방에서 이루 어지고 있음을 유감스럽게도 부인하지 못한다.

그렇게 본다면 방과 PC의 결합이 얼마나 이질적인 미디어와 소통방 식의 혼합인지 이해할 수 있을 것이다. 하지만 이러한 혼합은 정보전달을 목적으로 하는 커뮤니케이션, 즉 다른 문화에 관한 내용을 효율적으로 그 리고 빠르고 정확하게 전달하기 위해 존재하는 것은 아니다. 즉 멀티미디 어가 아니다. 매스미디어의 역할을 수행하기 위해 존재하는 것도 아니다. 어느 연구에 의하면 사람들이 PC방에 가는 이유는 친구들과 함께 컴퓨터 게임을 하기 위해서라고 한다(Kym/Park, 2003). 아마도 많은 사람들이 이 지적에 수긍할 것이다. 즉 전통적인 방-커뮤니케이션을 하기 위해서인 것이다. 그렇다면 PC방 방문자는 두 가지 이질적인 형태의 커뮤니케이션 과 미디어 활용을 하게 된다. 즉 인터넷을 이용하여 지구 반대편의 사건을 여과 없이 받아들이거나 혹은 컴퓨터 게임을 하며 가상현실에 빠져든다. 그와 동시에 옆에 앉아 있는 친구와 그러한 인터넷의 경험에 대하여 대화 를 나눌 수 있다. PC방 이용자는 동일한 주체로서 기능하는 것이 아니라 두 가지 서로 다른 유형의 주체 사이를 오간다. 즉 시공간이 존재하지 않는 글로벌한 상황에 놓여 있는 주체에서 방이라는 로컬한 장소에서 친구와 함께 있는 주체로의 움직임이다. 이것은 결국 PC방 방문자들이 경험하는 '크로스 커팅'의 상황이다. 즉 원격존재(telepresence)와 현존재에 위치하는 두 이질적인 주체를 말한다.

다시 말해 PC 미디어에서 방 미디어로의 발전, 혹은 PC와 방의 교묘한 조합은 정보를 효과적으로 전달하기 위해서가 아니다. 그리고 시간과 공간의 극복이 미디어에 의해 완벽히 이루어져 마치 자신이 다른 시간과 공간, 다시 말해서 다른 문화에 놓여 있는 것과 같은 착각이 발생할 수도 있다. 그러나 옆자리에 앉아 있는 친구와의 대화는 그러한 환상(illusion)의 상황에 빠져드는 것을 방해한다. 방의 상황은 사실상 자신이 컴퓨터를 통해 다른 문화를 접하고 그곳에 몰입(immersion)되는 장소가 아니라 그러한 문화접촉 활동을 행하고 있다는 사실을 의식할 수 있도록 해주는 장소다. PC방이라는 결합으로 결과되는 것은 결국 멀티미디어가 아니라 인터미디어이다. 왜냐하면 하나의 미디어가 다른 미디어의 보조 역할을 하는 것이 아니라, 다른 미디어에 대하여 이질적으로 나타나고 있으며 그러한 이질성에서 하나의 미디어 활용을 관찰하는 메타적 차원으로의 이동을 가능하게 해주기 때문이다. 그리고 PC방을 시기적으로 보았을 때 뉴미디어라고 한다면, 새로운 것이란 새로운 기술의 개발을 말하는 것이 아니다. 왜냐하면 방이라는 것은 결코 새로운 기술 장치(apparatus)나 디스포지티브(dispositive)가 아니기 때문이다. 새로운 점은 타자의 문화 환경에, 특히 글로벌한 문화 환경의 몰입이나 유입을 비판적으로 성찰하기 위하여 로컬한 미디어(Wakeford, 2003)를 투입하였다는 사실이다. 인터미디어로서 PC방은 가까이 다가온 다른 문화에서 오히려 거리를 두면서 자기의 문화를 어떻게 변화시킬 수 있는지 고민할 수 있는 공간이다.

제 2 부 **아 시 아**

웨 스 턴

〈도스트, 더시맨〉 읽기

- 대중영화와 문화적 번역, 방글라데시의 '웨스턴' 리메이크

자키르 후세인 라주 | 말레이시아 모나시대학 영화이론과 교수

방글라데시 비평가들은 〈도스트, 더시맨〉의 트랜스컬처적인 혼종성을 큰 문제점으로 보았다. 모더니스트와 예술영화 비평가들은 방글라데시영화 스크린을 '외국'의 것(싸움, 웨스턴 복장, 상스러운 말 등등)으로 오염시켰다는 점을 들어 〈도스트, 더시맨〉을 비판했다. 하지만 무결해 보이고 건전한 벵골 무슬림 영화 스크린에 당당한 외국 오염물을 포함시키고 영화의 내용을 혼종시킨 이 특성은 방글라데시영화의 개념을 영구히 바꿔놓았다. 이 영화는 1970년대에 이미 숨막히는 액션 신을 연출함으로써 그 당시 최첨단 기술을 이용한 대표적인 액션영화인 것이다. 〈도스트, 더시맨〉은 스파게티 이스턴처럼 방글라데시에서 일찍이 글로벌 대중문화와 영화적 협상을 시작한 것이다.

방글라데시영화에서 문화적 번역의 위치

　방글라데시 영화산업의 규모는 탈식민지 남아시아 국가들 사이에서 중간 정도에 해당한다. 매년 100여 편의 극영화가 생산되어 방글라데시 전역의 1,000여 개 극장에서 상영된다. 이 영화들 중 대부분은 장르를 기본으로 한 형식적이고(formulaic), 자국어(방글라)로 제작된 대중오락영화다. 방글라데시의 대중영화는 영화의 길이와 영화 내용의 구조화(내러티브의 진행이 멈추고 노래와 춤이 나타난다) 때문에 보통 힌두 대중영화와 유사하다고 인식되지만, 특정한 '민족(national)' 관객에게 소구한다. 이 관객에는, 방글라데시에 살고 있는 방글라데시인 외에 중동, 유럽, 미국뿐만 아니라 동남아시아와 동아시아에까지 퍼져 있는 벵골말을 쓰는 방글라데시인이 포함된다.

　1960년대 이래 방글라데시의 로컬 영화 제작물들(crops)은 할리우드와 인도 발리우드, 홍콩 액션영화와 같은 글로벌 대중영화가 방글라데시에 접근하지 못하도록 성공적으로 막았다. 그러나 글로벌 대중영화가 극히 제한적으로만 방글라데시의 극장에서 상영되었음에도 불구하고, 방글라데시의 영화 문화는 이 영화들의 요소들을 빌려와 번역하는 작업을 일상적으로 했다. 이러한 방글라데시영화의 문화적 번역은 주로 인도-힌두영화(가족 드라마와 신화) 분야에서 이루어졌다. 그러나 이런 빌려오기(borrowing)는 그 양이 얼마 되지 않더라도 할리우드(액션, 웨스턴)와 홍콩 영화(쿵푸 장르)의 모든 장르에서 나타났다.

이런 종류의 외국 영화 장르와 텍스트에 대한 전유와 개작(re-working)은 방글라데시의 컨텍스트 안에서 1970년대 이후로 행해져왔다. 이런 리메이크는 직·간접적으로 이뤄졌지만, 많은 경우 '원본(original)'에 대한 인정 없이 행해졌다. 다시 말해서, 방글라데시영화 텍스트와 장르는 항상 글로벌과 지역의 대중문화 흐름을 따라 구조와 전략을 조절하고 새롭게 리메이크했다. 하지만 이러한 '다른(other)' 영화 또는 '외국'영화의 문화적 전유를 방글라데시라는 컨텍스트에서 연구하는 방글라데시·아시아영화 문화연구 학자는 없다. 이 논문은 그 미지의 영역을 이해하려는 첫 번째 모험이다. 나는 이를 위해 방글라데시영화의 문화적 번역을 잘 보여주는 영화 한 편을 선택했다. 〈도스트, 더시맨(Dost-Dushman)〉[1](친구와 적[the Friend-Enemy]이라는 뜻, 1977). 이 영화는 아마도 방글라데시 대중영화 중에서 가장 인기를 끌었던 '방글라데시─웨스턴' 영화 중 하나일 것이다. 이 영화는 유명한 인도 '카레 웨스턴(Curry Western)' 영화인 〈숄레이(Sholay)〉[2](Flames, 1975)의 방글라데시 리메이크판으로 간주된다. 흥미롭게도 대중문화의 대륙 횡단적(transcontinental)이고 트랜스 아시아적인 번역이, 영화와 미디어의 트랜스내셔널한 움직임이 제한받았던 30년 전에 인도와 방글라데시아에서 이루어졌다. 다시 말해 〈도스트, 더시맨〉을 읽는 것은 보통 '전(前) 세계화(pre-globalization)' 단계로 여겨지는 1970년대의 '지난해들(yesteryears)'의 트랜스내셔널한 문화적 이동(cultural migration)을 살펴보게 하며, 문화적 세계화의 한계에서 벗어나게 한다.

이 글에서는 두 가지 목표를 위해 과거를 추적할 것이다. 첫째는 웨스턴 장르가 어떻게 방글라데시로 문화적 이동을 했는지 이해하는 것이고, 둘째는 〈도스트, 더시맨〉이 방글라데시 관객을 위해 어떻게 '리메이크'되거나 번역됐는지 탐구하려 한다. 즉 글로벌 영화/장르가 로컬 컨텍스트에 맞게 그 안에서 어떻게 재전유됐고, 이러한 리메이크 과정에서 어떠한 상호작용이 일어났고 또는 일어났었는가를 탐구하려 한다. 이를 알기 위해 나는 제작과 번역의 컨텍스트를 통한 〈도스트, 더시맨〉 읽기 전략을 취하였다. 이는 '방글라데시'라고 불리는 국가-공간(nation-space)과 그곳의 영화 제작에서 멀리 떨어져 있고 그것들을 넘어선다고 이해되는 지정학과 장르적 관습을 포함한다. 내가 여기서 시도하는 것은 〈도스트, 더시맨〉을 다양한 컨텍스트 안에 위치 지으면서 가능하고 서로 다른 독해를 제공하는 것이다. 이러한 독해는 다음의 질문에 답변하기 위해서다. 즉 웨스턴의 모티프와 메타포를 채택하고 각색했지만 신흥 독립국 방글라데시의 문화적 전통과 역사적 궤적 내에서 전유한 〈도스트, 더시맨〉 같은 아시아 웨스턴을 어떻게 위치 짓고 이해할 것인가? 로렌스 그로스버그(Lawrence Grossberg)는 문화적 텍스트를 이해하기 위한 컨텍스트를 구성하는 문제에 대해 의미심장한 논평을 했다. 그녀는 다음과 같이 말했다.

> 문화적 텍스트를 해석하는 문제는 그것을 둘러싼 컨텍스트를 구성하는 문제가 항상 포함된다. 그러나 컨텍스트는 완전하고 안정되게 배열(configurations)되지 않았기 때문에 전체적이고 경험적으로 이용할 수 없다. 그것들은 모순, 갈등, 투쟁의 장이다(Lee [2005: 116]에서 재인용).

모순과 갈등으로 끝날 컨텍스트의 불안정성은 〈숄레이〉에 대한 다양한 독해에서도 마찬가지다. 인도 대중영화의 동시대적 연구에서 이 영화에 대한 독해들은 이 영화를 놀랄 만한 대중 텍스트로 주목하지만 서로 간의 다양한 입장에 따른 경합(contest)이 존재한다. 〈숄레이〉를 문화적 텍스트로 보는 인도영화 연구자들 사이에서는 이 영화를 로컬/내셔널이라는 틀로 봐야 할지 글로벌이라는 틀로 봐야 할지에 대해 다소 의견이 엇갈린다. 연구자가 이 영화를 위치 짓고 분석하려고 찾아내는 서로 다른 컨텍스트에서, 그리고 그것을 통해서 경합과 차이가 발생한다고 할 수 있다. 예를 들면, 어떤 연구자(그 예로 Ganti, 2004와 Prasad, 1998)는 〈숄레이〉를 인도영화로 다루고, 이 영화의 트랜스내셔널한 연결과 문화적 이동에 대해 논의하지 않는다. 테자스위니 간티(Tejaswini Ganti)와 마드하바 프라사드(Madhava Prasad)는 이 영화를 논의할 때, 〈숄레이〉와 미국 또는 이탈리아에서 기원한 웨스턴 장르의 관계를 언급하지 않는다. 하지만, 위말 디사나야케(Wimal Dissanayake)와 말라티 사하이(Malati Sahai, 1992), 쿠시크 바네르지아(Koushik Banerjea, 2005), 아누파마 초프라(Anupama Chopra, 2000) 같은 인도영화 연구자들은 글로벌이라는 틀에서 〈숄레이〉의 트랜스텍스트적(transtextual) 특성을 인식하고 주목한다. 바네르지아는 프라사드가 내러티브 구조를 지나치게 강조함으로써 〈숄레이〉의 '트랜스로컬한(translocal)' 특성을 경시했다고 비판했다(2005: 180).

〈도스트, 더시맨〉은 〈숄레이〉처럼 연구가 활발히 진행된 텍스트가 아니다. 이 영화에 대해 처음으로 진지하게 논의하고 있는 이 글에서 나는 이 텍스트를 분석하는 서로 다른 입장들을 살펴볼 것이다. 나는 다양한 독해를 시도할 때, 아시아 웨스턴의 문화적 이동과 번역 과정이 단순히 상호적(bilateral)인 것만은 아니라는 점을 강조하고 싶다. 또한 '문화 간의 번역은 서양이 동양을 번역하고 또는 동양이 서양을 번역하는 것이 아니다. …… 오히려 전통에서 근대까지, 문학에서 시각매체까지, 엘리트 학자문화에서 대중문화까지, 토속적인 것에서 외국의 것까지의 변화를 포함한다'고 지적하고 싶다(Rey Chow, 1995: 192).

〈도스트, 더시맨〉 첫 번째 읽기
—웨스턴 장르의 문화적 이동

웨스턴 영화는 총잡이 카우보이와 '인디언'이 거주하는 미국 서부에 대한 신화다. 최근 출간된 대학 신입생을 위한 영화 연구 교과서는 웨스턴을 이렇게 규정한다. "미국 영화산업의 특징적인(defining) 장르다. 팽창하는 미국 프런티어의 초기 시절에 대한 찬양이다. 그것들은 쉽게 식별할 수 있는 플롯과 요소, 인물(6연발총, 말, 먼지 가득한 타운과 트레일, 카우보이, 인디언 등등)을 지닌 가장 오래되고 영속한 장르다"(Dirks, 2007: 122). 릭 앨트먼(Rick Altman)은 그의 책 《영화/장르(Film/Genre)》에서 장르로서 웨스턴의 계보학을 불러낸다.

> '황폐한 웨스턴 영화', '웨스턴 추격 영화', '웨스턴 코미디', '웨스턴 멜로드라마', '웨스턴 로맨스', '웨스턴 서사시'의 제작 증가는 간단하게 '웨스턴'이라 불리는 장르를 고착화했다. …… 하지만 1910년, 단순히 지리학적인 지명을 의미한 가능성들이 탐구됐고 추려져 코드화됐다. 그후 5년 안에, 강화되고 관습화된 장르적 개념이 '웨스턴'이라는 특정적인 표준에 따라 관객에 의해 체계적으로 해석될 수 있는 장르영화의 반복적인 제작을 촉진했다(Altman 1999: 36).

다시 말해서 웨스턴은 항상 뚜렷이 정의되는 장르는 아니었으며, 오히려 수많은 다른 종류의 영화들을 포함했다. 윌 라이트(Will Wright)가 1975년 웨스턴에 대한 구조적인 연구를 준비할 때, 그는 웨스턴이라는 포괄적인 용어에 몇 가지 카테고리를 포함시켰다. 예를 들어 그는 〈백주의 결투(Duel in the Sun)〉(1946), 〈셰인(Shane)〉(1953) 같은 고전영화를 분석하여 클래식 웨스턴의 개념(1975: 32~58)을 세웠다. 그리고 클래식 버전의 다양한 변형을 연구하여 복수, 과도기(transitional), 전문가(professional) 웨스턴의 개념을 제안하였다(Wright, 1975: 59~123).

〈도스트, 더시맨〉에 대한 간단한 독해를 위해, 나는 먼저 플롯을 분석하고, 이 영화가 라이트가 제안한 것처럼 (미국) 웨스턴이라는 특정한 범주에 들어맞는지 확인해볼 것이다. 〈도스트, 더시맨〉은 정신이상자인 강도 가파르(Gaffar)와 경찰관이자 시골 지주인 자파르 초드허리(Jafar Chowdhury)라는 두 명의 강한 남성 인물을 중심으로 진행된다. 자파르는 마침내 가파르를 체포하여 감금시킬 수 있게 된다. 이후 자파르는 가족을 만나러 떠나지만, 탈출한 가파르는 자파르에 복수하기 위해 그의 가족 모두를 살해한다(사당[shrine]으로 간 며느리만 살아남는다). 집에 돌아온 자파르는 줄지어 있는 가족의 시체들을 본다. 이에 자파르는 가파르를 찾으러 나서지만, 그에게 붙잡히고 두 손을 잘린다. 이 영화의 플롯은 자파르가 가파르와 그의 일당으로부터 마을 사람들을 구하기 위해, 그들을 상대할 두 '양손(hands)'을 고용하는 시점에서부터 시작한다. 라자(Raja)와 조니(Johny)라는 두 죄수가 있다. 예전에 그들을 만났던 자파르는, 이들이 비록 악하이지만 착한 마음을 지녔다고 생각했다. 두 용병은 자파르에게 선금을 받은 후, 비조이나가르(Bijoynagar)라는 마을로 가고 가파르의 무리들과 연달아 마주치게 된다. 그들은 마을 사람들과 어울리게 되며, 거기서 여자들과 사랑에 빠진다. 라자는 마차 운전수로 일하는 춤키(Chumki)라는 마을 아가씨를, 조니는 자파르의 며느리이며 남편을 잃은 미나(Meena)와 사랑에 빠진다. 마지막 대결에서 이들은 결국 가파르 일당을 전멸시키지만, 조니는 목숨을 잃는다. 라자는 가파르를 죽이고 싶었지만, 조니와 약속한 대로 그를 자파르에게 넘겨줘야 했다. 그리고 자파르는 때마침 경찰서에 도착하여 라자가 가파르를 죽이는 것을 막을 수 있었다. 라자는 비조이나가르를 떠나려 했지만 마을 대표의 요청 때문에 그곳에 남아 춤키와 결혼하기로 결심한다.

명백히 남아시아 멜로드라마인 이 이야기는 라이트가 개괄한 웨스턴의 내러티브 요소와 비교할 수 있다. 라이트의 범주화에 따르면 〈도스트, 더시맨〉은 '전문가' 웨스턴으로 볼 수 있다. 라이트는 〈와일드 번치(The Wild Bunch)〉(1969)와 〈내일을 향해 쏴라(Butch Cassidy and the Sundance Kid)〉(1970) 같은 미국영화를 살펴보면서, 전문가 웨스턴의 12가지 내러티브가 지닌 특징의 목록을 제안했다(1975: 85~113). 목록의 1~9번 중 일곱 가지는 영웅들의 특질(quality)을 묘사하는 것이다. 설명에 따르면, 그들은 어떤 일을 떠맡은 전문가다. 그 일은 그들을 싸움에 휘말리게 하고, 그들은 특별한 능력을 소유하고 있다. 그들은 그 일을 위해 집단을 만든다. 그들은 사회에 독립적이지만 그 집단에서는 존경과 애정, 충성을 공유한다. 이러한 영웅들과 정반대로, '스스로 보호할 능력이 없는' 사회의 배후에 '매우' 강한 악당들이 있다. 라이트가 제시한 목록 중 마지막 3가지 기능은 내러티브에 관한 것이다. 즉 영웅들은 악당들과 싸우고, 그들을 무찌른다. 그리고 영웅들은 결국 함께 살아간다(혹은 죽는다)(Wright, 1975: 113). 살펴본 대로, (영웅들이 함께 살거나 죽는) 마지막 특징을 제외하면 라이트가 제안했던 전문가 웨스턴의 모든 내러티브 기능은 〈도스트, 더시맨〉의 플롯에 존재한다. 그래서 우리가 라이트가 제시하는 '컨텍스트'를 받아들이면, 이 영화는 '전문가 웨스턴'인 것이다.

하지만 이 영화의 구조적 독해는 명백히 라이트와 다른 영화학자 다수가 특히 1970년대에 주장한 텍스트주의적 독해로 인해 영화와 문화 연구의 정당성(legitimacy)을 잃었다. 왜냐하면 영화를 단일하고 분리된 실체(entity)로 여기는 텍스트 중심의 시도는, 비록 다른 사회적 환경과 역사적 시점에 유통되더라도 하나의 텍스트는 항상 비슷하게 기능한다는 점을 함축하기 때문이다. 다시 말해, 영화의 텍스트주의적 분석은 거의 컨텍스트에 대한 고려가 없다. 이러한 논의는 영화 텍스트를 영화의 제작, 상영, 유통, 수용을 포함한 사회적·정치적·문화적·경제적 매개변수(parameter)와의 관계 아래에 두지 않는다. 뒤에서 나는 이 같은 매개변수를 염두에 두면서 〈도스트, 더시맨〉을 읽어나가며 그것의 컨텍스트를 평가할뿐만 아니라 확장시킬 것이다.

〈도스트, 더시맨〉 두 번째 읽기
─방글라데시 액션 장르의 시작

〈도스트, 더시맨〉이 제작되고 수용되던 당시인 1970년대 후반 방글라데시 영화 산업을 보면, 가족 드라마가 주로 제작되었으며 본격 액션영화(pro-action cinema)가 조금씩 제작되기 시작했다. 이 액션영화들은 방글라데시영화에서 처음으로 노골적인 폭력과 액션 이미지, 모티프를 표현하였다. 실제로 〈도스트, 더시맨〉은 많은 영화 비평가로부터 방글라데시 영화 스크린에 폭력을 가져왔다며 비난받아왔다. 나는 오히려 이 영화를 방글라데시영화 스크린에 액션을 가져온 이정표로 볼 것이다.

근대의 중간계급(middle class)이 액션 장르를 그들의 문화적─국가적(cultural-national) 이상에 반하는 것으로 봤음에도 불구하고 글로벌 액션영화와 방글라데시영화 간의 피할 수 없는 상호작용은 1970년 후반부터 시작됐다. 그 당시 정부, 근대화하는 신생 자본가, 중간계급은 신흥 독립국이자 민족─국가(nation-state)인 방글라데시에서 분주하게 도시 발전 프로그램을 실행하였다. 급속한 도시화와 상업화를 향한 행진은 정부를 이끄는 '국가적(national)' 중간계급이 퍼뜨리는 국가적 모더니티와 결부

된다. 이러한 '국가-건설'과 도시화하는 힘은 영화 내러티브의 어떤 변환 (transformation)뿐만 아니라 영화적 제도의 팽창과 맞물렸고, 1970년대에 만 극장의 수가 세 배 늘어났다. 흥미롭게도 새로운 극장이 근대화와 도시 발전이라는 선전에 의해 새로운 지구(townships)와 방글라데시 도시의 주변에 만들어졌지만 이 시기에 제작된 (《도스트, 더시맨》과 같은) 영화들은 그들이 취한 근대, 문화적-내셔널리즘 비전과 경쟁했다.

영화 텍스트와 장르의 변화는 1970년대 중반 방글라데시의 경제적·문화적 세계화의 힘에 직면하기 시작한 영화 관객의 변화와 관련이 있다. 무계획적인 도시화 시도, 마땅한 소득이 없는 촌락 등 1974년의 극심한 기근을 초래한 정부 지도자들의 자원 관리 부실은 농가의 빈곤화로 연결되었다. 1970년대 중반, 굶주리고 일자리가 없는 농촌 주민들은 도시와 타운, 특히 도시의 비공식 부문에서 일하기 위해 한꺼번에 이주하였다. 새로운 영화 장르는 이처럼 새로 이주해온 도시 거주자들에게 오락을 제공하기 위해 필요했다. 교육 수준이 낮고 외면당하는 직업에 종사하는 이들의 욕망과 소망을 충족시켜주는 대중장르는 중산계급에 의해 계획된 도시 발전을 위해 필요한 것이기도 했다.

1970년 중반까지, 방글라데시 대중영화는 보통 사회적인 것(가족 드라마)과 신화적인 것 두 장르로 나뉘었다. 멜로드라마 영화는 여성이 남성에게 종속되어 있으며 젠더화된 세계를 표현하고 단순화된 방식으로 도덕적 가치를 내세우는 한편 선은 악을 극복한다는 점을 주장한다. 이 장르의 영화에서 육체적 액션은 고통받는 여자의 과잉된 울부짖음을 제외한다면 찾아보기 힘들다. 이러한 장르들의 변화는 1971년 방글라데시 해방전쟁 후에 처음으로 감지되었다. 남성 액션의 묘사는 1971년 해방전쟁이 끝난 직후 만들어진 일련의 '전쟁영화'에서 나타나기 시작했다. 이 영화들은 추측컨대 해방전쟁의 위대함과 그 전쟁에서 젊은이들(그 예로 게릴라, 군인,

학생)이 어떻게 용감하게 싸웠는지에 대해 묘사했다. 하지만 나는 이 영화들은 위장된(in disguise) 첫 번째 방글라데시 액션영화들이라고 생각한다. 이 영화들에서, 예를 들어 〈용감한 11인(The Valiant Eleven/Ora Egarojon)〉(1972)과 〈다시 인간이 되다(Be Humane Again/Abar Tora Manush Ho)〉(1973)에서, 우리는 어떻게 소규모의 액션 영웅들이 파키스탄 군대 전체를 상대로 싸웠으며, 그 전쟁이 민족-국가(nation-state)로서의 방글라데시 해방을 앞당겼는지 보게 된다. 스크린 위에 나타난 이 게릴라들(〈용감한 11인〉에서 열한 명, 〈다시 인간이 되다〉에서 일곱 명)은 해방전쟁의 영웅처럼 보이지 않는다. 이 인물들은 방글라데시의 컨텍스트로 변형된 일본 사무라이 영화의 '선한' 무리나 '고전' 미국 웨스턴 영화의 친사회적인(pro-society) 카우보이와 더 닮아 있다.

1970년대 중반에는 '전쟁영화'가 제작되지 않았다. 하지만 도시 인구구성의 변화와 '전쟁영화'의 경험은 방글라데시 영화산업의 결정적인 전환으로 이어졌다. 이 전환은 영웅을 빈민가에 거주하며 선한 마음을 소유한 건달로 묘사하는 〈불량배(The Hooligan/Rangbaz)〉(1975)라는 '사회-액션'영화에서 처음 나타났다. 2년 후 〈도스트, 더시맨〉에 와서는, 전국적인 관객을 상대로 하여 글로벌 문화를 로컬화하는 방글라데시영화의 변환과정에서 중요한 전환점이 나타났다. 방글라데시 영화산업은 1970년대 중반 이후, 인도나 다른 외국영화 비디오와 교섭(negotiation)하는 한 방식으로, 그리고 도시와 타운의 새로운 이주자들을 끌어들이기 위한 수단으로 사회영화의 '액션화(actionizing)'에 집중하였다. 〈불량배〉와 〈도스트, 더시맨〉은 방글라데시영화의 장르 변환의 징후를 나타낸다. 이 두 영화에서 남성은 처음부터 주먹싸움이나 총싸움의 전문가로 제시되는데, 여성도 (여성은 방글라데시 사회에서 쉽게 용인되는 성 역할을 의미하는 '사회'영화의 연약하고 희생적인 여성으로 가정됐다) 덜 여성적(less-feminine)이며 덜 전통적인(less-traditional) 역할로 변화됐다(예를 들자면 〈도스트, 더시맨〉에서 마차 운전수인 줌키).

〈도스트, 더시맨〉은 글로벌 액션 장르와 최초로 만난 방글라데시영화 중 하나로 여겨진다. 이 영화 제작에 관련된 인물들은 액션 신을 디자인하고 제작한 경험이 있었다.[3] 방글라데시 영화산업에서 최초로 나타난 전문적 액션 배우와 안무가 집단인 잠브스(Jambs)는 1970년대 중반에 다카(Dhaka)에서 두각을 나타내기 시작했다. 〈불량배〉의 액션 신(주로 주먹싸움)을 디자인한 이들은 2년 후 〈도스트, 더시맨〉에서 액션 장면뿐 아니라 영화 전체의 제작을 맡게 되었다. 이 영화가 상영 시간의 절반 가까이를 폭력과 액션으로 묘사한 최초의 방글라데시영화가 된 것은 놀랄 일이 아니다. 잠브스 집단의 이니셜 제이(J)는, 〈도스트, 더시맨〉에서 악당 가파르를 연기하였으며 이후 가장 인기 있는 액션 주인공과 안무가가 되는 자심(Jasim)을 상징한다. 조니 캐릭터를 연기하였으며 이 영화를 끝으로 세상을 떠난 소헬 라나(Sohel Rana)는 1971년 전쟁에 자유의 투사(freedom fighter)로 참전했고, 유명한 '전쟁영화' 혹은 내가 '위장한 액션영화'라고 말한 1972년의 〈용감한 11인〉 제작에 관여했다.

〈도스트, 더시맨〉이 만들어진 이후 대중영화의 주류는 액션 장르로 전환되었고, 사회의 악과 억압에 대항해 싸우는 영웅적 파이터나 지하세계의 갱스터로서 훌륭한 남성 영웅을 그리기 시작했다. '사회'를 다루거나 가족 드라마 영화처럼 중간계급의 여성을 주로 만족시켰던 상품은 퇴보했다. 사회영화는 내러티브 전략이 새로운 미디어 시나리오에 맞게끔 변화되었을 뿐만 아니라 제작 숫자도 감소했다. 반면 액션영화는 외국영화(특히 비디오로 이용할 수 있게 된 인도영화)가 증가하는 가운데서도 1970년대 이래로 방글라데시영화의 전형이 된다.

〈도스트, 더시맨〉 세 번째 읽기
– '스파게티 이스턴'으로서 트랜스내셔널한 '방글라데시 웨스턴'

이제 미국 모델의 '전문가 웨스턴'이자 방글라데시영화를 액션영화로 이끈 〈도스트, 더시맨〉의 트랜스내셔널한 측면과 '방글라데시 웨스턴'에 주목해보자. 20세기 중후반에 웨스턴은 미국을 넘어 재정의됐고, 재발명 됐으며, 확장됐다. 웨스턴 영화의 미국성(American-ness)은 '미국'이라는 물리적이고 지정학적인 공간에서 멀리 떨어진 여러 곳에서 여러 가지 방식으로 의문시됐고, 폐기됐으며, 재발견되는 한편, 패러디됐다. 우리는 아시아 웨스턴을 더 크고 새로운 문화적 번역의 컨텍스트 속에 위치 짓고 이해해야 할 필요가 있다.

〈도스트, 더시맨〉과 같은 아시아 웨스턴은 문화적 전유에 대한 우리의 상식적인 이해에 의문을 제기한다. 예를 들어, 이 영화는 '인도 웨스턴' 〈숄레이〉를 리메이크한 것이다. 하지만, 〈도스트, 더시맨〉과 〈숄레이〉는 쉽게 특정한 민족적·문화적 매개변수로 그 정체를 규명할 수 없다. 게다가 문화적 번역이 완전하거나 간단하게 행해질 수 없기 때문에 〈도스트, 더시맨〉은 〈숄레이〉의 '직접적인 카피'가 아니며, 〈숄레이〉 또한 〈석양의 건맨(For a Few Dollars More)〉이나 〈원스 어폰 어 타임 인 더 웨스트 (Once Upon a Time in the West)〉 같은 스파게티 웨스턴의 단순한 카피가 아니다. 〈숄레이〉는 "산재되고 파편화된 서사 안에 다양한 소스(일본 사무라이 서사, 미국과 이탈리아 웨스턴, 인도 B무비)를 합한 개작"이라고 할 수 있다(Banerjea, 2005: 180).

이런 의미에서 〈도스트, 더시맨〉은 또한 복합적으로 번역된 트랜스문화적 텍스트이다. 이 영화는 다른 내셔널 시네마와 문화망과의 관계 때문에 〈숄레이〉처럼 너무 많은 하이픈으로 연결된 텍스트 같아 보인다. 즉 이

226

영화는 '방글라데시-인도-이탈리아-미국-일본' 웨스턴이다. 레이철 해리슨(Rachel Harrison)은 태국영화 〈검은 호랑이의 눈물(Tears of the Black Tiger)〉의 글로벌한 수용을 논의할 때, 통상적인 장르의 경계를 위반하여 영화 비평가에게 문제를 제기하는 이 영화를 "스파게티 이스턴(Spaghetti Eastern)"이라는 신조어로 명명했다(2007: 199). 나 역시 〈숄레이〉와 〈도스트, 더시맨〉처럼 혼종적(hybrid)이며 양가적이고 트랜스내셔널하며 트랜스텍스트적(transtextual)인 영화를 스파게티 이스턴이라 부르고 싶다.

흥미롭게도, 방글라데시 비평가들은 〈도스트, 더시맨〉의 트랜스컬처적인 혼종성을 큰 문제점으로 보았다. 모더니스트와 예술영화 비평가들은 방글라데시영화 스크린을 '외국'의 것(싸움, 웨스턴 복장, 상스러운 말 등등)으로 오염시켰다는 점을 들어 〈도스트, 더시맨〉을 비판했다. 하지만 무결해 보이고 건전한 벵골 무슬림 영화 스크린에 당당한 외국의 오염물을 포함시키고 영화의 내용을 혼종시킨 이 특성은 방글라데시영화의 개념을 영구히 바꿔놓았다. 이 영화는 1970년대에 이미 숨막히는 액션 신을 연출함으로써 그 당시 최첨단 기술을 이용한 대표적인 액션영화인 것이다. 〈도스트, 더시맨〉은 스파게티 이스턴처럼 방글라데시에서 일찍이 글로벌 대중문화와 영화적 협상을 시작한 것이다. 그리고 이는 방글라데시영화에 편입되고 개작되어 새롭고 트랜스내셔널한 반향(reverberations)을 불러왔다.

〈도스트, 더시맨〉 네 번째 읽기
-국가적 알레고리?

〈도스트, 더시맨〉이 많은 영화 문화와 상호 연결된 트랜스내셔널한 텍스트인 반면, 내러티브와 캐릭터를 자세히 살펴보면 이 영화 또한 아이러니하게도 1970년대 후반 방글라데시의 국가적 알레고리(national allegory)로 해석할 수 있다. '제3세계'의 모든 텍스트를 프레드릭 제임슨이 말한 의미대로의 알레고리로 볼 수 있는 것은 아니지만, 이 영화에서는 한 가지 이상의 1970년대 방글라데시의 알레고리가 보인다.

예를 들어, 가파르 일당과 조니(라자가 더 많은 무기를 가지러 갔을 때)의 마지막 대결 장면은 방글라데시 관객에게 1971년의 게릴라전을 상기시킨다. 우리는 전쟁터의 게릴라처럼 담에 숨어 가파르 일당을 겨누고 총을 쏘는 조니를 본다. 이에 반해, 가파르 일당의 멤버들에게는 거대한 군대에서와 같이(방글라데시를 침범한 파키스탄 군대처럼) 그들을 보호하는 담이 없다. 그들은 게릴라들의 숨바꼭질 전술을 따를 필요가 없다. 이 신은 조니 캐릭터를 연기한 배우가 등장하는 〈용감한 11인〉 같은 1970년 초반 전쟁영화가 묘사한 게릴라전을 관객에게 연상시킨다. 조니의 은신처와 그 일당들 사이에는 나무 다리가 있다. 마지막에 조니는 그 나무 다리를 폭파한다. 실제로 해방전쟁 동안 파키스탄 군대가 마을로 진입하는 것을 지연시키기 위해 방글라데시 게릴라들이 다리를 폭파하는 일이 수없이 벌어졌고, 이 모티프는 수많은 전쟁영화에서 재연되었다. 다리를 폭파하는 신은 1970년대 초반의 전쟁영화에 대한 노스탤지어뿐만 아니라 방글라데시 해방전쟁에 대한 영화적 회상으로도 읽을 수 있을 것이다.

방글라데시의 국가적 알레고리로서 〈도스트, 더시맨〉을 읽기 전에 잠시 우회해보기로 하자. 신흥 독립국 방글라데시는 민족–국가로 존재하기 시작하고 나서 처음 5년간인 1971~75년 동안 혼란한 정치사를 겪어야 했다. 1971년 12월 16일 방글라데시가 독립한 후, '국부'인 셰이크 무지브(Sheikh Mujib)와 그의 정당 아와미 연맹(Awami League, AL)은 정부를 구성했다. 인도와 인도 군대의 후원을 받은 아와미 연맹은 파키스탄 정부와 맞선 독립운동과 해방전쟁에서 중대한 역할을 담당하였고, 다른 작은 단체들도 이에 참여했다. 하지만 1970년대 초반 방글라데시 아와미 연맹의 중간계급 지도자들은 정치적인 것에서부터 경제적인 것까지 독립의 성과를 독점하려 했다. 특히 아와미 연맹과 연결된 사람들은 방글라데시 주요 발전 프로젝트의 계약, 수입과 여러 이익 분야에서 특혜를 얻었다. 자연히 아와미 연맹의 후원을 받은 소규모 로컬 자본가들이 1972~75년 동안 방글라데시에서 성장하게 된다. 동시에 연맹이 이끄는 정부는 반대 의견을 표출하는 정치적 목소리들을 엄중히 처단하였다. 이러한 상황에서 좌파 성향의 반대 당이 등장하였고, 1974년의 기근은 상황을 더욱 악화시켜 무지브와 아와미 연맹에 대한 반감이 평범한 사람들과 군부에까지 퍼졌다.

무지브는 1975년 초에 이 모든 상황을 통제하기 위해 작은 정당들을 없애고 정부에 저항하는 신문을 폐간시킴으로써 일당 통치를 선언했다. 하지만 1975년 8월 15일 한밤중에 방글라데시 육군 병사들이 무지브와 그의 가족을 학살하고 정부를 손아귀에 넣었다. 무지브의 아내와 성장한 아들들, 며느리뿐만 아니라 어린 자식들까지 그 과정에서 사망했고, 오직 두 딸만 해외에 있었기 때문에 살아남을 수 있었다. 권력을 장악한 방글라데시 육군 장교들은 무지브를 배반한 장관 중 한 사람을 내세워 꼭두각시 정부를 세웠다. 이 정부는 1975년 11월 재판 이후 곧바로 아와미 연맹의 주요 인물이자 무지브의 주요 협력자였던 4명을 감옥에서 살해했다.

〈도스트, 더시맨〉에서 자파르 가족 살해는 무지브 가족 살해와 비교된다. 그들이 살해되는 장면과 줄지은 시체들은 〈도스트, 더시맨〉의 관객에게 무지브 살해를 상기시킨다. 우리는 또한 이 장면에서 자파르의 손자인 어린 소년이 살해되는 짧은 숏을 본다. 특히 소년의 얼굴에 나타난 공포를 보는 방글라데시 관객들은 무지브의 어린 아들이 살해된 것을 떠올리게 마련이다. 자파르 가족 살해는 각각의 희생자를 담은 프리즈 숏

(freeze shot)의 연속으로 보인다. 하지만 관객인 우리는 실제 살해자(가파르와 그의 일당)가 무기를 언제 어떻게 사용했는지 볼 수 없다. 이처럼 스크린 위에 살해자가 부재하는 것은 무지브를 살해한 방글라데시 육군의 만행을 의미한다. '부재하는 살해자'는 여기서 무지브의 살해자를 상징한다고 할 수 있다. 방글라데시의 권력 가운데 가장 잘 조직되고 번영하는 군부를 직접적으로 비판할 수는 없었기 때문이다. 이 영화의 제목 또한 평범한 방글라데시인들에게 친구이면서 동시에 적인 방글라데시의 육군을 나타낸다.

〈도스트, 더시맨〉 다섯 번째 읽기
—지정학적 판타지?

이처럼 〈도스트, 더시맨〉은 국가적 알레고리로(가능한 다양한 독해 중에서 최소한 하나로서) 읽을 수 있을 뿐만 아니라, 방글라데시의 트랜스내셔널한 문화적 번역의 영향이 담겨 있다고 볼 수 있다. 이 영화를 트랜스내셔널한 교류가 부족한, 잘 구획된 청중에게 상영되는 자국어로 된 내셔널 시네마라고 볼 수도 있지만, 나는 그 견해에 동의하지 않는다. 오히려 나는 방글라데시영화를, 다른 아시아 영화들처럼 여러 문화와 연결된 트랜스내셔널 시네마로 본다. 〈도스트, 더시맨〉의 마지막 독해에서, 나는 이 영화를 1970년대 후반과 80년대 초반에 제작되어 유통된 수많은 방글라데시 트랜스내셔널 '판타지—액션'영화들과 나란히 놓고 앞에서 말한 점을 강조하려 한다. 그 영화들에는 〈복수(The Revenge/Jighangsha)〉, 〈비(The Rain)〉, 〈깃발(The Flag/Nishan)〉, 〈폭탄(The Explosives/Barood)〉, 〈용감한 영웅(The Valiant Hero/Bahadur)〉, 〈공주(The Princess/Nawabjadi)〉, 〈상인

(The Merchant/Sowdagor)〉, 〈운명(The Fate/Naseeb)〉, 〈반자란 (Banzaran/Banzaran)〉이 해당될 수 있을 것이다. 이 영화들은 1960~70 년대의 신화영화를 다소 모던하게 수정한 것들이다. 이 영화들이 제작되 고 대중적으로 수용됨으로써 '판타지~' 또는 '코스튬-액션' 장르는 중요 한 트렌드를 형성했고 1970년대 후반과 80년대 초반에 주요 방글라데시 영화로 받아들여졌다. 이 영화들은, 이국적으로 차려입은 주인공들 사이 에서 거의 동화적인(fairy-tale) 드라마가 진행되는 정체불명의 '외래적 (foreign)' 상황을 묘사했다. 그래서 이 영화들은 '외래적'이고 '비민족적' 이며 '비현실적인' 요소 때문에 방글라데시 비평가들의 비판을 받았다.

그런데 왜 '외래적인' 공간을 표현한 이러한 영화들이 이 기간 동안 만들어졌는가? 1970년대 후반 방글라데시에서 펼쳐진 정치 드라마를 살 펴보면, 이처럼 '외국'의 영향을 받은 방글라데시영화 장르의 계보학을 알 수 있다. 무지브와 그의 협력자들이 1975년 8~11월 동안 살해된 후, 수 많은 책략을 동원한 육군의 지아(Ziaur Rahman) 장군이 1976년에 권력을 잡았다. 1977년에 대통령이 된 그는 1981년 5월에 육군 장교들에 의해 암 살되기 전까지 방글라데시를 지배했다. 아와미 연맹의 문화적 내셔널리즘 (벵골)에 반한 그는 정치적 정체성의 주창자로서 군복을 벗고 방글라데시 민족주의당(Bangladesh Nationalist Party, BNP)을 세웠다. 지아와 BNP는 1976~81년 동안 극적인 변화를 통해 방글라데시를 세계화와 정부 주도 하의 사회와 정치의 이슬람화로 이끌었다. 세속주의(secularism)와 벵골 문화, 사회주의 같은 문화-내셔널리스트 중간계급의 핵심적인 이상은 방 글라데시 해방전쟁의 정신이었는데, 이것이 파괴된 것이다. 육군 장군의 정치 참여 확대와 국민 절대다수의 경제적 박탈은 1970년대 후반의 방글 라데시에서 가장 두드러진 점이었고, 국가-공간은 사람들이 쉽게 빠져나 갈 수 없도록 제한받는 컨텍스트가 됐다. 이 시기에 여러 방글라데시인들이 중동과 일본의 이주노동자로 떠나기 시작했다. 하지만 떠나지 못하는 다수의 사람들, 특히 도시와 타운의 노동계급에게는, 판타지-액션 등의 영화 장르가 일시적이지만 다른 곳으로 갈 수 있는 출구와, 그들이 소망하지만 직접 가지 못하는 상상적인 풍경을 제공하였다.

즉 놀랍지 않게도, 〈도스트, 더시맨〉과 모든 '판타지-액션'영화는 방글라데시 대중영화의 관객이 알아볼 수 없는 이국적이고 인위적으로 구성된 장소에서 폭력과 액션, 드라마와 로맨스를 표현함으로써 방글라데시를 넘어선 국가-공간을 가리킨다. 이러한 트랜스내셔널한 영화는 그 복잡한 방식에도 불구하고, 1960년대의 방글라데시/동파키스탄 멜로드라마 영화뿐 아니라 인도의 가족 멜로드라마와 1940~50년대의 '고전' 미국 웨스턴에 표현된 흑백의 도덕적 세계에 대한 노스탤지어를 일으킨다. 이러한 '판타지-액션'영화는 방글라데시 웨스턴 〈도스트, 더시맨〉과 함께, 급격히 세계화되고 상업화되는 방글라데시의 준도시(semi-urban)라는 조건에서 살아가는 1970~80년대의 가난한 노동계급 사람들의 눈앞에 푸코의 '헤테로토피아(heterotopia)'를 스크린 위에 창조했다. 리안(李安) 감독에게 〈와호장룡(Crouching Tiger, Hidden Dragon)〉에 나타난 '중국(China)'의 구성에 대해 묻자, 그는 "내가 시각화한 중국은 어린 시절 꾼 꿈속의 중국 판타지였다"라고 말한다(Chan, 2003: 59에서 재인용). 같은 의미로, 남한의 만주 웨스턴에 관한 최근 글에서 김소영은 북한과의 요새화된 경계선과 해외여행 제한은 남한 사람들을 다른 곳으로 떠나고 싶게끔 만들었는데, 이 영화들은 그러한 남한 사람들의 '지정학적 판타지'라고 주장한다(Kim, 2007). 동일한 방식으로, 혼종적이고 양가적이며 트랜스내셔널한 '웨스턴' 영화 〈도스트, 더시맨〉은 급속한 근대화와 상업화에 들어서 변화하고 더 이상 순결하지 않은 준도시 방글라데시를 나타내는 동시에, 1970년대 후반과 80년대 초반의 영화 스크린에 더 이상 존재하지 않거나 존재할 수 없는 유토피아적 방글라데시를 그린 것이다. 당시의 판타지−액션 영화와 마찬가지로 이 영화는 관객을 다른 땅, 즉 오리엔탈리즘화된 공간 여행으로 초대한다.

결론−회색지대

어떤 영화와 장르도 새로운 컨텍스트 속에 완전히 전유될 수 없다. 문화적 텍스트와 그 사이에는 항상 번역 불가능한 회색지대가 있다. 〈와호장룡〉의 문화적 이동을 볼 때, 리안은 번역 불가능성이라는 개념은 "번역 과정에 끼어들게 되어 있다. 외국의 제작물을 받아들이는 사람들은 그들이 이해할 수 있는 언어로 번역하는 것이 필요하다. 그것을 제작하는 사람들은 그들 이외의 사람들이 이해할 수 있다고 그들이 생각하는 언어로 번역하는 것이 필요하다. 그 둘 사이의 벌어진 틈에 번역 불가능성이 있는 것이……."라고 말했다(Chan, 2003: 59).

주의 깊은 독해를 통해 우리는 〈도스트, 더시맨〉과 같은 아시아 웨스턴의 갈라진 틈(fissures)을 발견하고, 이러한 텍스트와 청중이 어떻게 텍스트의 번역 불가능한 곳을 다루는지 알 수 있게 된다. 나는 〈도스트, 더시맨〉을 이해하기 위한 시도를 마무리하는 지금, 동시대의 방글라데시인(대부분 미국 또는 이탈리아의 웨스턴을 보지 않았을 가능성이 높다)과 1970년대의 관객이 이 영화를 어떻게 '이해'했으며 동시에 이러한 갈라진 틈이나 회색지대와 어떻게 교섭했는지 궁금하다.

나는 이 글에서 〈도스트, 더시맨〉을 다양한 컨텍스트에 대입시키며 다섯 가지 가능한 독해를 제시했다. 나는 그로스버그가 말한 것처럼 불완전하고 불안정한 컨텍스트를 이용했으며, 그 컨텍스트들이 갈등과 투쟁이 가득한 모호한 장이라는 점을 알고 있다. 그래서 〈도스트, 더시맨〉의 '보편적인' 혹은 '모든 사람에게 받아들여질 만한' 독해라는 표현을 동원하지 않았다. 한 텍스트는, 그리고 가능하다면 모든 텍스트는 여러 컨텍스트에 위치 지어져야 하며, 다양한 방식으로 읽혀야 한다. 아시아 웨스턴처럼 복잡한 문화 텍스트를 이해하는 데 있어 한 가지 방식이 모든 경우에 적용되는(one-size-fits-all) 경우는 없다.

장동은(한국예술종합학교 영상이론과 전문사) 옮김

아이콘과 사생아

– 웨스턴, 흉내 내기와 고치기

닉 데오캄포 ｜ 필리핀 영화감독

웨스턴은 영화에서 가장 기호화된 시각 재현 양식 중 하나다. 카우보이 모자와 뾰족한 부츠, 허리춤에 찬 권총, 황폐한 풍경을 달리는 말 등의 명확한 시각적 요소를 지닌 영화를 어떻게 알아보지 못할 수 있겠는가? 시각적으로 특수할수록 그것이 생산해내는 이미지들 역시 시각적 유사성의 체계에서 벗어날 수 없지만, 웨스턴은 지리와 인종을 뛰어넘어 전염성 높은 트랜스-시네마적인 확산 속에서 보편적으로 수용되었다. 일본에 웨스턴의 영향을 받은 사무라이 영화가 있는 것처럼, 이탈리아에는 스파게티 웨스턴이 있고, 필리핀의 경우도 마찬가지다.

웨스턴은 영화에서 가장 기호화된 시각 재현 양식 중 하나다. 카우보이 모자와 뾰족한 부츠, 허리춤에 찬 권총, 황폐한 풍경을 달리는 말 등의 명확한 시각적 요소를 지닌 영화를 어떻게 알아보지 못할 수 있겠는가? 시각적으로 특수할수록 그것이 생산해내는 이미지들 역시 시각적 유사성의 체계에서 벗어날 수 없지만, 웨스턴은 지리와 인종을 뛰어넘어 전염성 높은 트랜스—시네마적인 확산 속에서 보편적으로 수용되었다. 일본에 웨스턴의 영향을 받은 사무라이 영화가 있는 것처럼, 이탈리아에는 스파게티 웨스턴이 있고, 필리핀의 경우도 마찬가지다.

세계의 많은 영화 문화에서 웨스턴을 찾아볼 수 있다는 점에서, 어떤 영화적 매력이 웨스턴을 보편적인 것으로 만들었는가 하는 질문을 제기할 수 있을 것이다. 그러나 어떤 문화적 환경에서 나온 웨스턴도 원본의 정확한 복제가 아니다. 한번 복제되고 나면 웨스턴의 보편성은 지역화되기 때문이다. 나는 이 글에서 필리핀 웨스턴을 통해, 문화를 가로질러 이동하는 영화에서 그러한 역학이 어떻게 작동하는지 알아보려 한다.

필리핀 웨스턴의 정치적 뉘앙스

우리는 토머스 샤츠를 통해, "의심할 여지없이 웨스턴이 할리우드의 레퍼토리 중 가장 풍성하고 영속적인 장르"라는 점을 알고 있다(Thomas

Schatz, 1981: 45). 샤츠에 의하면 웨스턴이 "가장 유연한 서사 구조를 가지고, 생명의 길이와 폭에서 할리우드 자체만큼이나 길고 다양한" 이유는 그것이 지니는 간결한 영웅담과 시각적 매력 때문이다.

많은 웨스턴의 모작들의 중심에 있는 것은 아마도 이 영웅 공식일 것이다. 결국 모든 이야기들 중 가장 지고한 것은 악에 대항해 승리하는 영웅 이야기다. 영화에 나타나는 서부의 총잡이 영웅에 의해 이야기는 더욱 흡입력을 발휘한다. 카우보이 영웅은 불꽃과 함께 총알을 발사함으로써 그 땅의 악당들을 쓸어버린다. 악당을 물리치는 카우보이를 누군들 영웅으로 삼지 않겠는가? 그 악당이 식민 지배자든, 현지의 흉악범이든 혹은 상상 속의 악마든 말이다. 그 카우보이는—정의를 위한 그의 고독한 성전 속에서—모두의 보편적 영웅이 된다.

역사적으로 볼 때, 웨스턴은 할리우드와 영화제작의 브랜드를 형성했다. 에드윈 S. 포터(Edwin S. Porter)의 1903년 영화 〈대열차강도(The Gteat Train Robbery)〉는 장르로서의 웨스턴은 물론 미국 상업영화 제작의 태동으로도 볼 수 있다. 포터의 영화는 매우 성공적인 결과를 낳았고, 그가 묘사한 인물로서의 카우보이와 공간으로서의 서부는 관객에게 그칠 줄 모르는 매력을 주었기 때문에 후발 제작자들에 의해 수없이 반복되어 웨스턴 장르를 구성하는 관습들을 낳았다.

〈대열차강도〉의 성공은 전 세계로 퍼져 나갔다. 나는 이 영화가 미국에서 최초로 상영된 지 겨우 2년 뒤인 1905년 필리핀에서도 상영되었음을 보여주는 근거를 발견했다.[1] 1898년부터 필리핀이 미국의 식민지가 되었다는 것을 고려할 때, 이 영화의 필리핀 상영은 중요성을 띤다. 세계 최초의 서부 영화는 마닐라 만 전투를 통해 미국이 필리핀을 침략한 지 7년이 흐른 뒤에 선보였다. 다음의 논의가 보여주는 것처럼 이 사건은 역사적으로 주목할 가치가 있다.

사후적으로 보자면, 완고한 필리핀 독립투사들을 평정하기 위한 전투가 가장 치열할 때 〈대열차강도〉가 상영된 것은, 새로운 미국 식민지의 현실로 인해 정치적 의미를 얻는다. 그곳에는, 달리는 기차를 강탈하는 총잡이 카우보이를 보여주는 영화가 있었다. 총싸움과 주먹다짐을 보여주는 속도감 있고 심장 뛰는 시퀀스들은 그러한 물리적 액션에 수반되는 광란을 드러낸다. 어떤 이들은 그러한 영화적 경험을, 필리핀 땅에서 식민지를 개척하는 미군들에게 학살된 필리핀인들이 경험한 실제 생활상의 트라우마와 나란히 놓을 수 있을 것이다. 〈대열차강도〉는—이 피비린내 나는 역사적 배경을 놓고 본다면—순전히 필리핀인들의 독립을 강탈하고 아시아 국가의 역사 과정을 바꿔놓은 진짜 카우보이(미군이라는 살인 기계로 변신하는)가 무엇을 하고 있었는지에 대한 영화적 외양(고통스러운 아이러니였을)을 보여주었다.

지금까지 서술한 것처럼, 나 같은 필리핀 영화사학자는 웨스턴에서 악의 없는 것들을 주제로 하여 연구하기가 쉽지 않다. 나는 웨스턴이 수용된 국가에서 그것이 역사적으로 어떻게 진화했는지 추적하는 과정에서 정치적 반향을 찾을 수밖에 없다. 장르의 문화예술사와 관련해서 정치사는 웨스턴 장르의 성장뿐만 아니라 영화라는 매체 자체를 둘러싸고 있기 때문이다. 웨스턴은—적어도 필리핀에서는—정치적 독해를 벗어날 수 없다.

영화 상영과 미국 식민지 계획의 동시성에서 볼 때, 웨스턴은—역시 사후적이지만—미군이 전장에서 하던 일을 시각적으로 구체화한 것으로 볼 수 있다. 필리핀의 열대 숲이 황량하디 황량한 서부로 바뀐 것이다. 마치 미국의 토지 개척에 대한 목마름을 달래기에는 캘리포니아 평원도 부족하고 백인의 탐욕을 위해 희생할 인디언도 다 떨어졌다는 듯이 미군은 대양을 건너 멀리 떨어진 태평양의 섬들에서 지구적 팽창주의의 희망을 보았다. 안타깝게도 필리핀은 지는 제국(에스파냐)과 떠오르는 힘(미국) 사이의 세계 정복을 위한 십자포화 아래 놓이게 되었다. 그리고 패권 싸움에서 미국이 승리함으로써 다음 세기는 그들의 세기가 되었다. 새로운 초강대국이 탄생한 것이다.

말 타는 카우보이에서부터 총 쏘는 군인들까지, 미국인들은 상승세를 타고 있었고, 그들의 승리는 스크린에서 영원성을 얻어 더욱 선명해졌다. 웨스턴은 미국이 현재의 모습이 되기까지 수행했던 실제 전쟁과 무시무시한 유사성을 제공한다. 그것의 전쟁 서사와 원주민 인디언처럼 주변화된 생명들의 무작위적인 죽음은, 필리핀인들 같은 식민지 원주민들의 실제 학살이라는 삶의 경험을 반영했다. 영화에서 그랬던 것처럼 실제 삶에서도 수많은 인디언 — 필리핀인들처럼 — 이 살해되고 불구가 되었다. 스크린 위의 총알들은 연약한 육체를 뚫고 무고한 생명을 앗아가면서 그들의 치명적인 상처와 공명했다. 알레고리적인 작업을 통해 영화의 내러티브를 이해한다면 필리핀에서의 웨스턴 연구는 결코 결백할 수 없으며, 가치에 구애받지 않는 단순한 학술적 과제도 아니다. 웨스턴은 — 영화 자체에서의 성장처럼 — 신흥 독립국가와 그것의 영화 모두를 형성하는 정치 현실에 묶여 있다.

관점을 더욱 명확히 하기 위해 나는 포터의 필름이 마닐라에 걸린 해인 1905년에 상영된 다른 영화를 언급하려 한다.[2] 그 영화는 바로 〈칼루칸의 캔자스 지원병의 전진(Advance of Kansas Volunteers at Caloocan)〉으로, 비록 원시적이라거나 세련되지 않았다 할지라도, 여기서는 시각적 번안에 있어 포터의 히트작과 유형적으로 평행선상에 놓인 것으로 언급하려 한다. 이 영화는 미국의 유명한 발명가이자 팽창주의의 후원자인 토머스 에디슨(Thomas Alva Edison)의 스튜디오에서 만들어졌다. 이 영화는 카우보이 영화가 아니지만, 이 초기 영화의 시각적 표시들은 웨스턴에서 시각적으로 표명되는 것들, 즉 후대의 영화에서 무엇이 관습화되었는지를 분명히 예시하고 있다.

선구적인 영화제작자인 제임스 헨리 화이트(James Henry White)가 제작한 이 영화는, 실제 전투 대신 고용된 배우들이 군인 역을 연기하여 총알을 맞는 것을 재연한 뉴스 영화였다. 이러한 허위성에도 불구하고, 많은 경우가 그러하듯 이 영화는 진짜 기록처럼 행세했다. 놀랍게도 영화가 상영되자 미국 관객들은 이에 크게 매혹됐다. 에디슨의 작업 목록 중 하나인 이 영화는 식민 지배자인 미국인과, 그에 항거하는 필리핀 혁명군이 벌인 전투를 묘사한다. 제목이 말해주듯, 미군은 눈앞의 원주민 군인들을 제거하고 승리를 향한 행군 속에서 전진한다. 이 영화의 간결한 서사는 실제 필리핀 군도 정복과 시각적인 알레고리를 이루고, 미국의 승리를 통한 필리핀 영토 점유는 영화의 공간에 대한 미군의 정복과 기호적인 평행선상에 놓여 있다. 자신들의 땅을 잃은 필리핀인들은 효과적으로 화면에서 지워진다. 영화의 말미가 되면, 프레임은 미군들에 의해 식민화된다.

이 영화의 서사는—〈바글락 강을 수영하는 펀스턴 대령(Col. Funston Swimming The Baglag(I.E. Bagbag) River)〉이나 〈필리핀인들의 참패(Rout of The Filipinos)〉[3] 같은 다른 영화들처럼—이어 여러 해 동안 발전되고 성숙해질 시각적 부호화를 보여준다. 미국 주 방위군과 군도 원주민들 간의 모의 전투로 재연된 전쟁과 정복의 테마는 나중에 카우보이와 인디언의 살육전이 되었다. 미래의 웨스턴 장르가 형식적인 관습으로 발전시킬 것들이 1899년 초기 영화의 부호화 작업 안에서 어떻게 예견되고 있는지는 충분히 연구해볼 가치가 있다.

과거에 대한 이러한 관점은 1910년대에 이르러 필리핀이 평정될 때 어떤 일이 일어났는지를 이해하게 해준다. 미국의 확장으로 인해 식민지는 영화는 물론이고 수많은 미국 상품을 위한 손쉬운 시장이 되었다. 성장하는 할리우드에게 필리핀은 거대한 아시아 시장의 관문이었다. 그리고 할리우드 영화 수출에서 주가 된 것은 웨스턴이었다.

식민 지배자로 인해 할리우드 영화들이 쏟아지자, 1917년 필리핀 엘리트들에 의해 자국 영화가 자리 잡던 시기, 즉 갓 태어난 필리핀 영화산업은 예술적 영감은 물론 물질적 기반까지 잃어버렸다.[4] 유니버설, 파라마운트, 워너브라더스 등의 할리우드 배급사들이 마닐라에 분점을 개설하면서, 경쟁자인 유럽영화를 밀어낸 압도적인 수의 미국영화가 공급되었다. 미국이 지역 영화업계를 지배하자, 원주민 관객들은 미국영화를 즐겼다. 그중 가장 인기 있는 것은 웨스턴이었다.

아이콘과 사생아

지역에서 생산된 영화들은 우월한 할리우드영화들에 대항하여 조류를 바꿀 수 없었기 때문에, 살아남기 위해 모방에 의지할 수밖에 없었다. 초기의 필리핀영화들이 할리우드의 많은 이야기들과 (장르와 같은) 영화적 관습들을 베꼈음에도 불구하고, 이러한 지역영화들의 상당수가 표면적인 모방에서 벗어나지 못했다. 할리우드영화들이 필리핀의 문화적 배경에 광범위하게 나타나고 있는 와중에 이 널리 퍼진 영향들을 필리핀영화가 극복할 기회라도 있었을까? 기술에서 자본, 그리고 영상 언어에서 관객의 페이소스에 이르기까지 할리우드영화는 필리핀영화에 대해 '주인-영화'의 위치를 차지했다. 차용된 문화 속에서 주조된 이야기를 가진 사람들에게 할리우드가 주인-서사를 제공한 것이다.

'주인-영화'로서 할리우드는 관객들을 매료시킨 영화의 아이콘들을 퍼뜨렸다. 거대 자본이 투입된 할리우드영화들이 보급되었고, 이 영화들은 할리우드의 자금으로 세워진 극장에서 상영되었다. 그 결과 원주민의 상상력은 모든 미국적인 것들에 사로잡혔다. 헤어스타일에서 흡연, 코카콜라를 마시는 것에서부터 포드 트럭을 모는 것까지. 그리하여 필리핀 관객들은 미국의 "작고 피부색이 짙은 형제"[5]가 되었다.

필리핀 관객들이 할리우드의 아이콘에 빠져 있을 때, 필리핀에서 제작된 영화들은 시장의 수요에 대처하기 위해 모방을 향해 나아가고 있었다(반면 소수는 지배적인 오락물에 대항해 투쟁했다). 타갈로그의 상업영화 산업 같은 모방적인 세계에서 어떤 영화와 영상 문화의 특질이 나타날 수 있었을까? 이 영화들을 경멸적인 의미의 단어로 부르는 것은 어려울지도 모른다. 하지만 아무런 까닭이나 이유도 없이 외국 양식을 모방한 이 영화들은, 모작 과정에서 예술적 정통성과 독창성, 문화적 진정성을 결여했다는 점에서 '사생아'로 불릴 수 있을 것이다. 이것이 모방과 함께 복제된 관객들의 확연한 존중 부족으로 대부분의 필리핀 웨스턴들이 한동안 인식되었던 방식이다.[6]

이 영화들은 그것이 드러내는 기회주의가 아니라, 열등한 완성도와 외국의 히트작 꽁무니를 좇아 제작하는 기만적인 악취미 때문에 비판받았다. 대단히 사랑받는 할리우드 아이콘을 (조악하게) 베끼는 작업이었지만, 결국 원본을 베낀다는 점에서 사생의 모작이 나온 것이다. 그런데 '부적격'이고 '열등'한 것으로 여겨진 가운데 나온 이 모작들은 어떻게 수익을 얻을 수 있었을까?

그러나 이러한 모든 인식들은 웨스턴을 둘러싼 과장된 말들에 지나지 않는다. 납득할 만한 부분도 있지만, 그저 이 웨스턴들을 '가짜'로만 규정하고 거부하는 것은 적절하지 않으며, 이에 대한 재평가와 참작이 필요하다. 이 주제를 좀 더 열린 자세로 대한다면, 다음과 같은 질문을 제기할 수 있을 것이다. 영화의 정통성을 평가할 때 어떤 기준이 효과적일까? 가짜와 진짜를 판별할 때 누구의 관점에서 어떤 가치들이 나오는가?

이 질문들은 베끼는 예술을 두둔하기 위한 것이 아니라, 누구에 의해 어떤 이유로 그런 행위가 이루어지는가를 이해하기 위한 것이다. 무엇이 웨스턴 장르를 베끼는 '사생아'의 현실을 낳았을까? 폭력적인 식민화, 경제적 독점, 강요된 문화 이식에 의해 구성된 세계에서, 부당한 경제 현실과 불평등한 문화적 헤게모니의 영향 아래의 누가 '사생아'일까?

많은 모작 영화들이 문화적 기형으로서 외국영화의 '주인'(민족주의자나 문화적 순수주의자는 물론)에게 받아들여지지 못한 반면, 필리핀 같은 나라에서는 왜 모작들이 만들어졌고 만들어지고 있는지를 이해하려는 새로운 방법론은 웨스턴을 (단순히 미학적인 수사학에 대항하여) 사회문화적으로 이해하려는 데서 발생했다. 역사가 보여주듯이 웨스턴 장르로 만들어진 지역의 모작들은 큰 인기를 끌었다. 따라서 다음과 같이 물을 수 있을 것이다. 그것들이 가짜로서 진정 비난받을 만한 것이었다면 왜 다수의 관객들이 찾았을까? 그리고 어째서 무엇이 대중 관객들을 매료시켰을까? 가짜임을 드러내는 그 모든 징후들과 조악한 질에도 불구하고 관객들은 왜 모방된 웨스턴에 식지 않는 충성도를 보였을까?

이 현상을 해석하기 위해 먼저, 지역 영화팬들을 끌어들이기 위해 당시 어떤 전략들이 쓰였는지 살펴보도록 하자. 이러한 관점에서 타갈로그 웨스턴을 예로 들면, 장르는—한번 모방되면—원주민의 혹은 지역의 것이 되기 시작한다. 원작의 할리우드 아이콘에서 그것을 유일한 것으로 만든 중요한 요소들은 침범당하게 마련이다. 시각적 도상에서 서사 구조, 성격 묘사에서 대사, 동작에서 의상에 이르는 요소들, 이 모든 것들이 복제되는 행운을 얻는다. 제목조차도 모방으로부터 무사하지 못하다. 실제로 모방은 제목에서 시작된다. 〈우리에게 내일은 없다(Bonnie And Clyde)〉란 제목의 성공한 미국영화는 도용에 대한 아무런 거리낌이나 가책 없이 〈Bonie En Klayd〉가 되었다. 외국영화를 모방하는 반응은 매우 즉각적

이어서, 〈내일을 향해 쏴라(Butch Cassidy And The Sundance Kid)〉가 마닐라에 상영되었을 때, 곧 〈Omar Cassidy And The Sandalyas Kid〉(1970)란 이름의 영화가 극장에 걸렸다.

진실로 도용하는 사람들은 도용의 피해자가 되는 사람들 눈에는 사생아가 된다. 하지만 지역적인 관점에서 보았을 때는 지역 영화제작자들에게 주어진 불평등한 환경 때문에 지역 영화들이 뻔뻔한 모방에 의지한다고 주장할 수 있다. 어찌할 수 없는 미국영화의 우위는 필리핀 영화제작자들에게 미국의 우위를 극복할 만한 기회를 주지 않았고, 이는 질시와 불신을 야기했다. 지역의 영화제작자들은 거대 영화 회사들이 시장을 도둑질했다고 느꼈다. 그렇다면 몇몇 현상들이 그에 대한 보복으로 보일 수 있다는 점에서 그들이 외국영화를 도용하는 것은 공정한 행위가 아닐까? 해외 영화 자본가들을 편애하는 불공정한 법에서부터 영화 홍보에 물 쓰듯 돈을 쓰는 배급자까지, 영화 환경은 의심할 여지없이 외국의 영화사업가들을 편애한다. 그리고 지역 영화산업은 영화를 제작하고 수익을 올리기 위해 무엇이든 남는 것을 두고 싸운다. 지역 제작자들은 생존하기 위해서라면 외국영화 베끼기를 포함해서 무슨 일이라도 할 것이다. 디지털 시대에는 그러한 행위가 비디오 저작권 침해의 형태로 나타난다.

원작을 복제하는 지역적 전략을 연구함에 있어 이 글에서는 두 가지가 논의된다. 외래적인 것이 자국 관객들에게 이해 가능하게 되기 때문에 웨스턴의 복제를 외국의 영화적 표현을 방언화(vernacularizing)하는 움직임으로 볼 수도 있다. 이러한 움직임은 원작에 대한 경의를 표하면서 결과로서의 작업에 온전함을 부여하려는 의무로 인해 부담이 된다. 이는 번안(adaptation)의 과정에 작동하는 것이다.

다른 전략은 패러디(parody)로서, 원작의 특질적인 요소들을 뽑아내는 데 있어 어떤 진지함도 없다. 이 행위는 원작의 요소들을 지역적인 것으로 복제하는 과정에서 원작 영화의 내용과 형식 모두를 진부하게 만든다. 이 과정은 차용(adoption)을 통해 작동한다. 이때 요소들은 원작에서의 모습에 따라 빌려와 숙주가 되는 영화 문화 속으로 접목된다. 이 과정은 빌려온 것들에 외관상으로는 거의 변화를 주지 않는다. 하지만 시각적인 번역 안에서 새로운 컨텍스트에 놓인 그것의 의미는 크게 변한다(동양적인 무대와 어울리는가에 대한 문제와는 상관없이 카우보이 의상은 카우보이 의상으로 남는다. 해변에서 총을 들고 위협적으로 나타나는 카우보이를 상상해보라!).

새로운 시각적 환경에서 관습적 이미지가 출현하는 것은 웨스턴을 베끼는 데서 발생하는 부조화를 두드러지게 만들 뿐인 어색한 경험을 낳는다. 방언화하는 것과 패러디, 번안과 차용의 차이는 본질적인 것일 수도 있다. 첫 번째 행위가 요소들을 받아들이는 데 있어 그것이 지역적인 표현 양식에 적합한지 그리고 어울리는지 진지하게 생각한다면, 두 번째 행위는 관객들에게서 최고의 시청각적 환기를 만들어내기 위해 그 요소들을 정확하게 옮기는 데 열중하고, 가장 기이하고 터무니없는 볼거리를 만들기 위해 그것들을 지역적으로 이식한다.

할리우드의 창조물을 지역적인 것으로 번역하는 것에 대한 진지한 태도 덕분에, 번안된 웨스턴은 존경과 용인을 얻어갔지만, 그 수는 극히 적었고 수용에서도 한계가 있었다(주로 상아탑 안에서 수용되었다). 대중적 인기를 주로 끈 영화는 패러디 웨스턴이었다. 각각의 지역에 있는 다수의 관객들은 현지의 시각 체계 속에 들어갈 수 있는 자리를 찾아 할리우드 아이콘에 어울리는 장소를 제공했다. 이 글에서 내가 흥미를 가지는 것은 바로 이 '사생아적인' 웨스턴 형태다. 왜 그런지 살펴보자.

방언화(vernacularization)

기술적 기원에서 볼 때, 영화는 토착적인 고안물이 아니라 외래에서 들어온 이질적인 기술이다. 그러나 현지의 상상력과 감정을 사로잡는 영화의 매혹은 너무 압도적이어서, 사람들은 이를 보기 원할 뿐만 아니라 제작하고 퍼뜨리고 싶어 하게 된다. 웨스턴을 흉내 내는 것은 외래의 것을 현지의 것으로 만드는 행위이고, 방언화는 외래의 것을 이해 가능한 현지의 경험으로 번역하는 행위다. 이는 필리핀의 경우 웨스턴 영화가 된다.

그 안에서 인종적인 출처보다는 다른 것들을 보는 관객들을 영화가 압도할 때, 캘리포니아의 이미지로 채워진 이질적인 웨스턴에서 그것의 기원이 되는 국가는 쉽게 간과될 수 있다. 관객들은 무엇을 보는 것일까? 어떤 이는 즉각적인 인상을 주는 가시적이고 흉내 내기 쉬운 요소부터 볼 것이다. 여기에는 옷차림(카우보이 모자와 총, 인디언의 사슴 가죽 신발, 멕시코의 판초)과 몸짓(사격, 승마), 풍경(사막과 선술집), 그리고 식물군(선인장)과 동물군(말)까지 포함된다. 시각적으로 보이지는 않지만 중요한 것으로는 영웅 서사와 정의라는 주제가 있다. 웨스턴은 또한 보이는 것과 보이지 않는 것 모두에서 다양한 인종과 성향을 지닌 관객들에게 호소하는 상징적 의미로 채워져 있다.

할리우드 웨스턴은 이러한 방언화 과정에서 현지의 표현 형태로 제작되기 위해 문화적으로 침투하는데, 여기서 많은 현상이 나타난다. 어떤 이는 단순한 모방을 넘어 납득할 만한 현지의 표현에 도달하려 하지만, 그러한 시도들은 대개 흥행 성적이 저조하다. 구로사와 아키라 감독의 걸작인 〈7인의 사무라이〉에서 그가 보여준 웨스턴의 성공적인 현지화를 예로 들어보자. 이 영화는 할리우드 웨스턴에 대한 구로사와 아키라의 감탄에서 만들어진 영화다. 그는 자신의 방식으로 영화를 만들면서(사막의 풍경은 비옥한 논으로, 카우보이는 사무라이로) 단순한 흉내 내기를 뛰어넘어 웨스턴의 일본적인 시각적 표현 양식을 창조했다.[7] 세계를 가로질러 같은 장르로 만들어진 수천 편의 영화들에서 얼마나 많은 것들이 얘기될 수 있을까? 구로사와의 작업은 성공적이었지만 다른 문화권의 다른 영화제작물들이 거친 경로와는 불가피하게 다를 수밖에 없다.

방언화는 장르를 지역적인 문화로 번안하고 문화 특수적인 혁신, 변화, 번역을 꾀하여 웨스턴의 현지화를 이끄는 모방 행위이다. 즉 카우보이 영화의 전형인 총은 일본적인 표현에서 전형적인 사무라이 검이 된다. 사막은 논으로 변하고, 신참 카우보이의 스승 역할을 하는 은둔자는 헤매는 문하생에게 조언하는 스님에 대응된다. 지역화된 표현들은 할리우드 장르가 현지의 영화 문화 속에서 (자기 것이 되는 것처럼) 수용되고 적응하는 동안 새로운 시각적 통사론을 창조해낸다.

패러디(parody)

다른 방향에서 보면 외래의 것을 현지화하는 또 다른 전략이 보인다. 패러디는 많은 주류 영화들이 할리우드 흥행 영화와 경쟁하기 위해 선택한 길이다. 원작을 완전히 가져오기 위해, 지역영화는 서사와 의상, 연기, 대사, 풍경을 거의 통째로 빌려 현지의 지각과 취향에 맞게 차용한다. 그러나 구로사와가 일본 환경에 맞게 웨스턴을 번안한 데서 보이는 진지함과는 달리, 필리핀 웨스턴에서 나타나는 차용은 피상적이다. 여기서는 원작인 할리우드 원형으로부터 볼거리를 제공한다는 것 외에 아무런 의미도 없이 전형적인 상징들이 복제되어 현지의 표현으로 이식됐다. 이 영화들은 오락 외의 목적이 거의 없었기 때문에 관객들로 하여금 환상의 세계로

도피하는 것을 가능하게 했다.

패러디는 모방 행위를 진부하게 만들어버리는 희극적 처리를 한다. 원작 특유의 특징들을 모방하는 과정에서, 그 모방이 엉뚱하게도 원작보다 뛰어나다는 듯이 모방의 대상을 진지함 없이 무의미한 유행처럼 취급한다. 패러디는 원작을 조롱하는 것은 물론 자기 멸시에까지 도달한다. 놀라운 것은 때때로 이러한 지역화된 유머가 관객들에게 통한다는 것이다. 그러나 이러한 영화를 접하는 대중의 일반적인 반응은, 이를 조악한 복제나 모조로 여겨 가차 없는 비난을 가하는 것이다.

그러나 혹자는, 원작을 대신할 수 없으며 약간의 통일성을 갖춘 모방 밖에는 할 수 없다는 것을 알면서도 왜 누구나 영화를 경제적으로 이용하고 모방하는지 궁금할 것이다. 이들은 뭘 하려는 것일까? 많은 동기 중에서 몇 가지를 살펴보자. 시장경제 환경에서, 재정적 성공에 대한 욕망은 어떤 자본가에게도 가장 중요하다. 이 성공에 대한 열망은 약간의 자본을 가진 누구라도 금전적 이득을 가져다줄 수 있는 영화 제작에 뛰어드는 모험을 하도록 만든다. 웨스턴은—한창이던 시절 확실한 흥행의 보고였던—그것의 광적인 인기에 돈을 걸도록 투자자들을 매혹시켰다.

웨스턴의 성공을 위해 그 양식을 모방한 수많은 이들은, 장르의 시청각적 기호에 대해 별다른 지식이 없는 사이비 제작자일 뿐이었다. 현지의 모방자가 본 것은 그저 외형이었다. 아마도 서사적 요소는 차용(adopt)할 수 있었지만 불가피하게도 할리우드의 원형을 지역적인 표현으로 만들기 위해 번안(adapt)할 수는 없었다. 그렇기 때문에 클린트 이스트우드의 권총은 현지 배우의 엉덩이로 그대로 옮겨 갈 수밖에 없었고, 보기 흉하든 말든 천막도 없는 나라에서 놀랍게도 열대를 배경으로 머리끈을 두른 인디언과 그 부족들이 나타났다.

이처럼 할리우드의 아이콘적 요소들은 차용되는 과정에서 문화적 감수성은 물론이고 시각적으로 적절하거나 어울리는지에 대한 숙고도 없이 어떤 환경에서 다른 환경으로 옮겨졌다. 이는 같은 아이콘인 요소가 다른 환경으로 이동하더라도 빌려온 요소들이 현지 환경에 맞도록 조정 과정을 거치는 번안의 과정과는 다르다. 노골적으로 문자 그대로 베끼지 않는 웨스턴에서는 차용에 조화와 타협의 요소들이 존재한다.

패러디적 의미에서 웨스턴은 순전히 문화적인 시대착오다. 현지의 문화적·도상학적 전통에는 할리우드 장르를 독창성 없이 문자 그대로 빌려온 것을 정당화할 만한 것이 거의 존재하지 않는다. 웨스턴의 인기와 성공에 대한 욕망 혹은 시기를 제외한다면 말이다. 그러나 '모범'으로 기능하는 주인 영화와 그것의 열등한 '모작' 사이의 틈에서, 혹자는 원작의 오용과 오독이라는 행위에서 나타나는 현지의 감수성을 볼 수도 있을 것이다.

모작은 원작의 특성을 담고 있지만, 모방과 숙주로부터 기인하는 요소들의 매개로 인해 잡종이 된다. 자본에서와 같이 기술에서도 경쟁 불가능하고 불완전한 미학과 조악한 영화를 만드는 이식된 웨스턴은, '고유성'이나 '순수성'에 대한 어떤 필요성도 거부하면서 '지역'과 '현지' 같은 자신의 영역에 대한 권리를 주장한다. 혼종으로서의 웨스턴은 사생아에다 정통성이 결여되었으며, 자극의 원천이 되는 할리우드 웨스턴으로부터도 거부당했고, 잡종의 순수하지 못함을 조롱하는 비판적인 현지 문화에서도 역시 거부당했다. 그러나 지역화된 웨스턴은 비판적이지 않은 다수 대중들에게 지역적인 친밀감을 수반하고 있었기에 주체가 동일시하게 되는 (사실상 인종적인) 근거가 되었고, 그 결과 충실한 단골들이 생겨났다.

이 혼혈의(mestizo) 혼종은 동서의 문화가 섞여 혼종된 문화층을 형성하는 곳의 식민화 현상으로부터 나오는 크레올(creol) 문화를 상기시킨다.[8] 현대의 영화적 소산으로 볼 때, 웨스턴은 스크린 위에서 토착적인 것과 외래적인 것 사이의 영화적 조우를 드러낸다. 몇몇 걸작들이 등장하여 두 문화 간의 이종 교배를 풍요롭게 했지만, 많은 패러디 영화들은 그것들이 모방하는 대상을 조롱할 때 최고의 성적을 올렸다. 필리핀에서 이를 예증하는 영화가 〈디 와일드 와일드 웽(D' Wild Wild Weng)〉이다. 1982년에 촬영된 이 영화는 산타 모니카라는 마을에 정의를 세우기 위하여 악당 무리들과 싸우는 웽웽이란 이름의 키가 4피트인 난쟁이에 관한 이야기다.

〈디 와일드 와일드 웽〉은 구로사와의 〈7인의 사무라이〉와 정반대의 지점에 위치한다. 대작과 패러디 영화를 비교하는 것이 부당할지도 모르지만, 이 두 영화를 연구하는 것은 영화적 번역의 프리즘을 통해 웨스턴 장르의 특성에 대해 깊이 생각해볼 기회가 될 것이다. 구로사와가 할리우드 웨스턴을 일본의 사무라이 영화로 담아내면서 설득력 있는 접목을 만들어낸 반면, 이 필리핀의 패러디 영화는 어떤 진지함도 거부하는 대신, 영화의 모든 장면 속에서 장르를 위반하고 전복한다. 분명 이 영화는 '웨스턴'이라는 우상화된 장르를 깨부술 때 무엇을 공격해야 하는지 알고 있었다.

필리핀 '웨스턴'이라 불리는 많은 영화에서처럼, 이 우상 파괴가 어디서부터 시작했는지 알려면 먼저 제목을 살펴봐야 할 것이다. 필리핀을 포함한 세계 전역에서 높은 흥행성을 보인 할리우드의 고전 〈와일드 와일드 웨스트(The Wild Wild West)〉는 필리핀에서 제목을 가져다 주인공 이름을 넣은 〈디 와일드 와일드 웽〉으로 써버리자 그 본래의 문화적 아우라와 흥행에서의 의미를 잃어버렸다. 누군가 속편으로 착각하지 않는 이상 이 필리핀 영화는 결코 원작일 수 없다.

이 두 제목을 비교하는 것에서도 의미가 드러난다. 〈와일드 와일드 웨스트〉의 엄청난 흥행 때문에 원제목은 지역 관객들에게 강력하게 각인되었고, 제목과 함께 할리우드영화가 즉각 환기된다. 그런데 제목을 따라 쓰긴 했지만, 모작 영화가 관객들을 끌어들일 수 있을까? 검증된 흥행 영화를 연상시키는 것만으로 이 패러디 영화가 원작에서 대중이 느꼈던 오락적 만족을 제공할 수 있을까?

영화를 보면 이 지역영화가 원작과 아무런 관련이 없다는 것을 알 수 있다. 이야기가 할리우드 원작과 전혀 유사하지 않기 때문에 표절 혐의를 물을 수도 없다. 영화의 주인공인 '영웅'을 보면 왜 그런지 이해할 수 있다. 총잡이 영웅인 웽웽은 4피트밖에 되지 않는 키로 바닥에 서 있다. 그는 세계에서 가장 작은 카우보이다. 그럼 누가 이 난쟁이 영웅을 좋아할까?

이야기가 전개되면서 웨스턴을 다른 영화와 식별 가능한 하나의 장르로 만드는 그 엄격한 체계에 어떤 일이 일어날까? 여기서 자비를 기대하지 말자! 영화는 모든 게임의 규칙을 위반한다. 난쟁이가 (시장을 죽이고 마을을 장악한) 사악한 범죄자 세바스티안으로부터 마을을 구하면서 영웅이 될 기회를 잡아 앙상한 장르적 스토리라인을 구성하긴 하지만, 영화는 매번 샛길로 빠져버린다. 기존 장르로서의 웨스턴이 되기를 피해버리는 것이다. 실제로 웽웽은 제대로 된 말 탄 카우보이가 아니며, 대강 총 쏘고, 행동하고, 말할 뿐이다. 사랑할 때조차도!

웽이 상대하는 적들을 보면 더 많은 위반이 보인다. 그는 닌자들을 만나 그들을 모두 죽인다. 웨스턴에 등장하는 닌자, 뭔가 이상하지 않은가? 게다가 인디언은 물론이고 사무라이, 서부의 무법자, 멕시코의 사기꾼까지 나오지만 잘 보면 그들 역시 난쟁이들이다. 〈디 와일드 와일드 웽〉은 웨스턴의 난장판인 것이다. 영화에는 우리가 알고 있는 웨스턴의 인물에서 완전히 벗어난 이들이 출현하고 있다. 이는 닌자 영화도, 사무라이 검투도, 멕시코의 총격전도, 혹은 카우보이와 인디언의 살육전도 되는 '웨스턴'이지만 또한 영웅인 주인공 웽이 보상으로 아름다운 소녀를 얻는다는 로맨스가 들어있기도 하다. 그리고 우리의 슈퍼 난쟁이 영웅 웽 덕분에 마을에 평화와 질서가 찾아온다는 이야기로 끝난다.

과도하게 해석한 측면도 있지만, 누군가는 이 영화에서 현지의 문화적 혹은 정치적인 함의까지도 엿볼 수 있지 않을까? 여기서 누구의 환상이 스크린에 부호화된 것일까? 현지의 감수성과 지각에 (부)적절하도록 고전 텍스트를 뒤엎는 패러디 과정에서 어떤 문화 정치학이 작용하고 있을까? 다소 '조악'하고 '불완전'하고 '소외'된 영화 경험을 '소유'하게 하는 이 영화에서 관객들이 본 것은 무엇이었을까?

약간의 어림짐작이면 충분할 것이다. 현지 필리핀인들은, 원작 영화의 위대한 영웅(정의로운 카우보이)으로 상징되는 거대 연예 산업(할리우드)에 맞서 이기는 것이 불가능하며, 그 거대한 상대 앞에서 자신이 얼마나 보잘것없는지 잘 안다. 그러면서도 웨스턴을 경험하기 원하고 흥행에서 한몫 챙기길 열망하기 때문에, 그들은 자기 멸시에 빠져들고 강력한 적(할리우드?)과 싸우는 난쟁이(필리핀인으로서 자기 동일시?)에 관한 영화를 만든다. 웨스턴의 패러디물에서 신식민지배자인 할리우드에 대항해 문화적 전투를 벌이는 필리핀인에 대한 알레고리를 보는 것은 어렵지 않다. 텍스트와 상품 모두로서 이 영화는, 성경의 다윗과 골리앗의 싸움은 물론 식민 지배자 미국과 식민지 필리핀 사이의 식민 경험과도 알레고리를 이룬다. 마치 조소하는 것처럼 영화는 뻔뻔스럽게도 "못 이길 바에는 끼어들지 마!"라고 말한다. 그리고 영화는 재밋거리로 전능한 할리우드 장르를 모독한다.

웨스턴을 패러디한 많은 영화들 중 하나로 〈세 장의 카드(Tatlong Baraha〔Three Cards〕)〉가 있다. 등장인물 가운데 첫 번째 인물은 전통적인 카우보이인 레온 게레로고, 두 번째 인물은 인디언 복장을 한 제로니모, 세 번째 인물은 현지화된 카우보이인 훌리오 발리엔테다. 각 인물은 자신이 선택한 무기의 전문가로, 레온은 권총, 제로니모는 단도, 훌리오는 채찍을 쓴다. 이 삼인조는 한 무리의 악당들로부터 마을을 구한다. 여기서 시장이 마을을 통제하려 하지만, 마을은 삼인조의 적이자 시장으로부터 권력을 빼앗은 배신한 부시장으로 인해 황폐화되었다. 대부분의 웨스턴 영화에서처럼 삼인조는 적들을 물리치고 마을에 조화로운 평화를 가져다 준다.

웽웽의 영화에서와는 달리, 〈세 장의 카드〉는 웨스턴 장르에 대해 약간의 경외감을 표한다. 그러나 그대로 보존된 기호들에도 불구하고 현지적 표현을 위해 장르적 관습들이 어떻게 차용되었는지 드러난다. 이 영화에서도 여전히 권총과 채찍, 말, 단도, 엽총, 인디언, 사막 같은 풍경, 매력적인 여자 등의 명백한 이미지들을 찾아볼 수 있다. 다시 묻자면 이런 종류의 영화를 제작하게 만드는 현지의 인기에 부합하는 것이 무엇일까? 전체의 시각적 볼거리를 압도하는 것은 영웅담과 영화의 결말에 나오는 정의로운 행동이다. 모든 웨스턴의 고안물들은 이야기의 전개 안에서 우발적인 것처럼 일어난다. 장르적 제시는 웨스턴 장르의 약호와 관습들을 사용하는 데 있어 기껏해야 성의도 없는 외형적 포장을 형성한다.

결론

이처럼 필리핀에서 웨스턴의 인기가 막강했지만, 할리우드 웨스턴이 1980년대부터 대중적 인기를 잃자 필리핀에서도 웨스턴의 인기가 내리막길을 걸었다. 클린트 이스트우드가 아카데미 감독상을 받았음에도 불구하고 필리핀에서는 그에 대한 오마주나 웨스턴 영화제작이 나타나지 않았다. 때때로 카우보이 이미지가 필리핀 영화에서 나타난다고 하더라도, 그것은 대부분 이전의 병적인 아우라나 우스꽝스런 천진난만함을 잃어버린 상태다.

필리핀 웨스턴을 뒤돌아보고 문화적 이해의 가르침을 되새겨보면, 체계화된 기호와 상징의 오용과 남용을 통해 외래의 것을 점유하는 필리핀 현지의 방식을 볼 수 있다. 여기서 비록 상상적이고 우의적인 방식일지라도 더 큰 힘이 우리의 환상과 삶을 지배한다는 것을 알 수 있다. 필리핀 웨스턴은 현지 영화산업이 불공평한 환경에서 영화를 제작하는 과정에서, 열악한 자원에 대해 어떻게 대처하는가 하는 문제에 대한 하나의 증거가 된다. 그러나 안타깝게도 인기 있는 장르의 피상적 요소만을 차용했기 때문에, 필리핀의 웨스턴은 외래의 것을 필리핀적인 것으로 바꾸는 중요한 재작업 기회를 놓쳤다.

그러나 생각해보면, 한 관객이 원작 웨스턴의 가짜 복제물을 지역 극장에서 보는 것은, 곧 필리핀인이 가지고 있는 정체성의 본질을 발견하는 것인지도 모른다. 조롱하는 것이 강력한 경제·문화적 힘에 의해 좌우되는 환경을 전복하는 것이라면, 필리핀 웨스턴 제작자들은 이 방법을 통해 정치·문화적 의미의 복수를 달성하고 있는지도 모른다. 대부분의 경우, 자기 정체성에 민감한 쪽은 적자보다는 사생아 쪽이다. 그에게는 삶의 권리를 증명하기가 더 힘들다.

그러나 우리의 생각 속에 자리 잡은 사생아를 정당화시키는 와중에도, 혹자는 다음과 같이 질문할 것이다. 우리의 탐구 정신에 많은 문제들을 제기하는 정체성의 문제로부터 벗어나 필리핀 관객들이 '가짜' 웨스턴에서 보았던 단순한 재미는 무엇이었을까? 자유민주주의 사회의 보편적인 가치들로부터 보았을 때, 필리핀 웨스턴은 기술적 세련됨이나 시각적 표현 양식에서 표준 이하일 수도 있다. 하지만 그것은 정의와 평화, 가족과 사회의 가치, 그리고 신앙심이라는, 필리핀인들이 가장 소중히 여기는 가치들을 보여주고 강조했다. 이 가치들은 표현에 있어 보편적인 것일지

도 모르지만 우리가 만든 웨스턴에서 현지의 방식으로 환언된다. 학구적
자세에서 보지 않더라도, 이들은 충분히 재미있다.

김수현(한국예술종합학교 영상이론과 전문사) 옮김

지정학적 판타지와
상상의 공동체

– 냉전시기 대륙(만주) 활극 영화

김소영 ｜ 한국예술종합학교 영상원 영상이론과 교수

이 글은 영어로 쓰여 인도 CSCS
(Centre for the Study of Culture
and Society) 국제 학술회의에서
발표되었고, 《Trans Asia Screen
Reader》(Chris Berry 엮음, Hong
Kong UP)에 실릴 예정이다.

대륙 활극 영화는 일련의 프레임워크를 보여주는데, 이런 면이 무국
적 영화를 폄하해온 내셔널 시네마의 개념을 복잡하게 만들어버린
다는 점에서 퍽 흥미롭다. 또한 이는 웨스턴이 전형적인 미국영화라
는 통념을 해체하는 데도 기여한다. 만주 웨스턴처럼 미국 웨스턴의
법칙을 모방한 비서구권 액션영화는 냉전 시기에 자국민의 민족 장
르라는 개념을 환기시키며, 여기에 국가 경계를 넘나드는 초국가적
저예산 영화제작 방식이 도입된다. 이는 최근에 빈번하게 제작되는
다국적 자본의 리메이크 및 합작영화로까지 이어진다. 결국 만주는
국가의 범위를 넘어선, 아시아 '공공의 판타지'였다.

자유로운 여행에의 동경, 혹은
여기가 아닌 다른 곳에 대한 판타지

나는 냉전 체제 속에서 나고 자랐다. 표현의 자유뿐 아니라 여행의 자유마저 없던 그 시절, 10대였던 나는 가끔씩 김포공항을 찾아가 비행기가 이륙하는 장면을 바라보았다. 외딴 공항, 그리고 김포의 들판을 스치는 바람은 황량하기만 했다. 나는 활주로와 하늘의 비행기를 보며 한숨짓곤 했다. 1980년대 초, 해외여행은 특권층이나 중동 붐을 타고 일하러 떠나는 노동자들 혹은 베트남 파병 군인들에게나 가능한 일이었다.[1] 이를 통해 우리는 아시아의 문화를 배울 수 있었을지도 모른다. 그러나 실제로는 그것도 아니었다.

냉전 체제로 분단된 땅에서, 육로를 통해 중국 동북부를 지나 아시아 대륙을 가로지르는 것은 불가능했다. 북쪽이 가로막힌 남한 반도에서는 중국과 아시아의 땅이나 바다, 그리고 소비에트와 그 너머를 여행한다는 것을 생각조차 하기 어려웠다. 물론 최근에는 예전에 가로막혔던 그 길들이 "아시아 하이웨이"로 새롭게 각광받고 있기도 하다.

이렇게 사방팔방이 막혀 있던 시절, 아직 어렸던 우리는 지구본을 가지고 놀았다. 지구본을 돌려 몽골, 러시아, 나이지리아 등을 손가락으로 짚어보는 것이다. 아마 나는 그때부터 여기가 아닌 다른 곳을 꿈꾼 것 같다. 다른 나라에 가는 것 자체가 법으로 금지되었던 시절, 지리적 판타지는 마치 본능처럼 살아 꿈틀거렸다. 나는 이 글을 통해 영화라는 판타지 속에 드러난 당시 대중들의 이러한 열망, 즉 여기가 아닌 다른 곳을 향한 열망들을 가늠해보고자 한다.[2]

과거의 흔적들은 오늘날까지도 여전하다. 이에 과거의 잔재로서 사회 여기저기에 출몰하는 권위주의가 우리의 삶과 일상의 틈에서 어떻게 작용하고 있는지를 살펴보고자 한다. 파시즘과 대중독재에 관한 최근의 학계 연구도 이와 관련될 것이다.[3] 이 대중독재에 관한 연구가 우리의 실제 현실과 정신적 현실을 아우르는 부동의 정치 질서를 논한다면, 나는 1960~70년대의 독재정권하에서 대륙 활극, 만주 대륙물, 만주 웨스턴 혹은 만주 액션 영화라고 알려진 영화들에 드러난 대중들의 독특한 판타지를 규명하고자 한다.[4] 이 만주 웨스턴은 중국 동북부에 해당하는 만주와 만주국을 배경으로 하며 광활한 만주 들판과 구소련-만주의 국경, 하얼빈, 선양 등의 장소 등을 무대로 삼는다. 만주 웨스턴, 혹은 대륙 액션이라는 명칭은 웨스턴 영화에서 가져온 요소들—개척자, 광활한 미개척지, 카우보이 의상, 말 타기, 최후의 결전—때문이라고 할 수 있다. 이 영화들이 소재로 한 일제 강점기 독립군의 만주 항일운동은 웨스턴 장르의 개척 활동을 연상시키기도 한다.

윤휘탁은《일제하 만주국 연구》[5]에서 독립군과 만주 및 조선 소작농 간의 협력 관계를 잘 설명하고 있다.[6] 이는 만주를 단지 항일 무장 세력의 저항 공간으로만 여겼던 기존의 역사 서술을 넘어서는 새로운 관점이라 할 수 있다. 그리고 이를 통해 우리는 만주와 그곳의 갑남을녀들을 한국 근대사의 유의미한 부분으로 포함시킴으로써 시야를 넓힐 수 있을 것이다.[7] 이 주제를 다룬 그의 또 다른 연구《동아시아의 민족 이산과 도시》역시 주목할 만하다. 만주의 조선인만을 다루었던 기존 연구와 달리 다민족의 맥락을 반영한 이 책은, 20세기 초 만주의 조선인이 중국인 및 일본인과 함께 섞여 살아갔던 도시로서의 선양, 창춘, 하얼빈을 살펴본다.

세계사적 관점에서 20세기의 만주는 아시아의 개척지, 이를테면 아시아의 '서부'였다. 만주에는 만주인뿐 아니라 몽골인, 일본인, 중국인, 조선인 등 다섯 인종이 어우러져 살았으며, 러시아인도 여기에 합류하곤 했다. 이런 점에서 오언 라티모어(Owen Lattimore)는 1932년의 만주를 "갈등의 요람"이라 부르기도 했다.[8]

대륙 활극 영화는 만주국(1932~45)이 세워지기 이전이나 이후 시기를 시대적 배경으로 한다. 프래신짓 두아라(Prasenjit Duara)의 〈주권과 순수성 : 만주국과 동아시아적 근대〉[9]에 따르면, 만주국은 근대 동아시아에서 국가 간 힘의 역학이 조정되는 역사적 실험의 독특한 장(場)이었다. 그리고 이것이 바로 대륙 액션이 펼쳐진 만주의 시대적 상황이었다.

그러나 이 영화들의 공간적 배경은 진짜가 아니다. 야외 촬영이 실제 만주에서 이루어지지 않은 것이다. 냉전 시기에 광활한 만주와 선양, 창춘, 하얼빈까지 갈 수 없었던 제작진은 이 영화들을 남한에서 찍을 수밖에 없었다. 또한 대부분 저예산으로 제작된 이 영화들은 대륙영화임에도 불구하고 '대륙적'이지 않은 장소에서 촬영되기도 했다. 친숙하면서도 어딘가 낯선 장소를 배경으로 몇 마리 말이 뛰어다니는 등[10] 미국 웨스턴 영화를 어렴풋이 연상시키는 식이었다. 사실 이러한 풍경에서 카우보이 같은 존재의 등장은 기묘하거나 낯설 뿐이다. 이 친숙함과 생소함의 공존은 로케이션 촬영에 투영된 정동(靜動, affect-invested)의 양식이다. 1960~70년대의 관객—가족이나 지인에게 들은 이야기를 통해 만주를 간접적으로나마 체험했던 이들—은 이러한 가짜 설정을 인정하고 넘어가는 식으로 영화의 내용에 감정이입할 수 있었다. 일제 강점기에 식민통치를 위해 전체 인구의 14퍼센트에 달하는 350만여 명의 조선인이 일본과 만주로 강제 이주 당했으며, 이들 중 단 70만 명만 돌아오고 100만 명은 그곳에 남

겨졌다고 한다.[11]

대륙 활극 영화는 일련의 프레임워크를 보여주는데, 이런 면이 무국적(non-national) 영화를 폄하해온 내셔널 시네마의 개념을 복잡하게 만들어버린다는 점에서 퍽 흥미롭다. 또한 이는 웨스턴이 전형적인 미국영화라는 통념을 해체하는 데도 기여한다. 만주 웨스턴처럼 미국 웨스턴의 법칙을 모방한 비서구권 액션영화는 냉전 시기에 자국민의 민족 장르라는 개념을 환기시키며, 여기에 국가 경계를 넘나드는 초국가적 저예산 영화 제작 방식이 도입된다. 이는 최근에 빈번하게 제작되는 다국적 자본의 리메이크 및 합작영화로까지 이어진다. 결국 만주는 국가의 범위를 넘어선, 아시아 '공공의 판타지'였다.

프래신짓 두아라는 이를 "트랜스내셔널 현상(transnational phenomenon)"으로 설명한다. 여기서 트랜스내셔널, 트랜스아시아라는 광범위한 영역으로 넘어가기 전, 우선 만주를 다시 이해할 필요가 있다. 동아시아 근대의 형성 과정에서 다민족의 공존지이자 억압의 공간으로 기능했던 만주를 바라보자는 것이다. 당시 만주국은 조선인에게 기회의 땅으로 여겨졌다. 이를테면 박정희는 계급 상승의 기회를 얻기 위해 만주의 군사학교에 입학했는데, 이러한 역사적 환경에서도 만주가 대륙 활극의 배경으로 쓰였다는 점은 무척 이채롭다. 이는 만주가 2차원적인 표면이나 3차원적 풍광을 재현하는 지형 공간인 동시에, 분명 상상의 공간으로도 작용했다는 것을 알려준다. 일반적으로 로케이션 촬영은 사운드 스테이지(sound stage)나 백 로트(back lot, 야외 촬영용 부지)보다 사실적 연출에 유리하다. 기실 '실제' 장소에서의 촬영이 대개 사실적으로 여겨지게 마련이며 예산 절감의 면에서도 탁월하다. 하지만 대륙활극에서는 만주를 그저 상정하기만 할 뿐이다. 이렇듯 '만주라고 여기는 일'은 당시의 대중들이 이미 체감하고 있던 한인 디아스포라—만주의 조선 독립군과 소작

농—의 역사를 통해 '실재'로 인정받게 된다.

나 역시 어린 시절에 어머니에게 만주 이야기를 자주 들었다. 어머니는 하얼빈으로 이주하신 할아버지를 찾아가던 길에서 본 만주의 장엄한 광경과 석양에 대해 들려주시곤 했다. 만주를 횡단하는 기차의 창에 비친 태양의 색감은 이후 어머니가 살면서 결코 잊을 수 없었던 강렬한 빛깔로 남았다. 또한 어머니는 들판에 버려진 시체도 목격하셨다고 한다. 1942년, 일곱 살 소녀는 전쟁의 소요가 막 지나간 공간에 잠깐이나마 머물렀던 것이다.

동북 아시아와 그 너머의 광경에 대한 상상은 세 가지 측면에서 공적 판타지로 작용한다고 하겠다. 우선 단순한 과거에 대한 향수뿐 아니라 저항의 역사를 환기한다는 점에서 그렇다. 또한 동북아시아에 대한 동경은 당시의 정치 현실로 인해 생겨난, 이곳이 아닌 다른 곳에 대한 열망을 불러온다. 마지막으로 메이지 유신과 만주국을 모델로 삼았던 박정희 정권의 근대화 프로젝트가 은폐한 만주에 대한 사고를 비로소 확장시켜준다. 그러나 한편으로는 이 또한 민족국가 구성 과정에서 발생한 것이라고 볼 수 있는데, 식민지 시기의 저항에 대한 공식적인 담론을 내면화한 까닭이다. 물론 대륙 활극 영화 중 몇몇은 이를 거울처럼 반영하지만 그렇지 않은 경우도 있다. 예컨대 영화 〈소만국경〉은 국가 이데올로기를 인정하는 것으로 마무리되지만, 〈쇠사슬을 끊어라〉는 국가 이데올로기에 복무할 것을 끝까지 거부한다.

상상된 풍경에서의 동일시 문제

데이비드 하비(David Harvey)는 어린 시절부터 지리학자가 되고 싶었던 이유를 다음과 같이 밝혔다.

> 어렸을 때, 나는 수시로 가출했고, 그러다 힘들어지면 이내 집으로 돌아왔다.
> 좀 자란 후부터는 상상 속에서만 가출을 시도했는데, 적어도 그곳에서만큼은
> 세상이 활짝 열려 있었다. 당시 내 취미는 우표 수집이었다. 어떤 우표든 그 나
> 라와 영국 군주가 함께 보였다. 내게 이것은 꼭 모든 것이 우리에게, 그리고 나
> 에게 속해 있는 것처럼 느껴졌다(《Space of Capital》).

우리 또한 집을 떠나고 싶을 때가 있으며 욕망을 대체하는 차원에
서—물론 영국 제국주의의 흔적이 없는 것들일 테지만—무언가를 수집
한다. 이 지리적 상상의 방식은 금융 자본의 공세와 세계화에 대처하기 위
한 '아시아의 지형도 다시 그리기'를 통해 사유될 때 비로소 유의미할 것
이다. 환경보존을 위한 NGO, 이주 노동자를 위한 지역 운동, 인터 아시아
의 지적 네트워크, 그 외에도 여러 문화 공동창작 등의 활동과 결합할 때
역시 마찬가지다. 남한에 한정해서 말하자면 이 과정에서 새롭게 그려질
아시아의 지형도는 과거 동아시아의 조공무역 궤적이나 대동아공영이 함
의했던 경제적 · 정치적 지향과는 당연히 거리를 둔다. 냉전시기의 동아시
아 지도를 보면, 미국이 일본의 대동아공영권 대부분을 인수했다는 것을
알 수 있다.

한국은 1945년부터 1949년까지 동남아 지역의 여러 나라와 함께 독
립을 맞아 탈식민의 기쁨을 누렸으면서도, 1950년대에 이르면 태평양으
로의 급격한 방향 전환에 주력한다.[12] 이 과정에서 대륙 활극 영화는 그
자체로 결코 우세한 양식이 아니었음에도 불구하고 정권의 억압적 제도와
시선, 군사문화의 상상력을 태평양에서 만주로 전환시켰다.

대륙 액션물은 본연의 독특한 아시아주의(Asianism)를 지니고 있다.

최근의 아시아주의 논의에서 신기욱은 '한국의 정치적 정체성과 아시아주의'의 시기를 식민 이전, 식민, 냉전, 탈냉전의 네 단계로 구분한다. 식민지 이전 시기와 식민 기간에는 아시아주의 담론이 상당한 역할을 했지만, 탈식민 시기에서는 자본주의 대(對) 공산주의라는 이데올로기, 그리고 한국 대 일본이라는 내셔널의 문제가 대두되면서 그 중요도가 급격히 감소했다는 것이다. 그리고 이로 인해 한국의 아시아주의 담론은 더 이상 발전하지 못하고 민족주의 정치학과 아시아의 대미 정책인 쌍무주의를 원칙으로 삼게 된다.[13]

이후 아시아주의는 2003년에 노무현 정부가 '동북아시아 공동체'를 선언할 때까지 국가 정책이나 학계 모두에서 외면당했다. 그러나 1960~70년대 대중문화, 특히 영화에서만큼은 나름의 시각과 방식으로 아시아주의를 해석해왔다. 그 대륙 액션 영화들 중 〈쇠사슬을 끊어라〉(이만희 감독, 1971), 〈황야의 독수리〉(임권택 감독, 1969)[14]에서부터 논의를 시작해보자.

이 영화들은 이만희나 임권택의 대표작은 아니며, 다만 대륙 액션 영화일 뿐이다. 한편 정창화[15]가 단 한 편의 대륙 액션 영화만을 만들었다는 점이 의미심장하다. 그는 홍콩 쇼브라더스에서 활약한 바 있고, 미국에서 〈죽음의 다섯 손가락〉으로 큰 성공을 거두기도 했다. 그의 영화는 훗날 쿠엔틴 타란티노의 〈킬 빌(Kill Bill)〉에 인용되었을 정도다. 1961년, 정창화는 만주를 배경으로 한 〈지평선〉을 찍었고, 이 영화를 통해 한국영화의 재현 공간을 대륙으로 확장시켰다.[16] 이렇듯 대륙 활극은 지정학적 상황에 분명히 영향을 받았다. 냉전 이전, 만주에 횡행했던 일본 제국주의를 떠올린다는 것은 곧 아시아에서의 반공주의 확산, 그리고 반공주의로 인해 지리적으로 단절된 상황을 환기시키는 일이다. 더불어 식민주의를 감상적으로 연상하게 만들 뿐 아니라 '그곳에 있기를 원하는' 관객들의 애조 띤 목소리까지 들려준다. 대륙 활극 영화의 관객은 주로 룸펜 프롤레타리아 남성들이었다. 이들 중에는 만주에서 태어난 사람도 있고, 부모 세대의 경험을 통해 만주를 거의 실재적으로 기억하는 이들도 있었다. 또한 어쩌면 이 영화들은 초등학교 때부터 교과서에 실린 독립군의 역사를 단순히 반복하며 익혀온 내용의 영화에 불과할지도 모른다. 대중들은 자신이 알고 있는 여러 내용을 다양한 매체를 통해 보고 싶어 한다. 이만희의 〈쇠사슬을 끊어라〉역시 세 남자가 황야의 석양 속으로 사라지는 익숙한 결말로 마무리된다. 그들 중 한 명은 "난 지금껏 어둠 속에서 살아왔다. 하지만 굳이 태양을 쫓아서 살아가지는 않겠다"고 말한다.[17]

그들은 독립군에 자원하지도 않았지만 국가 정체성 또한 단호히 거부한다. 영화에서 이들은 동일시의 과정을 거친다. 이러한 내용은 웨스턴의 대륙 액션에 벌레스크(burlesque)—코미디의 한 종류—가 혼합된 것으로 볼 수 있는데, 결과적으로 질문과 호명을 무력하게 만듦으로써 자신만의 뚜렷한 정체성을 드러낸다. 대부분의 액션영화에서 주인공은 독립군이거나, 독립군을 돕는 인물이다. 반면 〈쇠사슬을 끊어라〉의 주인공들은 독립군에 동조하지 않는다. 보통 대륙 액션 영화에서 주인공들이 국가를 위해 희생하는 독립군의 정체성을 띠는 반면, 〈쇠사슬을 끊어라〉의 주인공들은 무법자로 남는 길을 택하는 것이다.

바로 이 점이 중요하다. 왜냐하면 이 영화가 1970년대 초, 즉 정부 주도의 강력한 국가주의 프로젝트가 가동되던 시기에 만들어졌기 때문이다. 〈쇠사슬을 끊어라〉는 식민지 시기를 '우회적'으로 다루는 방식을 통해 이 국가주의 프로젝트에 부정적으로 대응한다. 다시 말해 식민시기를 배경으로 하되 동시대를 다뤘던 것이다. 1971년에 제작된 이 영화는 대륙 액션 영화들이 10년에 걸쳐 충분히 성숙한 이후에 등장했다. 이는 일본의 '제국주의 교육 칙어'에 다분히 영향을 받은 국민교육헌장 발표(1968)나 메이지 유신을 본뜬 유신 선언(1972)과도 맞물리는 시기다. 영화는 이 속에서 대륙 활극에 대한 대중들의 기대감을 여지없이 무너뜨렸으며, 개발 지상주의를 골자로 한 국가 통제 근대화 프로젝트에 국민들을 강제로 합류시키려던 지배 이데올로기 또한 깨뜨렸다.

박정희 정권은 크게 세 시기로 구분할 수 있는데, 1961년의 5·16 쿠데타, 1960년대 후반, 1970년대가 그것이다.[18] 조희연은 이를 두고 강제보다는 사회적 합의에 근거한 대중독재라는 측면을 부각시키며 민주주의 가치를 인식한 대중의 출현과 개발론에만 전적으로 의지한 대중의 존재를 함께 논했다. 이렇듯 대중독재와 민주주의의 성장이라는 양극단에서 〈쇠사슬을 끊어라〉는 동일시, 혹은 비동일시의 복잡한 양상을 보여준다.

이를 두고 테레사 드 로레티스(Teresa de Lauretis)는 아래와 같이 설명했다.

> 동일시는 정체성보다 훨씬 복잡하고 유동적인 말이다. 이것은 사회규범과 관련된 것으로 사회계층, 계급, 젠더, 인종, 국가의 개념이 각 개인들에게 전달되는 과정에서 그 자체로 의문시되기 마련이다. 한편 동일시라는 용어는 정신분석학적 반향에 따라 존재론적이자 인식론적인 질문― '나는 누구인가' 또는 '나는 무엇인가' 등의―을 던진다. 이는 존재와 인식, 욕망에 대한 의문이다.[19]

테레사 드 로레티스는 프란츠 파농(Franz Fanon)이 제기한 인종 정체성의 문제―신체를 주체 형성의 물적 기반으로 이해하는 것―에서 더 나아가 동일시의 개념을 다시 정의하고 있다. 그녀는 프로이트의 정신분석학이 개인의 심리적 역사(존재론적 진화)와 종의 역사(계통발생학적 유전) 안에서 파농의 비유('sociogeny')에 접근하고 있다고 본다.

이만희의 〈쇠사슬을 끊어라〉와 임권택의 〈황야의 독수리〉 같은 대륙 액션 영화는 텍스트 안에서 작동하는 동일시와 비동일시의 복잡한 과정을 보여준다. 이는 일단 이 영화들이 식민시기를 배경으로 하기 때문이다. 다음으로 식민지 조선이 아닌 만주국, 특히 국가 간 경계를 초월하는 공간으로서의 만주를 무대로 삼는다는 점을 들 수 있겠다. 세 번째 이유로는 이 영화들이 인종 문제를 무차별적으로 다루는 과정에서 남성의 전우애를 강조하다가 종국에는 그것이 무너짐으로써 주인공들이 본연의 정체성과 사회적 위치를 드러낸다는 특징을 들 수 있다. 끝으로 이를 통해 국가적 정체성이 부정될 뿐 아니라 완전히 무시된다는 것을 알 수 있다.

이 중 〈황야의 독수리〉는 내러티브부터가 평범하지 않다. 만주 어딘가의 국경지대, 사람들은 장(장동휘)을 기다린다. 그의 셋째 아들의 백일을 축하하기 위해 모두 모인 것이다. 이때 일본군들이 마을을 급습한다. 부대장 요시타(박노식)는 자신의 병사들과 함께 장의 가족들을 사진으로 남기고는 장의 아내를 강간하고 가족들을 사살한다. 게다가 그는 이렇게 극악한 범죄를 저지르고 나서 시를 짓기까지 한다. 한발 늦게 도착한 장은 이 처참한 모습을 보고 복수의 단서가 될 수 있는 사진을 챙겨둔다. 요시타는 장의 아들을 입양하고, 그를 혼도(김희라)라고 부르며 일본군으로 키워낸다. 혼도는 요시타의 계략에 따라, 조선 독립군이 자신의 어머니를 죽이고 아버지 요시타를 성불구자로 만들었다고 믿으며 자란다. 전쟁기계로 성장한 혼도는 어머니의 원수를 갚으려 하고, 때마침 장의 귀환을 알게 된 요시타는 혼도를 통해 장을 죽이고자 한다. 한편 혼도의 동료 군인들은 중국인 여인 윤화(유미)를 스파이로 몰아 강간하는데, 윤화에게서 죽은 어머니의 인상을 느낀 혼도는 사건을 일으킨 동료들을 차례로 죽인다. 결국 요시타의 계획에 따라 장과 대면한 혼도, 그는 장이 바닥에 떨어뜨린 사진을 보고 즉각 사건의 전말을 알게 된다. 혼도는 요시타를 죽이고 친아버지 장에게 다가서지만 그 순간, 등 뒤에서 총을 맞는다. 영화의 결말에 이르면 장이 혼도의 시체를 말에 태우고 석양 속으로 사라진다.

이렇듯 요시타가 혼도의 정체성을 만들어낸 셈인데, 이 과정에서 혼도의 민족정체성과 가족사는 완전히 뒤바뀌고, 혼도는 요시타의 충복이 된다. 혼도가, 자신이 누구이며 과거가 어떻게 조작되었는지 등 실제의 자신을 알게 되는 것은 곧 자신을 태어나게 한 생물학적 아버지와의 만남이자 동시에 죽음의 순간이다. 영화는 사건 현장에서 장이 자신의 셋째 아들을 왜 찾지 않는지에 대해서도 설명하지 않는 등 미숙한 면이 많다. 또한 영화 후반부에서 혼도는 요시타에게 묻는다. "성불구자라면서 어떻게 나를 낳았지요?" 이에 요시타는 "너를 낳은 후에 이렇게 되었다"고 대답하고 "조선 독립군이 날 이렇게 만들었다고 몇 번이나 말했냐?"라고 덧붙인다. 이 정보는 이전의 시퀀스에서 이미 제시된 것이기에 사실상 무의미하다. 이 대화 이후, 혼도는 사진을 통해 모든 상황을 이해하고 요시타에게 총을 겨눈다. 장의 가족과 일본군이 찍힌 사진이 영화 속 사건의 주요 증거로 제시되는 것이다. 그리고 우리는 이 사진을 통해, 그 사건이 만주의 중국, 일본, 조선인에게는 일어나기 어려운 점이라는 것을 알 수 있다. 또한 조선 여자의 백일 된 아들을 일본군이 입양하여 전쟁기계로 길러낸다는 설정뿐 아니라 그 아이가 어른이 된 후, 동료 군인들의 윤간을 목도하고 그들을 모두 죽인다는 점, 중국어와 조선어, 일본어가 혼재되어 통용되는 것 역시 납득하기 어렵다.

〈황야의 독수리〉는 이렇게 일련의 뒤바꿈, 위치 바꿈/위치 짓기를 통해 기존의 대륙 액션 영화의 코드를 완전히 역전시킨다. 조선인 장은 독립군에 협조적이지만은 않으며, 전쟁기계인 혼도는 자신의 군대에 반기를 들기도 한다. 심지어 이 영화는 만주에서 일어날 법한 일이라고 하면서도 비상식적인 모습을 여러 차례 보여준다. 물론 사실적이고 상식적인 묘사만이 텍스트의 목표는 아닐 것이다. 실제 이 영화들은 영화의 배경이 되는 식민시기, 그리고 영화가 만들어진 1960~70년대를 역사적 쌍으로 설정하고 있다. 전형적인 예로는 〈김약국의 딸들〉(1961), 〈상록수〉(1963)를 들 수 있으며 상하이 박, 봉춘 타이거, 하얼빈 김이 출연한 만주 대륙 액션 영화 역시 마찬가지다. 이러한 종류의 영화들이 1960~70년대 당시에 유행한 이유를 알아내는 것은 간단하다. 〈김약국의 딸들〉이나 〈상록수〉의 바탕에는 박정희 정권이 주장한 식민지 근대화(부분적으로는 신여성의 젠더정치학)의 내용이 존재한다. 특히 이 두 영화는 메이지 유신에 영향을 받은 박정희 정권의 역사적·정치적 기저를 이루는 두 시기의 '공모 관계'를 잘 보여준다.

〈쇠사슬을 끊어라〉, 〈황야의 독수리〉와 달리, 독립군이 등장하는 대륙 액션 영화는 탈식민 근대국가의 전형적 서사 방식을 따른다. 〈황야의 독수리〉가 보이는 자기 동일시 과정에는 일련의 분열과 자리 바꿈이 발생한다. 드 로레티스의 표현을 따르자면, 혼도는 생물학적 진짜 아버지보다는 사회 계층, 인종, 국가에 의해 자신의 사회적 위치를 할당받는다. 그리고 이 할당, 비/할당은 그를 충복, 기계, 살인자로 만든다. 하지만 동일시의 순간, 즉 진짜 자기를 깨닫는 순간, 그는 죽는다. 그렇기 때문에 혼도에게는 '나는 누구인가'라는 질문이 부여될 시간도, 공간도 없는 것이다. 이 무언의 질문, 그러면서도 정체성과 정체성의 확인이 이루어지는 비/할당의 이 시끌벅적한 문제는 식민시기와 군사정권 시절이라는 역사적 쌍을 이루며 이중의 공명을 이룬다.

영화에 희미하고도 은밀하게 드러났던 두 민족국가, 제국과 군사 정권은 결국 부정된다. 혼도를 통해서 우리는 개체 발생, 계통 발생, 사회적 발생(sociogeny)이 바뀌기도 한다는 것을 알게 된다. 공동체는 두 영역에 걸쳐 있지 않다. 영화 속에서 일본인과 조선인, 중국인은 만주를 판타지로 파악한다. 그러나 이는 낯설면서도 굉장한 상실감이지 결코 동경은 아닐 것이다. 혹시 그렇다 하더라도 이는 그저 미개척지이자 광활한 공간 자체에 대한 동경일 뿐이다. 재클린 로즈(Jacqueline Rose)는 〈국가라는 판타지(State of Fantasy)〉에서 이와 반대되는 사례를 들었다.

> 이스라엘에 간다는 것, 그것은 오랫동안 동경하던 공간에 발을 디디는 것이다. 이 열망은 사람들을 끊임없이 고향으로 이끄는 한편, 또 다른 방식으로도 영향을 미친다. 즉 국가 자체의 지위를 실현하는 방식으로 유배지의 디아스포라 유대인을 불러들이는 동시에 이스라엘에 살고 있던 이들을 추방하기도 하는 것이다.

만주국이 만들어지기 전의 만주란 한국인들에게 있어 신화적인 공간이거나 머나먼 조상이 살던 고구려쯤으로 여겨진다. 즉 만주는 영토의 확장을 의미하기도 한다. 그래서 임권택이나 이만희 같은 감독은 만주를 또 다른 의미의 장소로 소환했다. 무의식적으로 과잉 결정된 의미—냉전으로 인해 분단된 한반도 너머에 있는, 신화적이고 식민지적이면서도 '또 다른 장소'로서의 공간 개념—로 회귀한 것이다. 앞서 언급했듯, 냉전으로 인해 남한의 모처에서 촬영했음에도 불구하고 이러한 장소들은 민족의 분명한 영토라기보다는 상상의 공간으로 제 역할을 한다. 베네딕트 앤더슨(Benedict Anderson)이 상상의 공동체로 정의한 국가의 개념은 이렇다.

> 아무리 작은 국가라도 그 구성원들은 모두를 알지도 못하고, 만나지도 못한다. 하지만 이들의 마음속에는 서로 교감되는 공통된 이미지가 있다. 이렇듯 국가는 상상된 것이다. 10억 이상의 사람들이 살아가는 거대 국가 역시 국경은 유동적일지 몰라도 그 경계가 있는 한 작은 나라와 크게 다르지 않을 것이다. 계

몽과 혁명이 위계적인 왕조의 유산을 타파한 시대에 국가라는 개념이 만들어 졌다. 그리고 그것은 곧 주권으로 상상되었다. 현실적으로는 불평등과 착취가 만연해 있는데, 사람들은 자신의 민족을 항상 심오하게 인식할 뿐 아니라 평등 하다고 여기고 만다. 결국 공동체는 상상된 것이다.

여기에 지정학의 판타지 개념을 추가할 수 있겠다. 이는 유한하지만 이곳 아닌 다른 곳에도 존재하기 때문에 '상상의' 공동체가 될 수 있다. 게다가 이 공동체는 그 범위 안에 존재하면서도 경계를 가로지르거나 변형 된다. 비판적인 지정학적 판타지는 상상의 공동체에 대한 인식을 바탕으로 한 지형도와 결합하는 것에서부터 시작된다. 상상의 공동체를 상정하는 것은 실제에 일종의 장막을 치는 것과 같다. 그리고 이는 근대 국가의 교조적 작업으로부터 지속적인 영향을 받은 결과라고 할 수 있다. 반면 비판적인 지정학 판타지는 이러한 장막과 허구적 판타지가 드러내는 현실 정치 및 지정학적 상황과 무관하다. 오히려 상상의 공동체에 대한 단절을 의미하는 것이다. 일찍이 살펴본 것처럼 대륙 액션 영화를 통해 우리는 만 주와 만주국의 중요성을 트랜스아시아적으로 조망할 수 있을 뿐 아니라 그 장소에 부여된 과잉된 의미, 즉 초아시아적 지정학 판타지를 비로소 개 념화할 수 있다.[20]

비판적 지정학 판타지는 위치 바꿈이나 위치 짓기를 통해, 그리고 대 중문화 속에 드러나는 동일시 재현 과정의 문제를 통해, 우리로 하여금 근 대국가의 정치적 무의식과 관련된 대안적 양식을 사고하게끔 한다.[21] 뿐 만 아니라 할리우드와 비(非)할리우드, 미국 대중문화와 그렇지 않은 것의 대립 속에서 트랜스아시아적 문화 흐름을 위한 플랫폼으로도 기능한다. 아직 만주와 동북 중국에서는 마찰과 대립이 여전하고, 동북공정을 둘러 싼 논쟁도 점점 가열되고 있다. 역사적으로 계속된 불안정 속에서 당대의 정치적 혼란도 함께 발생하는 것이다.

만주 액션 영화 속에서 사람들은 만주로 떠난다. 그리고 거기서 허구에 둘러싸인 데다 강압적이기까지 한 자신의 정체성을 던져버리고자 한다. 〈황야의 독수리〉에서는 결국 죽음을 맞지만 〈쇠사슬을 끊어라〉에서는 이 무거운 정체성의 사슬을 끊을 수 있었다. 이 좁은 길의 끝에 과연 어떤 보상이 기다리고 있을지는 알 수 없다. 그러나 비판적 지정학의 판타지는 이곳 아닌 다른 곳을 지시하는 것들과의 단절을 분명히 이뤄내고 있다.

박상미(한국예술종합학교 영상이론과 전문사) 옮김

주註와 참고문헌

제1부　트랜스 아시아 영상문화 이론

중국 '영희(影戱)'에서 본
영화 존재론 시론(試論)

1) 불교는 본래 서구 문화였으니 불학을 통해 근대 서구 문화를 이해하려는 이러한
   시도는 위원(魏源), 강유위(康有爲), 양계초(梁啓超), 담사동(譚嗣同) 등 중국 근
   대 지식인들에게서 발견할 수 있다.

2) 격의(格義)란 불서를 쉽게 이해하게 하는 방법으로 중국 전통의 사상과 개념을
   이용하여 불교 교의를 해석하는 것이다. 湯用彤의 논고에 따르면, 격의는 위진
   시기 대승 반야학(般若學)을 쉽게 전파하기 위하여 노장철학의 용어와 내용으로
   불경을 해석하는 방법을 말하고 있다. 또한 이러한 노장사상을 매개로 하고, 노
   장의 사상과 절충함으로써 불교 교의를 설명하고 해석하는 방법을 격의불교라
   고 부른다. 湯用彤, 《漢魏兩晋南北朝佛教史》, 北京大學出版社, 1997, pp.166～
   169.

3) 〈觀美國影戱記〉에 관한 설명은 졸고 〈중국영화사의 영화 시원 서술과 루쉰의 글
   쓰기 기원을 논함〉의 제3장 내용을 참고할 것. 김소영 편저, 《트랜스 : 아시아 영
   상문화》, 현실문화연구, 2006, pp.432～438.

4) ……觀者至此几疑身入其中, 無不眉爲之飛, 色爲之舞. 忽燈光一明, 萬象俱滅. 其他尙多, 不能悉記, 洵奇觀也! 觀畢,因嘆曰：天地之間, 千變萬化, 如蜃樓海市, 與過影何以異? 自電法旣創, 開古今未有之奇, 泄造物無穹之秘. 如影戲者, 數萬里在咫尺, 不必求縮地之方, 千百狀而紛呈, 何殊乎鑄鼎之像, 乍隱乍現, 人生眞夢幻泡影耳, 皆加作如是觀. 程季華 主編,《中國電影發展史》, 中國電影出版社, 1981年 第2版, p.9.

5) 위 문장은 영화 체험을 '기이한 구경거리(奇觀)'라고 하고 있다. 이 '기이한 구경거리'라고 표현한 비평적 태도에 대해 리따오신(李道新)은 위 기술은 영화비평이라고 할 수 없다고 단정하고, 영화평론이라기보다는 또 다른 희곡(戱曲) 평론이라고 말하고 있다. "일정한 사상적 기초와 비평관념, 그리고 영화 현상에 대한 진지한 고찰이 없다 할지라도 영화의 과학기술적 특성 혹은 예술적 특성에 대한 소박한 인식 및 일반적인 고찰을 갖추어야 했다"고 그 이유를 서술하고 있다. 李道新,《中國電影批評史》, 中國電影出版社, 2002, p.26.

6) 유마힐이 신통력을 나타내, 저 부처님이 높고 넓고 깨끗하고 훌륭한 사자좌 3만 2천 개를 보내 유마힐의 방으로 들여 왔다. 여러 보살과 큰 제자들과 제석과 범천왕과 사천왕들이 원래 보지 못하던 것이며, 그 방도 크고 넓어, 3만2천 사자좌를 들여 놓았으나 비좁지 아니 하고, 비야리성이나 남섬부주의 사천하도 협착하지 않고 예전과 같았다. 王迪, 王志敏,《中國電影與意境》, 中國電影出版社, 2000, pp.220~221.

7) 중국철학에서 본체와 현상은 구분되지 않는다. 따라서 ontology는 본체론보다는 존재론으로 읽어도 좋을 것이다. 이에 대해서 劉立群,《超越西方思想》, 社會科學文獻出版社, 2000, pp.34~49에서 참고. 중국 고전시학에서 문자언어를 통한 시적 '의경(意境)' 역시 불교와 도가 미학과 긴밀한 관계를 가지고 있다. '공적 존재론'은 영화 글쓰기와 읽기에 있어 영화와 시가 소통할 수 있는 사유를 연다. 그러므로 공적 존재론은 도가(道家)의 '도(Tao)'와 매우 깊은 사유적 관계를 가지고 있어 함께 기술되어도 좋을 것이다.

8) 이의 분석은 1. Slavoj Zizek,《*The Matrix and philosophy*》, Caus Publishing

Company, 2002의 한역서《매트릭스로 철학하기》, 이운경 옮김, 한문화, 2003, pp.132~146; 2. Glenn Yeffeth,《*Taking the Red Pill*》, 2003의 한역서《우리는 매트릭스 안에 살고 있나》, 이수영 · 민병직 옮김, 굿모닝미디어, 1999, pp.175~200을 참고할 것.

9) 우언과 알레고리의 차이는 루샤오펑, 조미원 · 박계화 · 손수영 옮김,《역사에서 허구로 : 중국의 서사학》, 길, 2001, pp.141~153.

10) 초기 포토제니론을 비롯하여 R. Arnheim의 게슈탈트 심리학과 S. Kracauer, A. Bazin 등 서구 리얼리즘 영화론 등은 현상학에 그 철학적 기초를 두고 영화예술을 통한 물질현실의 시각성이란 곧 실재가 우리의 의식에 좀 더 잘 드러나도록 하는 수단이 된다는 점에 주목하고 있다. 따라서 재현된 실재로서의 영화의 지각성에 비중을 두고 있다.

11) 데리다는 언어(소리)/문자의 위계를 전복하는 사유로서 서구 문명을 비판하고 있지만, 중국문화에서도 여전히 언어/문자의 위계는 존재하고 있었다. 따라서 그의 중국문자에 대한 이해는 일정한 오독을 내포하고 있다고 하겠다. 다만 중국문화 안에서 이에 대한 해체적 사유가 끊임없이 작동하고 있었다고 할 수 있어 그의 철학적 사유와 중국의 도가철학이 일정한 사유의 동질성을 가지고 있다고 볼 수 있다. Jacques Derrida, translated by Gayatri Chakravorty Spivak,《*Of Grammatology*》, The Johns Hopkins University Press: Baltimore and London, 1997. 이에 대해 짱 룽시,《도와 로고스》, 강, 1997; 김형효,《노장사상의 해체적 독법》, 청계, 1999을 참고할 것.

12) "Non-existent—immortal—"에 대한 역자의 중문(中文) 번역은 '空而永恒'. 그림자극에 비친 이미지들(디기탈리스, 양산 든 여인, 성벽에 어른거리는 물결들은 모두 잠시 스쳐 지나가는 것들, 금반지의 중심은 거짓된 것으로 우리가 찰나간 보는 것이지만, 그 모든 것은 순식간에 사라지고 마는 것임을 표현하고 있다.

13) 1980년대 중반 영희론(影戲論) 논쟁은 1926년 허우야오(侯曜)의 저작《영희극본작법(影戲劇本作法)》을 다시 읽고 중국영화의 미학전통을 돌아보고 정립하려는 이론적 작업이었다. 이는 중국인과 서구인의 영화 존재론에 대한 인식론을

병치시켜 서구 영화에 대항하는 중국영화의 이론적 체계를 구성하려는 작업에 다름 아니었다. 쭝따펑(鍾大豊)은 鍾大豊, 〈論 "影戲"〉(北京電影學院學報, 1985年 第2期)에서 1920년대 영희가 '희'로서 인식되고 있는 점을 역사적으로 고증한 뒤, 영희를 중국영화인의 영화 미학 관념을 반영하는 특정한 현상으로 파악한다. 그는 영희 이론의 핵심은 희극적 충돌을 기초로 하고 서사 본위적인 관념에 있다고 규정하고 전통 희극적 서사 수법과의 계승적 관계를 설명하고 있다. 또한 천시허(陳犀禾)는 〈中國電影美學的再認識 - 評〈影戲劇本作法〉〉(《當代電影》, 1986年 第1期)에서 "영희는 희극의 하나로서, 희극의 가치를 모두 가지고 있다"고 한 허우야오의 규정에 기초하여 영희를 중국영화미학의 핵심개념으로 보고 영희의 "중점은 희(戱)에 있고, 영(影)은 단지 희의 수식어일 뿐이다. 즉 영희에 대한 기본 인식은 희가 영화의 본이요, 영은 단지 희를 완성하는 표현수단이다"라고 설명한다.

14) 시가의 변형으로서 이해하던 희극은 청대 초기까지 '곡'의 연구에 치중했고 '희'는 연구되지 않았다. 그러나 청대에 들어 저명한 희극 미학가 이어(李漁, 1611~1680)에 이르러 '희'의 각도에서 그것의 연행미학과 규율성에 대해 연구되기 시작했다. 葉朗, 《中國美學史大綱》, 上海人民出版社, 1985, pp.411~413을 참고할 것.

15) 碧雲天 黃花地, 西風緊, 北雁南飛. 曉來誰染霜林醉 恩是離人淚.

16) 이 대목의 〈Macbeth〉 원문은 아래와 같다.

Life is But a Walking Shadow, And all our yesterdays have lighted fools

The way to dusty death. Out, out, brief candle! Life's but a walking shadow, a poor player

That struts and frets his hour upon the stage And then is heard no more: it is a tale

Told by an idiot, full of sound and fury, Signifying nothing.

17) 당시 高肯夫의 〈描寫論〉을 보면 "영희는 희를 그 본체로 한다. 영희는 영으로써 희를 전하는 것이라, 희가 주(主)요 영은 객(客)이다"라고 초기 중국영화의 희극

적 관념을 단적으로 서술하고 있다.

18) 이어서 그는 "셰익스피어가 바라보고 있는 삶의 실체는 불교가 말하는 '空'이요, 노자가 말하는 '無'다. 셰익스피어의 해결 방식은 이 허무의 초월이 아니라 바로 그 허무 속으로 융해되어버리는 것이다"라고 말하고 있다.

19) 明刻本,《玉茗堂批評〈焚香記〉卷首》(《古本戲曲叢刊》初集影印本)에 실린 글로 양회석,《중국희곡》, 민음사, 1994, pp.539~540에서 재인용.

20) 'nomad'는 들뢰즈의《A Thousand Plateaus》에서 나온 개념으로 이동과 탈주라는 탈영토화와 재영토화 과정을 표현하고 있다. 질 들뢰즈, 김재인 역,《천 개의 고원》, 새물결, 2001.

21) 그리고 루샤오펑은 스토리가 사실에 관한 신뢰할 만한 담론으로 받아들여지기 위해 필요한 동질적 문화 속 작가와 관객의 암묵적인 동의를 그레마스의 용어를 끌어들여 '진실 계약'이라고 설명한다.

22) 湯顯祖,〈復甘義麓〉,《湯顯祖全集(二)》, 第47, 北京古籍出版社, 1999, p.464에 의하면 '희(戲)'를 픽션으로 보고, 인생을 '희'로 보는 관념은 이후 청대에 나타났다.

23) 魯曉鵬은《역사에서 허구로: 중국의 서사학》(조미원, 박계화, 손수영 옮김, 길, 2001년)에서 역사가와 비평가들에게서 역사와 허구, 이 양극단이 종종 섞이고 있음을 논하고 있다. 역사, 알레고리, 환상의 세 고리를 역사서와 철학서, 그리고 고대 소설을 텍스트로 하여 이들이 어떻게 서로 다르게 읽히고 있는가를 논증하고 있다. 원전은 Sheldon Hsiao-peng Lu,《From Historicity To Fictionality-The Chinese Poetics of Narrative》, Leland Stanford Junior University, 1994.

24) 孔子適周, 將問禮于老子 老子曰："子所言者, 其入與骨皆已朽矣, 獨其言在耳".

25) 뒤의 대화를 생략하지 않은 원문은 다음과 같다. 桓公讀書於堂上. 輪扁斲輪於堂下, 釋椎鑿而上, 問桓公曰：敢問, 公之所讀者何言邪? 公曰：聖人之言也. 曰：聖人在乎? 公曰：已死矣. 曰：然則君之所讀者, 古人之糟魄已夫! 桓公曰：寡人讀書, 輪人安得議乎! 有說則可, 無說則死. 輪扁曰：'臣也以臣之事觀之. 斲輪,

徐則甘而不固, 疾則苦而不入. 不徐不疾, 　得之於手而應於心, 口不能言, 有數存
焉于其間. 臣不能以喻臣之子, 臣之子亦不能受之於臣, 是以行年七十而老斲輪.
古之人與其不可傳也死矣, 然則君之所讀 者；古人之糟魄已夫！

26) 이러한 도가의 해체론에 대해 楊乃喬는 《悖立與整合》(文化藝術出版社, 1998)에
   서 데리다가 서구 형이상학을 로고스 중심주의로 보고 말-문자의 위계질서를
   전복하고자 하는 것과 비교하여, 동방 중국 도가의 해체론은 유가 경전상의 문
   자, 즉 經을 동방시학의 중심론으로 보고 이에 대한 논의를 전개한다.

27) 陳墨은 주인공 라오간이 흑판에 쓴 교과서의 내용(제2과 8億人民, 億萬紅心 등)
   이 문혁 시기의 전형적인 산물임을 설명하고 있다. 陳墨, 《陳凱歌電影論》, 文化
   藝術出版社, 1998, p.164.

28) 王志敏은 〈孩子王〉을 구조주의적 언어 체계 속에서 해석하면서 중국의 '장기'의
   체계를 빌어 영화의 서사전략을 분석하고 있다. 王志敏, 《現代電影美學基礎》, 中
   國電影出版社, 1996, pp.385~395.

29) 《원시적 열정》, 레이 초우 지음, 정재서 옮김, 이산, 2004, p.187.

30) Laura Mulvey는 논문 〈시각적 쾌감과 서사영화〉에서 보는 행위와 쾌감을 규정
   하고 있다. "보는 행위는 그 자체로서 쾌감의 원천이다. 그 반대의 형태로서 보
   임 역시 쾌감이다." 중국에 서구 영화가 소개된 것은 새로운 세계를 보는 행위를
   통해 경험하는 것이었고 동시에 세계에 자신을 보이는 것이었다. 勞拉 穆尒維,
   〈視覺快感與敍事性電影〉, 《電影文化》第1期 p.227.

| 참고문헌 |

김용옥(1998), 《화두, 혜능과 셰익스피어》, 통나무.

김진무(2007), 〈僧肇의 '非有非無'論證과 그 意義〉《선문화연구》제2집.

김형효(1999), 《노장사상의 해체적 독법》, 청계.

들뢰즈, 질(2001), 김재인 옮김, 《천 개의 고원》, 새물결.

루샤오펑(2001), 조미원 · 박계화 · 손수영 옮김, 《역사에서 허구로 : 중국의 서사학》,
   길.

양회석(1994), 《중국희곡》, 민음사.

이보경(2002), 《문과 노벨의 결혼 : 근대 중국의 소설 이론 재편》, 문학과 지성사.

장시기(2005), 《노자와 들뢰즈의 노마돌로지》, 당대.

전형준(2004), 《동아시아적 시각으로 보는 중국문학》, 서울대학교 출판사.

지젝, 슬라보예; 윌리엄 어윈(2003), 이운경 옮김, 《매트릭스로 철학하기》, 한문화.

짱롱시(1997), 백승도 옮김, 《도와 로고스》, 강.

葛兆光(2000), 《中國思想史 第2卷, 7世紀至19世紀中國的知識,思想與信仰》, 復旦大
    學出版社.

勞拉 穆尔維(1996), 〈視覺快感與敍事性電影〉《電影文化》.

劉立群(2000), 《超越西方思想》, 社會科學文獻出版社.

顔孟悅(1990), 《剝露的原生世界－陳凱歌淺論》, 《電影藝術》.

葉朗(1985), 《中國美學史大綱》, 上海人民出版社.

吳子敏(1988), 〈充滿了文化哲學的意味〉《電影藝術》.

王迪·王志敏(2000), 《中國電影與意境》, 中國電影出版社.

王志敏(1996), 《現代電影美學基礎》, 中國電影出版社.

李道新(2002), 《中國電影批評史》, 中國電影出版社.

李修生(1990), 《中國文學史綱要·宋遼金元文學》, 北京大學出版社.

張岱年(1988), 《文化與哲學》, 教育科學出版社.

張隆溪 選編(1982), 《比較文學譯文集》, 北京大學出版社.

程季華 主編(1981), 《中國電影發展史》, 中國電影出版社.

鍾大豊(1986), 〈"影戲"理論歷史溯源〉, 《當代電影》.

鍾濤(2003), 《元雜劇藝術生產論》, 北京廣播學院出版社.

陳墨(1998), 《陳凱歌電影論》, 文化藝術出版社.

陳犀禾(1986), 〈中國電影美學的再認識－評〈影戲劇本作法〉〉《當代電影》.

湯楊乃喬(1998), 《悖立與整合》, 文化藝術出版社.

湯用彤(1997), 《漢魏兩晉南北朝佛教史》, 北京大學出版社.

顯祖(1999), 〈復甘義麓〉徐朔方 箋校, 《湯顯祖全集(二)》, 第47, 北京古籍出版社.

匯增(1992),《神聖與世俗》, 遠流出版公司.

Derrida, Jacoques(1997), Translated by Gayatri Chakravorty Spivak, *Of Grammatology*, Johns Hopkins University Press.

젠더-소프트웨어와 정치-하드웨어
-〈레인〉과 〈공각기동대〉

1) Portofolio on Internet History를 보라.

2) playground의 특징을 자세히 설명하고 있는 아래 사이트의 도메인 이름이 playground인 것이 자못 흥미롭다.
http://playground.sun.com/pub/ipng/html/ipng-main.html.

3) 최소 19세기 이래 일본어는 꿈과 현실의 두 영역을 구분해왔다. yume는 꿈을, utsutsu는 각성 상태를 뜻한다. 레인에게 펼쳐진 이 작지만 번쩍이는 영상은 마치 깨어 있는 악몽과 같다. 일견 모순처럼 보이는 이 말은 두 엇갈리는 경험의 범주를 의미하지 않는다. 이것은 서로 반복하는 real들 간의 문제를 말한다. 계속되는 사건은 결코 레인의 심리 문제가 아니다. 그녀는 의식의 다른 양식(꿈과 각성 상태) 간의 상호 침투 속에 싸여 있다. 레인은 말 그대로 경계선의 가장 끝자락으로 내몰린다. 한 존재가 경계를 가로지르는 것이 아니라 경계들이 스스로 서로의 경계를 가로지르는 것이다.

4) Pam Rosenthal, 1991, "Jacked In: Fordism, Cyberspace, and Cyberpunk." 《*Socialist Review*》 Spring, pp.87~103; Sergio Sismondo, 1997, "Reality for Cybernauts"《*Postmodern Culture*》8.1.

5) Wendy Wahl은 다음과 같이 경고한다. "파놉티콘의 기능을 논할 때 물리적 특성에 천착하는 것이 위험한 이유는 그런 논의로 인해 우리가 훈육과 저항의 계속되는 방식을 인지하지 못하게 하기 때문이다. 특히 저항의 일부 특정한 형태

는 훈육 사회를 지지하게도 한다. 거기에 과연 여성 주체를 위한 어떠한 공간이 있을 수 있겠는가? 여성을 각 주체의 지위에 제대로 위치시킬 수 있겠는가? 비록 사실과 정보를 이해하고 일반화시키는 인간의 능력이 이미 컴퓨터에 의해 압도되었지만 매트릭스에 대한 저항이란 Baudrillad에 대한 것이다. 윌리엄 깁슨의 사이버펑크 선언에서 Neuromancer, 기계는 기술적으로 신체보다 더욱 기술 집약적이다. Baudrillad가 말하는 기술은 남성을 육체로부터 해방시켜 균일한 결합을 이루어냄으로써 신체/정신 패러다임이 남성/여성 도식으로 치환되는 끔찍한 결과를 차단한다.(Wendy Wahl, 1993, "Bodies and Technology: Dora, 《*Neuromancer*》 and Strategies of Resistance", 《*Postmodern Culture*》 3.2 p.20.

6) Hans Moravec, p.112.

7) *Katie Argyle and Rob Shields*. 1996, "Is there a Body in the Net?" 《*Cultures of Internet: Virtual Spaces, Real Histories, Living Bodies*》, Ed. Rob Shields. Thousand Oaks, CA: SAGE, pp.58~69; David Tomas, 1989, "The Technophilic Body: On Technicity in William Gibson's Cyborg Culture", 《*New Formations*》 8, pp.113~129.

8) 다른 이들과 달리 David Tomas는 사이버스페이스가 "스펙터클하고 감각적으로 흥분시키며 현기증이 날 정도로 자유로운 몸의 감각을" 유저에게 제공한다고 주장한다.(David Tomas, 1989, "The Technophilic Body: On Technicity in William Gibson's Cyborg Culture", 《*New Formations*》 8, pp.113~129.) 이에 Allucquere Rosanne Stone도 그러한 자유가 수반하는 젠더화에 대해 분명히 언급하며 인정하길, "유달리 몸이 느끼는 특별하고 자유로운 감각은, 미숙한 남성의 체현에 수반되는 제어 상실의 감각으로부터의 자유"라고 했다(107). 그녀는 또 "개인성의 체계가 부재한 상황에서 무제한적인 힘을 경험하는 것은 남성뿐 아니라 모든 젠더에게 있어 통제로 가득 차 있는 것이며 조화를 이루기 위해서 감당하기 어려울 정도의 통제의 필요를 요구하게 된다"고 했다(108). 끝으로 그녀는 우리에게 경고의 메시지를 전한다. "몸에 관한 데카르트식 낡은 명제

는 잊어라. 망각으로 사장될 말에 의해 드러날 몸이란 불쾌한 결과만을 낳을 뿐이다. 다시 말하면 원래의 몸을 기억하지 못하는 노동 행위 등은 대개 여성이나 마이너리티에게서 발견된다는 것이다."(Allucquere Rosanne Stone, 1991, "Will the Real Body Please Stand Up?: Boundary Stories about Virtual Culture", 《Cyberspace: First Steps》, Michael Benedikt, Ed. Cambridge, Mass. and London: MIT Press, pp. 81~118.

9) Anne Balsamo, 1996, 《Technologies of the Gendered Body: Reading Cyborg Women》, Durham: Duke UP.

10) 대안의 예를 들면 Caitlin Sullivan, and Kate Bornstein, 1996, 《Nearly Roadkill: An Infobahn Erotic Adventure》, New York: High Risk Books/Serpent's Tai.

11) Earl Jackson, Jr, 1995, 《Strategies of Deviance》, Bloomington: Indiana University Press, pp.4~5, 71.

12) David Tomas, 1991, "Old Rituals for New Space: Rites de Passageand William Gibson's Cultural Model of Cyberspace", Benedikt, Michael, ed. 《Cyberspace: First Steps》, Cambridge, MA: MIT P. Argyle, Katie, and Rob Shields, 1996, "Is there a Body in the Net?", Ed. Rob Shields, 《Cultures of Internet: Virtual Spaces, Real Histories, Living Bodies》, Thousand Oaks, CA: SAGE, pp.58~69.

13) 〈1편〉에 나오는 Chuang Tzu I에서부터 시작된 음악과 함께 들려오는 흥미로운 메아리에 주목하라: "천국의 넷(net)은 드넓지(broad). 하지만 누구도 거기서 도망 나올 수 없어."

14) Deep Blue Supplement를 보라.

15) 인간 본질을 부르는 명칭이 갖는 대외적 성질은 소외를 함축하는데 이는 영화의 사이드라인에서 구분된다. 증거를 못 찾아서 두 번씩이나 쿠사나기가 자신을 의심했을 때 그녀는 그저 '직관'일 것이라 믿지만 쿠사나기의 귓전에서 고스트가 "ghost ga sasayaku"라 속삭인다. 그러나 "나는 그렇게 느낀다"라는 말과 "그

것은 직관이다"라는 말 사이의 차이, 그리고 "내 고스트가 그것에 대해 속삭인다"라는 말에까지 주목해보자. 처음의 두 진술은 믿음을 가져보려는 자아와 믿음이 존재하고 있던 본성 사이에 정체성이 유지된다. 그러나 "내 고스트가 그것에 대해 속삭인다"의 경우에는 고스트가 쿠사나기에게 그렇게 속삭인다는 것을 내포한다. 그래서 쿠사나기는 스스로 믿음을 크게 외치며 자신의 정체성을 만들면서도 자신에게 속삭이는 고스트로부터 일정 이상 거리를 두려 하게 된다.

16) 그리고 만약 고스트가 개인의 경험, 기억, 의지, 가치 등을 보증하는 영구적 등록 문서라면 해킹당한 자의 고스트는 어디에 있는가? 희생자 중 한 명의 예를 들어보자. 쓰레기차 운전수인 그는 얼마 전에 이혼을 했다. 어린 딸이 전 아내와 함께 사는데, 전 아내가 그를 만나게 해주지 않는다. 그리고 그는 이혼 때문에 독신자 숙소로 이사했다고 스스로 믿고 있다. 그러나 사실 그는 10년 동안 거기에 머물러왔으며, 결혼을 한 적도 딸을 낳은 적도 없다. 심문받는 동안 이 사실에 직면했을 때조차도 그는 자신에게 이식된 허구적 내용에 대한 믿음을 포기하지 않는다. 이 경우에 고스트는 무엇이라 볼 수 있으며 과연 어떻게 고스트가 나, 혹은 자아라는 정의에 영향을 끼치게 되었는가?

위의 상황은 정체성에 기반한 인간 에고―기억의 사용을 통해 구성된―의 확실성에 균열을 낸다. 공안9과 실험실에서 인형사가 한 말에는 비인간 자아의 형식에 대한 언급이 들어 있다. 비인간 자아의 형식이란 기억을 수사적으로만 사용하여 결국 다른 결론에 이르게 되는 것을 이른다. 그가 주장하길, 유기적 삶은 개별 유기체의 수명이 다하더라도 계속된다고 한다. 이러한 형식의 구조가 이미 유전자에 각인되어 있기 때문이다. 유전자는 보존되면서 계속 이어지는 삶의 기억들 중 하나다. 또 다른 측면에서 볼 때, 컴퓨터 과학의 진보와 통신기술의 발전은 기억을 저장하고 전이하는 또 다른 형태의 기억 밖으로 우리를 데려다주었다. 사실 그의 말은 얼마간 모순이다. 유전자에 있는 기억과 그것이 전이된 형태의 기억은 모두 형언할 수 없고 기억이라고 할 수도 없다. 이때의 감각은 허상(phantom)의 동의어에 다름 아니다. 또 인형사는 유전적 기억과 디지털 기억에 대해서도 언급한다. 그것은 심리적 기억으로부터 완전히 분리되어 실제 경험한

정신에만 등록 명부를 남긴다. 그것이 바로 인간을 만들고 그러한 종류의 기억
들로 이뤄진 조합 역시 인형사가 한 말과는 어떠한 관련도 없어 보인다.

17) 여기서 내가 독해에 어려움을 겪는 것은 미국에서 〈공각기동대〉 개봉 시, 육체
와 분리된 목소리가 들리는 장면의 자막에는 "그러나 얼굴을 맞대고"라는 대사
가 포함되어 있었기 때문이다. 나는 셀 수도 없을 만큼 많이 DVD를 들어봤으나
문제의 그 대사가 포함된 부분은 들을 수 없었다. 게다가 일본어 자막 및 한국어
자막 역시 이 대사를 포함하고 있다.

18) Christopher A. Bolton, "From Wooden Cyborgs to Celluloid Souls:
Mechanical Bodies in Anime and Japanese Puppet Theater", 《Positions:
east asia cultures critique》 10.3 (Winter 2002): pp. 729~771; 737.

19) Ueno Toshiya, "Hitonarazaru Mono e", pp. 102~106; Carl Silvio, 1999
"Refiguring the radical cyborg in Mamoru Oshii's Ghost in the Shell",
《Science Fiction Studies》, 26.1.

20) 레인의 자아를 기호 기술적 배열로 이해하는 방식은 weird를 가로지르는 몇 가
지 구획 안에서 레인이 맞닥뜨렸던 여러 요인들에 대해 재고하도록 도와준다.
이때 구획된 영역이란 존재론, 기호학, 그리고 실용적 측면이다. 존재하는 대상
은 무엇인가, 그 대상은 무엇을 의미하는가, 그리고 그것은 뭘 하는가의 질문인
것이다. 존재론은 두 질문을 낳는다. "무엇이 X인가?" 여기에 자연히 "그것은 X
인가?"란 질문이 동반된다, 이 두 번째 질문은 확대된 무엇을 필요로 한다. 레인
은 스트리퍼에게 다치바나 연구소에 대해 묻는다. 그러나 이 스트리퍼는 사실
스트리퍼가 아니다. 사람도 아니며 검색 엔진이다. 그것의 실제가 곧 그것의 기
능이다. 여성의 형상이 또 다른 모니터에서는 인간 여성으로 재현되지 않는다.
섹스/젠더 그 어느 쪽도 설명되지 않는 경우도 있다. 결국 이것은 단지 검색 엔
진일 뿐이다. 그 검색 엔진의 Gestalt는 은유와 감정 기능을 통해 설명될 수 있
다. 그 스트리퍼의 생각은 숨겨진 무언가를 폭로하는 대리인으로 상정된다. 깊
고 남성적인 목소리는 레인의 세계와 아니메 관객의 세계 양측 모두에 권위와
진실로 상정된다.

| 참고문헌 |

Argyle, Katie and Rob Shields(1996), "Is there a Body in the Net?", *Cultures of Internet: Virtual Spaces, Real Histories, Living Bodies*, Thousand Oaks, CA: SAGE.

Balsamo, Anne(1996), *Technologies of the Gendered Body: Reading Cyborg Women*, Durham: Duke UP.

Bolton, Christopher A.(2002), "From Wooden Cyborgs to Celluloid Souls: Mechanical Bodies in Anime and Japanese Puppet Theater", *Positions: east asia cultures critique* 10.3.

Jackson Jr., Earl(1995), *Strategies of Deviance*, Bloomington: Indiana University Press.

Rosenthal, Pam(1991), "Jacked In: Fordism, Cyberspace, and Cyberpunk", *Socialist Review* Spring.

Sismondo, Sergio(1997), "Reality for Cybernauts", *Postmodern Culture* 8.1.

Stone, Allucquere Rosanne(1991), "Will the Real Body Please Stand Up?: Boundary Stories about Virtual Culture", *Cyberspace: First Steps*, MIT Press.

Sullivan, Caitlin and Kate Bornstein(1996), *Nearly Roadkill: An Infobahn Erotic Adventure*, New York: High Risk Books/Serpent's Tai.

Tomas, David(1989), "The Technophilic Body: On Technicity in William Gibson's Cyborg Culture", *New Formations* 8.

Wahl, Wendy(1993), "Bodies and Technology: Dora, Neuromancer, and Strategies of Resistance", *Postmodern Culture* 3.2.

아시아적 영화 공간
- 그 연출과 양식화

| 참고문헌 |

Bordwell, David(1988), *Ozu and the Poetics of Cinema*, BFI and Princeton University Press.

_____ (2005), "Transcultural Spaces: Towards a Poetics of Chinese Film", in Sheldon Lu and Emilie Yueh-yu Yeh (eds.), *Chinese-Language Film: Historiography, Poetics, Politics*, University of Hawaii.

Branigan, Edward(1976), "The Space of Equinox Flower", *Screen* 17-2.

Burch, Noël(1990), "A Primitive Mode of Representation", in Thomas Elsaesser (ed.), *Early Cinema: Space, Frame, Narrative*, British Film Institute.

Heath, Stephen(1976), "Narrative Space", *Screen* 17-3.

Henderson, Brian(1976), "The Long Take", in Bill Nichols (ed.), *Movies and Methods: An Anthology*, University of California Press.

Turner, Bryan S.(2001), "On the concept of axial space: Orientalism and the originary", *Journal of Social Archaeology* Vol 1.

Willemen, Paul(1994), "The National", in *Looks and Frictions: Essays in Cultural Studies and Film Theory*, British Film Institute.

한류 전야

1) 《백자의 사람》은 1914년 식민지 조선에 건너간 이후 조선의 백자와 민예품 수집에 힘쓰다가 사망한 아사가와 다쿠미(淺川巧)에 관한 소설이다. 아사카와 다쿠

미는 한국의 공동묘지에 묻혔고, 현재 일본에서는 이 소설을 모티프로 한 영화를 제작하려는 움직임이 일고 있다.

2) 2007년 10월 21일 고베영화자료관에서 이 영화를 재상영했다. 2007년 3월에 개관한 고베영화자료관은 1960년대부터 꾸준히 한국영화를 일본에 소개하는 작업을 해온 아시아영화사의 협조로 한국영화의 재발견이란 테마로 한국영화를 상영하고 있다. 그러나 고베영화자료관의 야스이 씨에 의하면 〈사랑은 국경을 넘어서〉가 일본이나 한국에서 보기 힘든 귀중한 영화임에도 불구하고 관객은 그리 많지 않았다고 한다.

3) 이 영화 이외에 재한일본인을 다룬 영화로 〈사랑의 묵시록〉이 있다. 1995년 한일 합작 형태로 김수용이 감독한 이 영화는 1998년 일본 대중문화 개방 후에 겨우 한국에서 개봉되었다. 식민지 조선에서 조선인 남성과 결혼한 일본인 여성 다우치 치즈코는 해방 후에도 일본으로 돌아가지 않고 한국전쟁 후 고아원을 설립하여 전쟁고아들을 돌본다. 이 영화에서도 모성애는 큰 주제 중 하나였다.

4) 최근 한국영화에서는 남한의 여성들이 사라지고 북한과 외국인 여성들이 그 자리를 차지한다. 이에 대해서는 김소영(2001) 참조.

| 참고문헌 |

김소영(2001), "사라지는 남한여성들",《아틀란티스 혹은 아메리카》, 현실문화연구. (金素榮(2001), 〈消えゆく韓国人女性たち－グローバル資本主義体制下の韓国型ブロックバスター映にみる無意識の視覚とジェンダー・ポリィクス〉《ユリイカ》 2001年 11月号.)

江宮隆之(2007),《母ちゃん(オンマ)》, 河出書房新社. (에미야 다카유키(2007),《엄마》, 가와데쇼보신샤)

藤崎康夫(1985),《愛の架け橋は消えず－韓国の孤児を育った望月かずの一生》くもん出版.(후지사키 야스오(1985),《사랑의 다리는 사라지지 않고－한국의 고아를 키운 모치즈키 가즈의 일》, 구몬출판)

永松かず(1971),《愛の灯は消えず－韓国孤児の母の記録》講談社. (나가마츠 카즈

(1971), 《사랑의 등불은 꺼지지 않고 – 한국 고아의 어머니의 기록》, 고단샤.)

竹村和子(2002), 《愛について – アイデンティティと慾望の政治学》, 岩波書店. (다케무라 가즈코(2002), 《사랑에 대해서 – 아이덴티티와 욕망의 정치학》, 이와나미서점)

Kaplan, E. A.(1992), Motherhood and Representation: The Mother in Popular Culture and Melodrama, London; New York: Routledge.

마르크스주의, 모더니티, 민족주의
– 현대 중국영화의 아버지 형상과 문화의 구축

1) 중국 인문학계에서는 문화대혁명 이후 도래한 개혁개방 시기를 새로운 시기라는 의미로 이렇게 부른다.—옮긴이

2) 1987년 이후 당과 정부의 지원하에 혁명적 내용에 오락성을 가미시켜 만든 영화. 자세한 내용은 이 글의 후반부를 참조.—옮긴이

3) 1949년 사회주의 중국이 수립된 이후 1966년 문화대혁명이 발발하기까지의 시기를 가리키는 별칭.—옮긴이

4) 1949년 수립된 사회주의 이후의 중국을 가리킴.—옮긴이

5) 문화대혁명 기간 중 사인방을 중심으로 한 공산당의 지도에 따라 창작된 연극과 영화에 대한 별칭.—옮긴이

6) 모범극과 모범영화 창작 과정 중 평범한 인물 중 영웅 인물을 부각시키고 영웅 인물 중 더욱 위대한 영웅인물을 부각시켜야 한다는 일종의 강령적 창작 수법.—옮긴이

7) 중국 제11기 전국인민대표대회 3차 중앙위원회의 약칭.—옮긴이

8) 중국에서 녹색 모자는 보통 '창녀'를 상징하는데, 여기서는 비하의 뜻이 담겨 있다.—옮긴이

9) 대표적인 예가 레이 초우의 《*Primitive Passions*》(컬럼비아대학출판사, 1995)이다.

10) 우리 말 제목으로는 '녀석들'이라 번역되어 '귀여운' 어감을 주지만 원제에서 '雜種'이라는 표현은 영어로 표현하면 'bastard'쯤으로 옮길 수 있는 욕설이다.—옮긴이

11) 톈안먼 사태를 지칭함.—옮긴이

12) 중국 공산당 중앙을 말함.—옮긴이

13) 원제는 '우리 아버지 어머니'임—옮긴이

14) 원제는 '그대와 함께'로 번역될 수 있음—옮긴이

15) 롄잔(連戰)은 타이완 제1야당인 국민당 주석, 쑹추위(宋楚瑜)는 제2야당인 친민당 주석.—옮긴이

| 참고문헌 |

林黎勝(1996), 〈九十年代中國電影的經濟變更和藝術分野〉《電影藝術》.

陈犀禾(2004), 〈紅色理論, 藍色理論, 以及藍色理論以後〉《當代電影》.

陈犀禾(1986), 〈中國電影美學的再認識〉《當代電影》.

여성과 도시
―차이밍량의 〈청소년 나타〉, 〈애정만세〉, 〈하류〉, 〈구멍〉에 나타난 도시적 여성성과 신체의 정치학

1) 차이밍량의 영화는 많은 상을 수상했다. 예컨대 〈청소년 나타〉는 1992년 도쿄 영화제에서 동상을, 〈애정만세〉는 1994년 베니스 영화제에서 황금사자상, 칸 영화제에서 국제비평가상, 대만 금마상 시상식에서 감독상 등을 수상했다. 〈하류〉는 1997년 베를린 영화제에서 은곰상을, 시카고 영화제에서 심사위원 특별상을 수상했다. 〈구멍〉은 시카고 영화제 감독상을, 칸 영화제에서 국제비평가상을 수

상했다. 〈거긴 지금 몇 시?〉는 2001년 시카고 영화제에서 심사위원 대상을, 아
태 영화제에서 작품상과 감독상을, 칸 영화제에서 특별 기술상을 수상했다.

2) 레이 초우의 《원시적 열정》을 의미한다. 차이밍량은 셜리 크레이서와의 인터뷰
에서 자신의 영화는 역사적이기보다는 개인적이라고 했다. "내 영화에 역사에
대한 것은 거의 없습니다. 내가 말레이시아 출신 화교이기 때문에, 나는 대만 역
사에 대해서 관심이 없을뿐더러, 그에 대해서 이해도 하지 못합니다."(583)

3) 이 영화는 공원이 일반 개방하던 날 촬영되었다. 데이비드 윌시는 그에 대해 잘
묘사하고 있다. "그것은 공원 아닌 공원이다. 나무도, 풀도 없다. 버려진 건설 현
장처럼 생겼다."

4) 차이밍량은 데이비드 윌시와의 인터뷰에서 공원의 모습이 영화의 엔딩에 어떻
게 결정적으로 작용했는지 말한다. "처음 각본을 썼을 때는 마지막에 희망의 빛
을 보여주고 싶었지요. 원래의 엔딩은 공원을 걷고, 걷고, 걷다가 그래, 이제 손
을 뻗어 사랑을 찾아야겠다, 라고 마음먹는 것이었습니다. 그래서 아파트로 돌
아가, 잠든 남자를 기다리는 것이었지요. 그게 원래의 엔딩이었고, 그래서 새 공
원이 개장하기만 기다렸습니다. 그리고 개장을 한 날 가서 보니, 개장하기 며칠
전과 전혀 변한 것이 없었습니다. 문을 열 상태가 아니었는데, 문을 열었던 겁니
다. 그 모습에 실망을 하고 나자 처음 생각했던 엔딩으로는 찍을 도리가 없었습
니다. 그래서 지금의 엔딩이 나왔습니다."

5) 이는 매리 앤 도앤이 "여성 육체를 하나의 용어로 구성하는 문법"(97)이라 설명
한 것이다. 도앤은 페미니즘 영화제작 현실에서 중대한 문제란 여성 육체를 달
리 말한 문법에 있다고 제안한다. 나는 차이밍량과 같이 여성을 스펙터클로서
화면에 위치시키지 않고, 여성 육체에 대한 새로운 해석을 만들어내려는 남성
감독들에 의해 구성된 여성 육체의 문법을 이해하는 것 또한 중요하다고 말하고
싶다.

6) 차이밍량은 이 신의 긴장감에 대해 재미있는 설명을 한다. 그는 먀오와 천의 만
남이 메이메이가 야쿵을 만나는 장면과 상당히 유사하다고 지적했다. 그러나 이
두 남성 간의 긴장감은 무협영화 배우로서 연기 경력을 쌓아온 먀오의 연기 경

력에서 기인한다고 말한다. "이 장면은 약간은 서로를 재어보는 무협영화의 장면 같습니다. 이 장면에서 먀오티엔은 바로 그가 유명해졌던 그 장르로 돌아갔던 거지요. 전체 신은 꿈처럼 그려졌습니다. 발걸음은 약간 과장되어 있고, 배경음은 약간 작아집니다. 맥도날드의 화려하지만 엉성해 보이는 모습은 모든 것을 초현실적으로 만들었습니다"(Rayns, 17). 이러한 판타지적 미장센 이외에도 차이밍량이 무협 장르의 대결 신을 동성애적으로 읽은 것이, 이 신이 더욱 인상적이고 효과적으로 표현될 수 있게 만든 중요한 요소 중 하나였음은 분명하다.

7) 2002년 7월 21일 타이완 교통대학에서 한 발표. 〈감상적 회귀 : 장이머우와 왕자웨이의 최근 영화에서의 일상〉. 레이 초우는 동시대의 중국, 홍콩 영화를 통해 "감상적 회귀"라는 개념을 이론화시켰다.

8) 사실 차이밍량은 이 영화에서 어떤 희망도 부정한다. 크레이서와의 인터뷰에서 차이밍량은 이렇게 말한다. "제가 보기에, 이 영화는 최고의 절망입니다."(581)

| 참고문헌 |

Brooks, Peter(1993), *Body Work: Objects of Desire in Modern Narrative*, Cambridge Harvard UP.

Chiao, Peggy and Tsai Ming-liang(1998), eds, *The Hole: Screenplay and Criticism*(《〈洞〉 : 電影劇本與評論》), Wan Hsiang.

Chow, Rey(2001), "A Phantom Discipline", *PMLA* 116.5.

_____ . "Sentimental Returns: The Everyday in the Recent Films of Zhang Yimou".

_____ . *Primitive Passions: Visuality, Sexuality in Contemporary Chinese Cinema*.

Hsieh, Jen-chang(謝仁昌)(1994), "Vive L'Amour: Tsai Ming-liang on Vive L'Amour"(《愛情萬萬歲 : 蔡明亮談 〈愛情萬歲〉》), Film Appreciation(電影欣賞) 71.

Kaplan, E. Ann(2000), *Feminism and Film*, Oxford UP.

Kraicer, Shelly(2000), "Interview with Tsai Ming-liang", *Positions: east asia culture critique* 8.2.

Mulvey, Laura(1989), *Visual and Other Pleasures*, Indiana UP.

Rayns, Tony(1997), "Confrontations", *Sight and Sound* 7.3.

Rehm, Jean-Pierre, Olivier Joyard and Danièle Rivière(1999), *Tsaï Ming-liang*, Trans. Ames Hodges and Andrew Rothwell, Paris: Éditions Dis Vior.

Tsai, Ming-liang(蔡明亮)(1994), 〈Vive L'Amour(愛情萬歲)〉, Taipei: Wan Hsiang.

Villella, Fiona A.(2002), "Notes on Tsai Ming-Liang's The River", 〈http://www.sensesofcinema.com/contents/01/12/river.html〉.

Walsh, David(2002), "Tsai Ming-liang's Vive l'amour: Taipei's Lonely Souls" 27, 〈http://www.wsws.org/arts/1994/oct1994/tsai-o94.shtml〉.

Wong Kar-wai(2002), *International Institute of Cultural Studies*, National Chiao Tung University, Hsin-chu, Taiwan.

트랜스문화와 인터미디어

1) "The prefix 'trans' in 'transculturality' has a double meaning. First, it denotes the fact that the determinants of culture are becoming more and more cross-cultural. So, in the first place, 'trans' has the sence 'across'. In the long run, however, the cross-cultural development will increasingly engender a cultural constitution which is beyond the traditional, supposedly monocultural design of cultures. So, while having the meaning 'across' with respect to the mixed design of cultural determinants, 'trans' has the sense of 'beyond' with respect to the future and compared to the

earlier form of cultures" (Welsch, 1999 : 206). "접두사 'trans'는 'cross'. 'through(out)', 'beyond'을 의미한다. 하지만 이것은 '존재의 다른 상태로 전 이하는' 의미도 있다"(Iwabuchi, 2006: 72).

| 참고문헌 |

이와부치 고이치(2006), 〈전 지구적 프리즘, 트랜스 아시아 미디어 연구를 위하여〉, 김소영 편저, 《트랜스: 아시아 영상문화》, 현실문화연구.

Akomfrah, John(1989), "Introduction to Morning Session", *Framework*, Vol.36. *Third Scenario, Theory & The Politics of Location*.

Bachmann-Medick, Doris(1998), "Dritter Raum: Annäherung an ein Medium kultureller Versetzung und Kartierung", In Claudia Breger (Ed.), 'Figur der/des Dritten: Erkundungen der kulturellen Zwischenrume', Amsterdam: Rodopi.

Beck, Ulich(1994), "The Reinvention of Politics: Towards a Theory of Reflexive Modernization", In Anthoney Giddens et al (Eds.), *Reflexive Modernization: Politics Tradition and Aesthetics in the Modern Social Order*, Standford: Stanford University Press.

Bell, Daniel(1980), *The Winding Passage, Essays and Sociological Journeys 1960-1980*, Cambridge: Abt Books.

Benjamin, Walter(1991), "Das Kunstwerk im Zeitalter seiner technischen Reproduzierbar-keit", *Gesammelte Schriften* I. 2, Frankfurt a/M: Suhrkamp.

Bhabha, Homi(1994), *The Location of Culture*, London: Routledge.

Bolte, David J. and Richard Grusin(1999), *Remediation: Understanding New Media*, Cambridge, Mass.: MIT Press.

Brislin, Richard W.(1981), *Cross-cultural Encounters, Face-to-Face Interaction*, New York et al.: Pergamon.

Foucault, Michel(1998). "Andere Räume". In Karlheinz Barck et al. (Eds.), *Aisthesis: Wahrnehmung heute oder Perspektiven einer anderen Ästhetik*, Leipzig: Reclam.

Grant, Colin B.(2003), "Destabilizing Social Communication Theory", *Theory, Culture & Society*, Vol.20(6).

Hansen, Klaus P.(2000), *Kultur und Kulturwissenschaft*, Tübingen & Basel: A. Franke.

Jackson Jr., Earl(2005), "Borrowing Trouble: Interasian Adaptations and the Dislocutive Fantasy", In *Proceeding of the Conference 'Asia/Cinema/ Network-Industry, Technology & Film Culture' in Busan Filmfestival*.

Kyung J, Lee(1984), "Village Meetings in Korea: Yesterday and Today", In Georgette Wang/Wimal Dissanayake (Eds.), *Continuity and Change in Communication Systems, An Asian Perspective*, Norwood: Abrex Publishing.

Maletzke, Erhard(1963), *Psychologie der Massenkommunikation, Theorie und Systematik*, Hamburg: Hans Bredow-Institut.

McLuhan, Marshall(1964), *Understanding Media: The Extensions of Man*, New York: McGraw-Hill.

McQuail, Denis(1981), *Communication Models for the Study of Mass Communication*, Longman.

Paech, Joachim(2002), "Intermedialität des Films", In Jürgen Felix (Ed.), *Moderne Film Theorie*, Mainz: Bender.

Porter, Richard E., and Larry A Samovar(1976), "Communicating Interculturally", In Larry A. Samovar and Richard E. Porter (Eds.), *Intercultural Communication: A Reader*, Belmont: Wadswort.

Schmidt, Siegfried J.(1992), *Kognition und Gesellschaft*, Frankfurt: Suhrkamp.

Schmidt, Siegfried J.(1994), *Kognitive Autonomie und soziale Orientierung,*

Konstruktivis- tische Bemerkungen zum Zusammenhang von Kognition, Kommunikation, Medien und Kultur, Frankfurt/M: Suhrkamp.

Shannon, Claude E. and Warren Weaver(1976), *The Mathematical Theory of Communication*, Urbana: University of Illinois Press.

Spielmann, Yvonne(2001), "Intermedia in Electronic Images", *Leonardo* Vol.34(1).

Stewart/Park Kym and Hyewon Choi(2003), "PC-Bang(Room) Culture: A Study of Korean College Students' Private and Public Use of Computers and the Internet", *Trends in Communication* Vol.II.

Wakeford, Nina(2003), "The Embedding of Local Culture in Global Communication: Independent Internet Cafés in London", *New Media & Society*, Vol. 5(3).

Wang, Georgette and Wimal Dissanayake(1982), "The Study of Indigenous Communication Systems in the Development: Phased Out or Phasing In?", *Media Asia* 9(1).

Welsch, Wolfgang(1999), "Transculturality. The Puzzling Form of Cultures Today", In Mike Featherstone and Scott Lash (Eds.), *Space of Culture. City, Nation, World*, London: Sage.

제2부   아시아 웨스턴

〈도스트, 더시맨〉 읽기
- 대중영화와 문화적 번역, 방글라데시의 '웨스턴' 리메이크

1) 각본 및 감독 : Dewan Nazrul, 제작 : Jambs Production, 음악 : Alam Khan, 사진 : Arun Roy, 출연 : Shabana, Wasim, Suchorita, Sohel Rana, Azim and Jashim.

2) 감독 : Ramesh Sippy, 프로듀서: G. P. Sippy, 제작 : Sippy Films, 각본 : Selim Khan and Javed Akhter, 음악 : R. D. Burman, 라이선스 : Anand Bakshi, 출연 : Amitabh Bachchan, Dharmendra, Sanjeev Kumar, Hema Malini, Jaya Bhaduri, Amjad khan.

3) 방글라데시 영화산업에서 춤추는 모습과 같은 액션 신은 훈련된 사람들에 의해 (싸움 연출자로 불린다) 짜여진다. 이는 인디언 영화에서와 마찬가지이다.

| 참고문헌 |

Altman, Rick(1999), *Film/Genre*, BFI.

Anupama, Chopra(2000), *Sholay: The Making of a Classic*, Penguin.

Banerjea, Koushik(2005), "'Fight Club': Aesthetics, Hybridisation and Construction of Rogue Masculinities in Sholay and Deewaar" in Raminder Kaur and Ajay Sinha (eds) *Bollyworld: Popular Indian Cinema through a Transnational Lens*, Sage.

Chan, Felicia(2003), "Crouching Tiger, Hidden Dragon: Cultural Migrancy and Translatability" In Chris Berry (ed) *Chinese Films in Focus*, British Film Institute.

Dirks, Tim(2007), "Filmsite" in Peter Bennett, Andrew Hickman and Peter Wall (eds) *Film Studies: The Essential Resources*, Routledge.

Dissanayake, Wimal and Malati Sahai(1992), *Sholay: A Cultural Reading*. *New Delhi*, Wiley Eastern Ltd.

Dissanayake, Wimal(1993), "The Concept of Evil and Social Order in Indian Melodrama: An Evolving Dialectic" in Wimal Dissanayake (ed) *Melodrama and Asian Cinema*, Cambridge University Press.

Ganit, Tejaswini(2004), *Bollywood: A Guidebook to Popular Hindi Cinema*. Routledge.

Harrison, Rachel(2004), "Somewhere Over the Rainbow: Global Projections/Local Allusions in Tears of the Black Tiger", *Inter-Asia Cultural Studies* 8.

Lee, Keehyeung(2005), "Beyond the Fragments: Reflecting on 'Communicational' Cultural Studies in South Korea" in John Nguyet Erni and Siew Keng Chua (eds) *Asian Media Studies*, Blackwell.

Neale, Stephen(1995), "Questions of Genre" in Barry K. Grant (ed) *Film Genre Reader II*, University of Texas Press.

Prasad, Madhava(1998), *Ideology of the Hindi Film: A Historical Construction*, OUP.

Soyoung, Kim(2007), "Geo-political Fantasy and Imagined Communities: Continental (Manchurian) Action Movies during the Cold War Era", paper presented in Asian Cinema conference at Christ College, Bangalore, hosted by CSCS, February 2~4.

Wright, Will(1975), *Six Guns and Society: A Structural Study of the Western*, Berkeley and Los Angeles, University of California Press.

아이콘과 사생아
– 웨스턴, 흉내 내기와 고치기

1) Edwin S. Porter의 〈The Great American Train Robbery〉는 파즈 극장에서 "숙녀의 밤"의 일환으로 상영되었다.

2) 언급된 영화는 〈Advance of Kansas Volunteers at Caloocan〉이다. (El Comercio에서 1905년 1월 12일에 시작했다고 발표한 것처럼 영화는 〈Avance de Los Voluntarios de Kansas en Caloocan〉이란 제목으로 Gran Cinematografo del Oriente에서 1905년 1월 12에서 14일까지 상영되었다.)

3) 언급된 영화는 모두 발명가 토머스 에디슨 소유의 영화사(Edison Manufacturing Company)에서 제작되었다. 1899년에서 1904년 사이에 제작된 이 영화들은 필리핀–미국 전쟁을 그리고 있었다. (그러나 이 영화들은 1898년에 일어난 "에스파냐–미국 전쟁"으로 잘못 이름 붙여져 있다. 프린트의 카피는 워싱턴 D.C.의 국회 도서관에서 찾을 수 있다.)

4) Don Jose Nepomuceno는 타갈로그 엘리트의 멤버로 1917년에 자신의 영화제작사 Malaya Movies를 준비했다. 1917년은 타갈로그 영화산업이 탄생한 해로 통한다.

5) "little brown brothers"라는 표현은 1911년에 상영된 Dean C. Worcester의 다큐멘터리 영화 〈Native Life in the Philippines〉의 홍보물에서 증거를 찾을 수 있다.

6) 필리핀 문화 고유성의 결여와 무감각을 들어 타갈로그 웨스턴을 비판하는 많은 문화 비평가와 작가 중 한 사람인 Petronilo Bn Daroy는 1976년 3월 23, 25, 27, 29일자《Philippine Daily Express》에 게재된 "필리핀 영화의 주류적 흐름"에서 다음과 같이 썼다: "외국 영화를 베끼는 경향은 필리핀 관객들을 소외시킨다. 〈Duel at OK Covral〉은 〈Barilan Sa Babuy Koral(Gunfight In Pigsty)〉가 되었고 sacadas(설탕농장 이주 노동자들)나 비둘기 혹은 노동자들 대신 필리핀 영화들은 Montalban이나 Nueva Ecija의 카우보이를 보여준다; 관객들은 미덕

을 지키려는 필리핀 아가씨 대신, 부츠를 신고 말을 타는 여자나 벌판의 외로움
을 견디다 비정해진 아가씨를 본다."

7) 모방도 변화를 거쳐 제자리로 되돌아올 수 있다는 것을 보여주는 것처럼 〈7인의
사무라이〉는 할리우드에서 〈The Magnificent Seven〉으로 리메이크되었다. 두
영화는 모두 불후의 고전이 되었다.

8) 크레올화와 필리핀 정체성에 관한 문제로는 《White Love and Other Events in
Filipino History》(Quezon City: Ateneo de Manila University Press, 2000)의
Vincent L. Rafael의 글을 참조하라.

| 참고문헌 |

Rafael, Vicente L.(2000), White Love and Other Events in Filipino History,
Ateneo de Manila University Press.

Schatz, Thomas(1981), Hollywood Genres: Formulas, Filmmaking and the
Studio System, Random House.

지정학적 판타지와 상상의 공동체
– 냉전시기 대륙(만주) 활극 영화

1) 젠더 정치학을 통해 본 중동 건설프로젝트의 함의는 최성애의 글을 참고하라.
〈경제개발과 젠더의 정치학〉, 《한국현대여성사》, 한울, 2004.

2) "Fantasies that Matter: The Counter-Histories of Bertha Pappenheim and
Ito Noe"에서 Earl Jackson Jr.는 Teresa de Lauretis의 '사적 판타지/공적 판타
지' 개념을 끌어온다. 그에 따르면 '사적' 판타지는 정신분석의 대상이자 주체의
욕망이 연행되고 발화되는 무의식적 구조의 패턴을 보여준다. 반면 '공적' 판타
지는 유통과 소비를 위해 생산되며 이때의 텍스트는 시, 소설, 영화, 연극 등에

해당한다. 여기에 그는 정치적 활동가의 공적 판타지를 주요한 개인적 판타지로 파악할 뿐 아니라 공적, 혹은 반(半)공적 역사 해석과 흔히 미시정치학의 영역으로 취급하는 루머, 가십 등의 일상적 이야기까지 여기에 포함시키면서 이러한 구분을 한층 복합적으로 전개시킨다. 이 논문은 "Inter-Asia Cultural Studies Biannual Conference"(KNUA, Seoul, 2005)에서 발표되었다.

3) 대중독재에 관해서는 임지현의 〈대중 독재〉 등의 작업을, 그리고 대중독재 논쟁에 대한 비판으로는 조희연의 작업을 참고하라.

4) 〈두만강아 잘 있거라〉(임권택, 1962), 〈불타는 대륙〉(이용호, 1965), 〈소만국경〉(강범구, 1964).

5) 윤휘탁, 《일제하 만주국 연구》, 일조각, 1996.

6) 윤휘탁에 따르면 만주국에는 2,566,700명이 거주했다. 이들의 저항은 만주국 성립 이후인 1933년에 멈췄다.

7) 배주연의 논문 〈'돌아온 시리즈' 연구: 1960~70년대 남한 민족국가 담론과 탈식민〉(한국예술종합학교 영상원 영상이론과 전문사 논문, 2005)은 2차 대전 후 귀국한 유랑민이 영화 속에서 어떻게 드러나는지 분석했다. 특히 '돌아온'이라는 제목의 영화 시리즈가 유랑민들의 귀환을 다루는 방식에 집중하고 있다.

8) Owen Lattimore, 《*Manchuria: Cradle of Conflict*》(New York:The Manmillan Co, 1932), p.7 김경일 외, 위의 책, 〈동아시아의 민족 이산과 도시〉에서 재인용.

9) Prasenjit Duara, 《*Sovereignty and Authenticity: Manchukou and the East Asian Modern*》(Rowman&Littlefield, 2003).

10) 신상옥은 〈무숙자(Homeless)〉(1968)—한글 제목은 당시 한국에서 상영된 마카로니 웨스턴 영화의 차용이다—에서 완전히 낯선 공간을 찾으려 했지만, 이러한 노력은 그저 시도에 그쳤을 뿐 그 공간이 실제 어디인지는 금세 드러났다.

11) Gi-Wook Shin, "Asianism in Korea's Politics of Identity", 《*Inter-Asia Cultural Studies*》, Vol.6, No.4, 2005, p.620.

12) Kim Yearim, "The Shift of Imagining Asia and the Topology of the Anti-

Communist Identity".

13) Gi-Wook Shin, 위의 책, p.622.

14) 임권택은 정창화가 연출한 〈지평선〉에서 소도구 담당을 맡으며 영화계에 입문 했다.

15) 정창화는 자신이 〈셰인(Shane)〉(조지 스티븐슨, 1953)에 크게 영향을 받았다고 고백한 바 있다. 그리고 임권택이 정창화와 함께 작업할 때, 정창화를 위해 35밀 리미터로 스크린에 상영되던 〈셰인〉을 찍었다는 일화도 소개했다. 그들은 〈셰 인〉을 통해 리버스숏을 배웠다고 한다. 정성일, 《임권택이 임권택을 말하다》, 현 실문화연구, 2003, p.42~43.

16) 오마이뉴스, 2004년 6월 18일자.

17) 영화에서 세 명의 주인공 모두 만주 마적대가 소유한 티베트 불상을 찾으려 고 군분투한다. 이 불상에는 독립군 명단의 암호가 숨겨져 있는데, 범법자였던 세 주인공은 이 불상을 찾은 후 독립군에게 넘긴다.

18) 양명지, 〈박정희 정권의 지배전략으로서의 계급정치 : 노동계급의 배제와 중간 계급의 포섭을 중심으로〉, 《사회발전연구》, 연세대학교 사회발전연구소, 2003, pp,163~191

19) Teresa de Lauretis, "Difference Embodied: Reflection on Black Skin, Whote Masks".

20) 만주 액션 영화에서 흥미로운 것은 동아시아에서 인종 및 언어의 차이에 대해 전 혀 개의치 않는다는 점이다. 중국인, 한국인, 일본인 사이의 차이를 드러내는 표 시 따위는 없다. 바로 이러한 배치가 상식으로부터 자유로울 수 있게끔 돕는 것 이다.

21) 같은 맥락에서 재클린 로즈는 프로이트를 통해 근대 국가성 이론을 설명할 수 있 다고 주장한다. 정신분석학이 국가성의 징후, 즉 국가를 지지하는 과정 내부에 존재하는 위험한 과잉에 대한 독법을 제공한다는 것이다.

| 참고문헌 |

배주연(2005), 〈귀환 모티브로서의 돌아온 시리즈 연구〉, 한국예술종합학교 예술전
    문사 논문.

양명지(2003), 〈박정희 정권의 지배전력으로서의 계급정치〉, 《사회발전연구》 9.

윤휘탁(1996), 《일제하 만주국연구》, 일조각.

정성일(2003), 《임권택이 임권택을 말하다》, 현실문화연구.

최성애(2004), 〈경제개발과 젠더의 정치학〉, 《한국현대여성사》, 한울.

《오마이뉴스》, 2004. 6. 18.

de Lauretis, Teresa, "Difference Embodied: Reflection on Black Skin, White
    Masks".

Duara, Prasenjit(2003), *Sovereignty and Authenticity: Manchukou and the East
    Asian Modern*, Rowman & Littlefield.

Jackson Jr., Earl(2005), "Fantasies that Matter: The Counter-Histories of Bertha
    Pappenhein and Ito Neo", *Inter-Asia Cultural Studies Biannual
    Conference*, KUNA, Seoul.

Kim Yearim, "The Shift of Imagining Asia and the Topology of the Anti-
    Communist Identity".

Lattimore, Owen(1932), *Manchuria: Cradle of Conflict*, The Manmillan Co.

Shin Gi-Wook(2005), "Asianism in Korea's Politics of Identity", *Inter-Asia
    Cultural Studies* Vol 6, NO.4.

아시아 영화의
근대성과
지정학적 미학

엮은이　　　김소영, 얼 잭슨 주니어, 임대근
글쓴이　　　박병원, 얼 잭슨 주니어, 스티븐 티오, 천시허, 펑핀치아,
　　　　　　김무규, 자키르 후세인 라주, 닉 데오캄포, 김소영
펴낸곳　　　현실문화연구
펴낸이　　　김수기

편집　　　　한고규선, 좌세훈, 임자영
디자인　　　김재은
마케팅　　　오주형
제작　　　　이명혜

첫 번째 찍은 날　2009년 11월 10일
등록번호　제300-1999-194호
등록일자　1999년 4월 23일

주소　　　　서울시 종로구 교북동 12-8번지 2층
전화　　　　02)393-1125
팩스　　　　02)393-1128
전자우편　　hyunsilbook@paran.com

값 15,000원

ISBN 978-89-92214-73-5 03680